MARINES I BOSCATGES

Educació 62 • 4

JOAQUIM RUYRA

Marines i boscatges

Aplec de narracions

Estudi preliminar, propostes de treball
i de comentaris de text a cura
de Rosa Clar i Laura Paradell

Edicions 62

Educació 62 és una col·lecció a cura de Carme Arenas

Primera edició: setembre del 2005
Tercera edició: febrer del 2006

Peu de la Creu, 4, 08001 Barcelona
correu@grup62.com
grup62.com

VÍCTOR IGUAL • Fotocomposició
LIBERDÚPLEX, S.L. • Impressió
DIPÒSIT LEGAL: B. 9.887-2006
ISBN: 84-297-5712-0

En aquesta edició s'han emmarcat amb una trama
les narracions seleccionades pel Departament d'Educació
de la Generalitat de Catalunya, per a l'assignatura
de Literatura Catalana al Batxillerat.

TAULA

LLIBRE III. — NOVELETES

PROPOSTES DE TREBALL
I COMENTARIS DE TEXT

ESTUDI PRELIMINAR*

Joaquim Ruyra va néixer el 1858 i va morir el 1939. Per tant, visqué un període històric complex i ple de canvis polítics, econòmics, socials i culturals que afectaren d'una manera o una altra la seva vida i, de retruc, tal i com veurem al llarg d'aquest estudi preliminar, la seva obra.

* Aquest estudi preliminar pretén situar un dels autors fonamentals de les nostres lletres: Joaquim Ruyra i Oms. Hi ha tot un seguit de treballs que analitzen en profunditat aquesta figura i és en tots ells que ens hem basat per tal d'anar confegint tots els seus apartats. Volem constatar que no hem aconseguit ser originals en la nostra tasca perquè tot allò que se'ns acudia a partir de la lectura dels textos ruyrians o dels estudis sobre el personatge, ja ho havia explicat, sobretot, la doctora Lluïsa Julià i Capdevila a través de la seva recent anàlisi exhaustiva del personatge repartida en diferents treballs. Hem revisat molt a fons, també, el pròleg que Manuel de Montoliu va fer a l'edició de les obres completes de Ruyra, que va publicar l'editorial Selecta l'any 1949 i que encara segueix sent molt important per entendre l'escriptor blanenc.

És per tot això que recomanem, a aquells lectors interessats a aprofundir en l'obra de Ruyra, que consultin i frueixin amb aquestes fonts que trobaran ressenyades a la bibliografia juntament amb la resta del material que hem consultat.

CONTEXT SOCIAL

Durant la dècada de 1850 s'havia produït a Catalunya la industrialització, que constituïa el quaranta per cent de la de tot l'Estat espanyol. En destacava la indústria tèxtil, tot i que va patir un procés d'estancament per causa de la guerra civil d'Amèrica del nord, d'on s'importava la matèria primera: el cotó. Va ser gràcies a la mecanització i a la construcció de xarxes ferroviàries que, a partir de 1868, es va recuperar i va expandir-se enormement. Un altre sector industrial destacat va ser el suro, del qual Catalunya n'era, a la fi de segle, el primer productor europeu. Aquesta producció es concentrava sobretot a la comarca de la Selva, concretament a les Gavarres i al Montnegre i una de les famílies que destacava en el sector era la dels Ruyra. Però aquesta situació de bonança de la indústria del suro contrastava amb la de la resta del camp gironí. Com a conseqüència de la darrera guerra carlina (1872-1874), els pagesos havien patit el saquejament continuat de les seves terres i, per tant, van quedar en la misèria total. Uns anys més tard, a la dècada de 1890, la plaga de la fil·loxera va arrasar les vinyes de l'Empordà (i també les del Penedès i les del Priorat) i novament la ruïna es va apoderar dels pagesos. Tot plegat va provocar una situació de conflictes al camp que va tenir com a conseqüència l'emigració dels pagesos a les zones urbanes on la màquina de vapor estava trasbalsant l'economia. Aquest invent revolucionari va permetre l'aparició de la indústria i els transports, sobretot el ferrocarril i els vaixells i, de retruc, un augment demogràfic de la classe obrera. Es van crear nuclis industrials al Barcelonès, al Vallès Occidental, al Berguedà o al Ripollès, que van fer variar la distribució de la població en detriment de la Catalunya interior.

Som a l'època de la Restauració borbònica (1875-1898), un període d'expansió econòmica que coneixem com *la febre d'or* (que Narcís Oller va retratar magistralment a la novel·la del mateix títol), que acabaria constituint un moment àlgid i generalitzat de progrés i que va ser mostrat a Europa amb l'Exposició Universal de 1888. És en aquestes circumstàncies que Barcelona s'estava convertint en la gran metròpoli al voltant de la qual prendria nova embranzida el catalanisme encetat amb la Renaixença (1833-1877), de la mà del federalista Valentí Almirall que va difondre les seves idees el 1886 a través de la seva obra *Lo catalanisme*. Segons Almirall, la pressió castellana d'Espanya havia fet endarrerir les diferents zones del país i havia de ser Catalunya, mitjançant el catalanisme, el motor de progrés d'Espanya, al mateix temps que es treballava per l'enfortiment del tarannà català. Aquesta ideologia s'havia anat radicalitzant en el seu posicionament i el 1885 una representació dels principals estaments de la societat catalana havia redactat el *Memorial de Greuges*, adreçat al rei Alfons XII, per manifestar-li les seves reivindicacions. El 1891 va néixer *La Unió Catalanista*, l'entitat més representativa de la ideologia catalanista que reunia sectors prou diversos, entre els que cal destacar els partidaris d'una política intervencionista que defensaven personalitats com un jove Enric Prat de la Riba. Un dels seus impulsors va ser Narcís Verdaguer i Callís, amic personal de Ruyra, que va empènyer-lo a adherir-s'hi l'any 1897.

Mentre tots aquests fets s'esdevenien els obrers havien començat a reivindicar la millora de la seva situació laboral demanant augments salarials, la jornada de vuit hores i el contracte fix. Fou a partir de 1890 que la celebració del primer de maig va esdevenir una jornada reivindicativa dels drets de la classe treballadora. Aquests drets, però, trigaven a arribar i es va començar a produir un desencís generalitzat que afavorí l'augment de l'anarquisme. Aquest moviment pretenia passar a l'acció directa per aconseguir allò que considerava just. Per això, al llarg de la dècada de 1890, es produiren enfrontaments violents i atemptats, entre els quals destaquen l'esclat d'una bomba al Gran teatre del Liceu el 1893 o l'atemptat contra la processó de Corpus el 1896, ambdós a Barcelona.

L'any 1898 es va acabar la guerra de l'Estat espanyol amb Cuba i Filipines i el govern de la Restauració va entrar en crisi. El catalanisme va aprofitar aquest moment de feblesa per reforçar-se definitivament. El 1901 Enric Prat de la Riba va fundar la Lliga Regionalista, un partit polític conservador, amb propòsits intervencionistes i que representava els principals sectors de la burgesia. El 1906 obtingué l'alcaldia de Barcelona, amb la qual cosa va veure incrementada la seva influència sobre la societat civil. A partir d'aquest moment l'actuació d'aquest partit va començar a tenir conseqüències de gran repercussió social, sobretot a partir de la incorporació dels sectors intel·lectuals del país, que aportaren nous aires de modernitat i d'europeïsme. *La Veu de Catalunya* va erigir-se com el diari a través del qual es difondria la ideologia del partit i, des de les seves pàgines, Eugeni d'Ors va batejar aquesta nova manera de fer anomenant-la *Noucentisme*. El 1907, es va fundar l'IEC (Institut d'Estudis Catalans), organisme que va assumir la normalització lingüística. I el 1914 es va poder crear la Mancomunitat de Catalunya, màxim òrgan de govern del país (una mena de Diputació única per a tot el territori), presidit per Prat de la Riba i que representava la culminació de tot aquell procés d'afirmació catalanista. La Mancomunitat impulsà grans reformes a nivell econòmic, cultural, lingüístic i pedagògic que avui dia encara són vigents.

Aquest catalanisme burgès, però, va començar a trontollar a partir de 1917 com a conseqüència de diversos factors: la mort d'Enric Prat de la Riba, l'augment d'activitat política del catalanisme d'esquerres i l'organització del moviment obrer, de l'anarcosindicalisme, en noves formacions polítiques (com la CNT) que lluitaven contra l'actitud intransigent dels industrials burgesos.

L'any 1918 es va acabar la Primera Guerra Mundial i, amb ella, els valors de la societat burgesa. Va començar a aparèixer l'especulació, la riquesa fàcil i un nou tipus de personatge per al qual l'objectiu a la vida era el plaer. Les ganes de passar-ho bé van fer girar els ulls vers tot allò de nou que vingués d'occident. D'aquesta manera començaren a aparèixer els cabarets, nous tipus de balls (el tango, el xarleston), noves músiques (el jazz), maneres diferents de menjar i beure (els còctels, els sandvitxos)... El Paral·lel de Barcelona bullia d'activitat. El gust per la velocitat, el risc i les noves tecnologies impregnaven la societat que va començar a anar en automòbil, practicava els esports més diversos i assistia a les primeres projeccions cinematogràfiques. Fins i tot l'art en les seves diverses manifestacions es va nodrir de totes aquelles novetats. Som a l'època coneguda com *els feliços anys vint*.

Però de nou les classes obreres posaven el contrapunt a tota aquella disbauxa. Mentre els rics es divertien elles seguien sense veure reconeguts els seus drets i això va fer renéixer l'activitat reivindicativa amb manifestacions, vagues i atemptats personals. És el moment conegut com el *pistolerisme*, durant els anys 1919 a 1923. El General de Catalunya, Miguel Primo de Rivera, posà fi a aquesta situació amb una dictadura que va durar fins a 1930.

Durant la dècada dels anys trenta va prendre força un partit republicà, ERC (Esquerra Republicana de

Catalunya), que es va imposar a les urnes a tot el principat, al mateix temps que també les forces republicanes assolien el poder a les principals ciutats d'Espanya. Aquest fet obligà el rei Alfons XIII a abandonar el país i, el 1931 es va proclamar la Segona República, que va arribar a la seva fi amb la insurrecció militar dels nacionalistes espanyols, que donà lloc a la guerra civil de 1936-1939 i a la proclamació de la dictadura del general Franco.

VIDA I OBRA

Els anys d'aprenentatge

Joaquim Ruyra i Oms va néixer a Girona el 27 de setembre de 1858. Era fill d'uns rics propietaris rurals que tenien casa pairal a Blanes. És per això que la família passava els hiverns a Girona, on el pare exercia d'advocat, i els estius a la localitat maresmenca. Aquesta rutina es veié trencada a rel de la darrera guerra carlista quan, per por de les circumstàncies polítiques, la família es traslladà a viure a casa de Benet Turró, bon amic del pare de Ruyra, que tenia la seva propietat a Malgrat de Mar. És aquí on el jove Ruyra es retroba amb un dels fills de la casa, en Ramon, que més endavant esdevindria un biòleg de fama mundial i amb qui va mantenir una amistat que els duraria tota la vida. I fou precisament Ramon Turró, una mica més gran que Ruyra, qui l'endinsà en el món de la literatura. Ambdós joves es lliuraren a la lectura dels Romàntics, dels quals Turró n'era admirador empedreït i, també, a la dels clàssics, que inspiraren Ruyra al llarg de tota la seva obra. Amb aquest bagatge iniciaren el camí de la creació literària en llengua castellana, tot imitant les tragèdies que havien llegit i amb el propòsit de convertir-se en escriptors. D'aquesta època en queda una publicació de Ramon Turró, feta a la impremta de *La Renaixença* l'any 1878, anomenada «Composiciones literarias», la darrera de les quals, sense signatura, era de Joaquim Ruyra. S'anomena *El canto de la pescadora*, té un to absolutament romàntic, és molt breu i la va escriure quan tenia quinze anys. Els dos joves s'havien embrancat també en la redacció de dos grans drames a l'estil shakespearià, el de Turró anomenat *Atila* i el de Ruyra *Roderico*, que no sabem si van acabar. D'aquests anys d'aprenentatge, que s'allargaren duran les dècades dels setanta i vuitanta, ens arriba un Ruyra preocupat per la cerca d'una veu narrativa pròpia que el va portar a practicar amb diferents gèneres narratius i recursos estilístics sota la clara influència de la tradició romàntica castellana. Aquest fet obeïa a la situació de precarietat en què es trovaba la llengua catalana a la segona meitat del segle XIX, que no oferia models literaris en llengua pròpia als intel·lectuals, que es veien obligats a treballar amb la llengua de prestigi, que era el castellà.

Joaquim Ruyra estava cridat a ser l'hereu de les propietats de la seva família i a seguir les passes del seu pare com a advocat. És per això que als 16 anys, l'any 1874, es traslladà a Barcelona per iniciar la carrera de dret, que va acabar el 1879 als 21 anys, però que no tenia cap intenció d'exercir. El seu objectiu era dedicar-se a la literatura professionalment i volia que aquesta dedicació tingués un rigor absolut, per la qual cosa considerava que, si exercia d'advocat, es distrauria de l'ofici que realment estimava: el d'escriptor. Així doncs, tan bon punt va acabar la carrera, va tornar a Blanes, on es dedicà a l'administració de les seves propietats i a la literatura.

L'assoliment d'una veu pròpia

Aquells anys a Barcelona van ser, no obstant, molt importants per a la seva futura vida professional perquè hi va fer grans coneixences. Una de les més destacades va ser la de Jacint Verdaguer, amb qui el va unir una bona amistat. Sembla que ambdós s'allotjaven a la mateixa dispesa i mossèn Cinto l'aconsellava en els seus escrits. En aquesta època el jove Ruyra col·laborava esporàdicament a la revista *Joventut*, on publicà la narració *Vetlles d'estiu* i algunes poesies, a més d'un article de caire filològic. Va conèixer, també, M. Milà i Fontanals i tingué com a company d'estudis Enric Prat de la Riba. Tant Milà i Fontanals com Jacint Verdaguer influïren en algunes de les decisions vitals en la trajectòria literària de l'escriptor: el primer perquè, mitjançant la lectura dels seus estudis filològics, Ruyra s'interessà molt pels clàssics i el teatre castellans, especialment Calderón de la Barca, que havia estat descobert pels filòlegs alemanys; el segon, perquè amb el seu exemple, va decidir d'escriure en català. No va ser fins a la dècada dels noranta quan Ruyra aconseguí vèncer les vacil·lacions i contradicions lingüístiques i de pertinença cultural a la literatura castellana o catalana que l'havien sacsejat durant els anys anteriors. Encara que va ser dur per a l'escriptor, tota la seva experiència inicial de recerca li va servir per adquirir un gran bagatge narratiu.

Hem vist, doncs, com la dècada dels setanta fou la dels seus primers temptejos literaris. S'inicià amb el teatre, gènere que no abandonaria mai, i prova d'això és la publicació de peces teatrals quan ja era un escriptor d'èxit: *La Bona nova* (1928) i *En Garet a l'enramada* (1938), versió d'una narració que havia aparegut publicada a *Marines i boscatges*. El teatre que conreà era de temàtica històrica medieval, inscrit dins la tradició castellana, que ell mateix abandonaria per considerar-lo de molt poca qualitat a principis de la dècada dels vuitanta. S'inicià llavors en el tractament de relats independents basats en llegendes, la qual cosa va suposar el seu primer contacte amb el conreu del gènere narratiu i en la pràctica d'alguns dels recursos que desenvoluparia posteriorment en la seva obra literària, com l'ús de la descripció i de l'estructura narrativa. Aquest treball, per altra banda, li permetia practicar i aprofundir en la focalització narrativa (un personatge-narrador en primera persona, també anomenat homodiegètic, que té un clar ressò romàntic) i introduir-se en el món del somni, el malson i el valor de la imaginació com a elements narratius.

Més endavant, la insistent recerca d'aquesta expressió pròpia, li van fer canviar el rerefons històric dels seus relats: la història medieval castellana per la catalana. Aquest fet va tenir com a conseqüència l'inici del contacte de Ruyra amb una realitat cultural molt propera, la catalana, que el va portar a introduir-se durant la dècada dels noranta en l'ambient literari del principat.

Paral·lelament a la seva vocació literària, s'esdevenia la seva vida personal. Els pares de Ruyra van considerar que el seu fill havia de formar una família i, com que el noi no semblava interessat en els afers amorosos, van decidir buscar-li promesa. La van trobar en la persona de Teresa de Llinàs, filla d'una família d'antics nobles catalans. Aquest matrimoni arranjat per les famílies, es va celebrar l'any 1889 i no va ser mai feliç. Sembla que la gelosia exagerada de la senyoreta de Llinàs va fer difícil la convivència matrimonial i també les relacions socials de la parella en general.

La consolidació

Per afavorir aquell contacte amb l'ambient literari català esmentat més amunt, havia estat decisiva la influència de Verdaguer, que es trobava en el seu apogeu literari o la d'intel·lectuals com Josep Massó i Torrens, Joan Maragall, Narcís Oller o Emili Vilanova, entre d'altres. Es va presentar a diferents certàmens literaris: els de Girona, en un dels quals va guanyar amb un poema d'influència verdagueriana, *L'únic remei* (1891) i en què també hi concorrien escriptors ja consagrats; o bé els Jocs Florals de Barcelona (1896, 1897 i 1902) on obtingué diferents premis amb narracions que després apareixerien publicades a *Marines i boscatges* i *La parada*.

També col·laborà periòdicament en les revistes més importants del moment: *La Veu de Catalunya*, *La Renaixença*, *El poble català* o *Joventut*, dirigida per Lluís Via, amic de Ruyra, on va començar a publicar les narracions de *Marines i boscatges* i on també escrivien Verdaguer o Maragall. Havia trobat per fi la seva veu narrativa, el relat breu, troballa que és paral·lela a la consolidació del conte com a gènere central del modernisme, moviment cultural finisecular amb què havia entrat en contacte l'any 1895 en els Jocs Florals d'Olot, on conegué Marià Vayreda. En aquests anys que tanquen el segle XIX no només establí contacte amb autors cabdals del modernisme (Raimon Casellas, Víctor Català, Joan Maragall, Lluís Via), amb els que mantindrà una bona relació, sinó que a través d'ells va conèixer l'impressionisme pictòric i les estretes relacions que els escriptors modernistes establien entre pintura i literatura. També en aquest moment va fer la traducció d'alguns poemes de Paul Verlaine, publicats a *La Veu de Catalunya*, que l'introduiren en el simbolisme poètic i el portaren a la recerca de jocs rítmics i d'una prosòdia que li permetés introduir en la prosa recursos propis de la poesia. En definitiva, a fer una prosa estilitzada en què el valor dels sentits i la musicalitat hi fossin presents sense que això suposés renunciar al valor discursiu propi de la prosa.

En aquest marc d'influències, l'any 1903 sortí a la llum *Marines i boscatges*. La publicació fou un èxit clamorós i Ruyra es convertí en un referent literari. L'obra recull un conjunt de quinze narracions distribuïdes en tres llibres: *Impressions*, *Fantasies i Novel·letes* que havien anat apareixent des de l'any 1896 fins a 1903 a la revista *Joventut* i que ara quedaven interrelacionades, tant per l'organització narrativa com per la temàtica. A més ja estaven consolidats alguns dels recursos literaris que l'escriptor havia estat treballant i perfeccionant en les obres anteriors: el domini de la descripció sobre l'acció, l'originalitat de les imatges, l'anàlisi minuciosa de la realitat a través de la contemplació de la natura, la formalització d'un personatge-narrador en primera persona, o bé la sistematització a què sotmeté la llengua literària, que el va portar a reflectir en l'obra el dialecte blanenc per tal de reivindicar no només el seu ús sinó també per donar versemblança a les narracions.

Així, l'any 1904 trobem ja un Ruyra consagrat en el món de les lletres catalanes i amb una obra compacta. Un autor que desitjava iniciar nous projectes literaris amb la idea de superar la seva etapa de narrador per convertir-se en novel·lista, i així ho manifestà en més d'una ocasió. És per això que es va plantejar l'escriptura d'una novel·la, *La gent del Mas Aulet*, que restà inacabada després d'haver-se publicat tres capítols a la revista *Catalunya*, publicació dirigida per Josep Carner. El fracàs de la iniciativa obeí a la seva concepció del gènere novel·lesc, basat en l'estil de Marià Vayreda. L'aplicació d'un model romàntic li permetia crear una trama àmplia de personatges i unir l'estètica i l'ètica (preocupació primordial en l'etapa final de la seva trajectòria), però no assumir una concepció moderna de la novel·la, que ja es movia per altres camins estètics que reivindicaven el paper del subconscient i la psicologia i que tenien com a models Thomas Bergson i Sigmund Freud.

El segle xx s'havia iniciat amb l'èxit de *Marines i boscatges* però l'any 1904 va marcar un punt d'inflexió en la seva trajectòria literària i personal: Ruyra sembla aturar la innovació literària que l'havia caracteritzat sempre. La raó és interna, problemes personals i, al mateix temps, externa, fruit dels canvis en els pressupòsits literaris. També va accentuar-se la seva crisi moral i es produí un empitjorament de la seva salut, la qual cosa l'obligà a passar els hiverns en d'altres llocs del litoral espanyol com Canàries, Màlaga o Alacant. Aquesta circumstància no va impedir que continués treballant en la creació literaria, tot i que a un ritme diferent, i mantenint el contacte amb els modernistes, principalment Joan Maragall, Víctor Català i Josep Carner i que conegués escriptors mallorquins importants del moment. L'any 1906 va ser nomenat president del *I Congrés de la Llengua catalana*. Aquest congrés va esdevenir una fita realment important perquè reuní una bona part dels col·laboradors de *l'Avenç*, principals impulsors dels debats sobre la situació i el futur de la llengua catalana, i perquè suposà el triomf de les tesis normativitzadores de Pompeu Fabra, que el mateix Ruyra aplicaria en els seus escrits posteriors. L'any següent va presidir els Jocs Florals de Girona.

Fou en aquesta dècada que es produí un altre dels fets importants de la seva biografia més personal: l'afillament d'una nena. Es produí en unes circumstàncies que avui dia serien inversemblants. Un dia, mentre passejava, Ruyra va veure les criatures d'uns firaires que jugaven. Va comentar la gràcia d'una d'elles i un dels firaires va dir-li que, si li agradava, se la podia quedar. I, tot i que es va sorprendre de l'oferiment, se la va emportar a casa seva i va adoptar-la legalment.

La maduresa

A partir de 1913 es produí la seva reaparició literària i trobem un Ruyra ja incorporat plenament a la cultura institucional del país. L'any 1918 fou nomenat membre adjunt de mossèn Antoni M. Alcover dins la Secció Filològica de l'IEC, l'any 1919 membre adjunt d'Àngel Guimerà i l'any 1924 va ocupar el setial del dramaturg com a membre numerari. En aquest període, que s'allargà fins als anys vint, va publicar *La parada* (1919), una selecció de poemes titulada *Fulles ventisses* (1919) i *Pinya de rosa* (1920), al mateix temps que es dedicava a fer traduccions de contistes. La novetat rau en el fet que escrivia convençut contes fantàstics de base folklòrica i popular i que reivindicava el paper central del conte dins la producció literària.

La parada (1919) fou el seu segon recull de narracions, que havia rescatat de material ja elaborat de feia anys i que va reorganitzar i revisar. En aquest moment Joaquim Ruyra tenia més de seixanta anys i va reviure l'èxit de *Marines i boscatges*, perquè la publicació tingué un ressò immediat i es convertí en un model de prosa per als noucentistes, dels quals ell es distanciava en la seva idea de no adscriure's a cap corrent estètic concret. Si a *Marines i boscatges* Ruyra era l'escriptor de la mar, la claror, la placidesa, a *La parada* esdevenia l'autor dels espais interns, de l'ombra i de la nit. Les narracions que conformen l'obra i que són d'una llargada diversa, no van ordenades, com succeïa a *Marines i boscatges*, en funció del punt de vista ni del creixement del personatge-narrador, sinó en funció d'un itinerari per diferents espais geogràfics que havien estat importants per a l'escriptor: Blanes, Barcelona, Girona i l'Empordà, i on el record n'és l'eix fonamental.

També amb *Pinya de rosa* (1920) obtingué importants rèdits literaris. El títol del llibre ja és significatiu perquè l'escriptor va optar per un mot mariner: el d'un nus que fan servir els mariners per capçar una corda perquè mai més no s'escorri. Va ser el seu últim recull de narracions, reelaborat a partir de l'obra *Marines i boscatges* i a la qual va afegir una altra narració, *L'idil·li d'en Temme*. Ruyra volia donar per conclosa l'obra anterior i per això la va sotmetre a tota una revisió que passava bàsicament per suprimir les divisions internes, modificar l'ordre de les narracions i actualitzar la llengua literària aplicant la versió normativitzada per Fabra i l'IEC. Aquest darrer fet obeïa a que l'escriptor considerava indiscutible la seva tasca en el redreçament de la llengua catalana, la qual cosa el portava a escriure articles sobre llenguatge en diverses publicacions del moment, el contingut dels quals es va tenir en compte en l'elaboració d'un inventari lexicogràfic de l'IEC on també hi participava Pompeu Fabra.

Els darrers temps

Arribat en aquest punt de la seva trajectòria literària, les seves activitats i produccions feren un gir i esdevingueren doctrinals. Es reafirmà com a escriptor cristià, vessant que ja havia aparegut explicitada en el pròleg de *Marines i boscatges*. El seu compromís religiós el va fer participar en un cicle de conferències a la Biblioteca Balmes de Barcelona, organitzat per institucions cristianes que veien com els nous corrents literaris menyspreaven l'ètica i els valors en la creació literària. En tot això, cal veure-hi l'aplicació d'una ferma moral franciscana que ja feia anys que l'acompanyava.

Imbuït per aquest estil de vida publicà l'any 1925 *Les coses benignes*, obra que marcava la dedicació definitiva a la literatura cristiana. Havia aconseguit trobar l'equilibri entre la narrativa i la seva visió vital després d'un altre període de recerca estètica. Aquesta aparició de l'obra coincidí cronològicament amb l'ambient que es vivia arran de les commemoracions celebrades el 1921, i després el 1926, amb motiu dels centenaris de Dante i Sant Francesc d'Assis a les quals s'hi afegí entusiàsticament publicant dos articles sobre el sant franciscà. Es va dedicar també a traduir alguns autors: Schmidt, Racine o Molière.

Però un fet cabdal per a la seva trajectòria posterior es produí l'agost de 1928: l'incendi de les Gavarres, que destruí una bona part de les possessions de la família dedicades al conreu del suro. L'incident, de greus conseqüències no només per a ell sinó per a d'altres propietaris, el va decidir a publicar dos articles a *La Veu de Catalunya*: un donant les gràcies als qui havien col·laborat en l'extinció de l'incendi; l'altre, demanant ajut per als damnificats. La resposta no es va fer esperar i moltes organitzacions, especialment les catòliques, organitzaren actes per recollir diners. De tots ells en destaca l'oferta de Josep Maria Junoy, editor de *La Nova Revista*, per publicar un volum de proses que portaria per títol *Entre flames* i que contindria els articles publicats a *La Veu de Catalunya*, la narració *Les coses benignes*, una narració de caire realista i uns contes escrits per als lectors de *Recull*, la revista blanenca on Ruyra havia col·laborat amb certa assiduïtat. L'èxit de les accions fou tal que es recolliren molts diners i en aquest context es produí un fet que ens ajuda a entendre una mica més la personalitat del narrador. Sembla que un periodista de Barcelona va escampar que hi havia tants diners que cada família damnificada podria arribar a rebre dos mil duros, quantitat molt important a l'època. Aquest rumor va provocar que moltes d'aquestes famílies comencessin a buscar altres indrets on instal·lar-se per començar de nou. En saber-ho, Ruyra es va escandalitzar perquè pensava que això provocaria la decadència de la zona i decidí administrar personalment els diners i no donar-ne directament a les famílies sinó proporcionar aquelles coses que els calguessin per tal que poguessin refer el seu patrimoni, com maquinària, aliments, material per a la construcció, etc. Potser avui dia això semblaria un abús de poder, però en aquell moment va consolidar la seva fama d'home cristià i bondadós que la gent tenia d'ell.

S'havia proclamat la Segona República. Joaquim Ruyra tenia una edat molt avançada i s'havia anat recloent al seu petit pis de Barcelona. Feia molt poca activitat però col·laborava esporàdicament en alguns mitjans, com el diari *El Matí*, si li demanaven i per qüestions molt puntuals. Els qui l'estimaven van decidir que havia arribat el moment dels homenatges: el primer, un concert a càrrec de la Federació de Joves Cristians de Catalunya; el segon, l'any 1934, organitzat pels seus amics blanencs, va celebrar-se al Santuari del Vilar, indret on va situar el final de *El rem de trenta-quatre*, a la vila marinera. L'esclat de la Guerra Civil l'afectà profundament: es va veure desposseït de les seves propietats, que li foren requisades, i hagué de viure de l'ajut que li proporcionaren el amics. A més, les seves conviccions religioses eren un motiu important per a una persecució personal. Mirant enrere i recordant la seva amistat amb Ramon Turró, Ruyra decidí iniciar la biografia de l'amic i company de les primeres aventures literàries per encàrrec de la Conselleria de Cultura però no va poder acabar-la perquè li sobrevingué la mort, l'any 1939.

Si s'hagués de fer un resum de la trajectòria literària de Joaquim Ruyra caldria destacar la importància vital de la seva figura per a la configuració de la prosa catalana en un moment de represa cultural per a Catalunya. Li tocà de viure tres moments culturalment decisius per al ressorgiment de la llengua i la literatura catalanes: la Renaixença, el Modernisne i el Noucentisme i ell hi participà en tots d'una manera o una altra. Fou un autor que trigà anys a trobar el seu camí d'adscripció cultural però que després, quan ho aconseguí, es va comprometre lingüísticament i literàriament. És podria destacar la seva recerca constant de la bellesa en el llenguatge que l'incitaren, en un moment de buit filològic, a estudiar i aprofundir la llengua catalana. També reeixí en la creació d'una prosa rica en matisos basada en una recerca constant i conscient de recursos narratius que resultessin originals i fruit d'una reflexió literària profunda. En aquells moments no va ser fàcil per a ell, com per a molts d'altres, dedicar-se a aquesta tasca feixuga de la creació i la configuració d'un pensament propi, però ho aconseguí i cal reivindicar-ho.

MARINES I BOSCATGES

Publicació

El primer recull narratiu de Joaquim Ruyra, *Marines i boscatges*, es publica l'any 1903. La major part de les quinze narracions que la formen havien sortit a la llum en la revista *Joventut* en el període comprès entre 1896 a 1903. Segons Ruyra, l'obra «es formà lentament» «per acumulació, hi havia treballat a ratxes, durant molts anys». Un procés lent que avançava paral·lelamentt a la creació d'un llenguatge literari i la cerca de recursos narratius propis. Lluís Via, amic de l'escriptor i director de la revista, li va demanar permís per editar les narracions ja publicades i, encara que l'escriptor reconeixia que «es va vendre molt bé», el llibre li produí «ben migrats beneficis: no sé si 50 duros» que no va arribar a cobrar perquè «ens els rebentàrem alegrement els redactors de *Joventut* en un sopar a Can Martín».

L'aparició de les narracions en el fulletó de la revista havia estat un èxit editorial, però la seva recopilació en un volum sencer les acabà de convertir en un referent literari per diversos motius: un nou estil, principalment fruit de l'experimentació i l'aplicació a la prosa de mecanismes poètics propis del simbolisme i que coincidí també amb l'eclosió del modernisme; la sistematització molt acurada de la llengua a què ajudà moltíssim la seva tasca de traductor o la creació d'un jo narratiu, deutor del moviment romàntic.

L'aventura literària de *Marines i boscatges* no es clou amb la seva publicació. Ruyra treballarà en les narracions i l'any 1920 un cop reelaborades apareixeran en un nou volum titulat *Pinya de rosa*. Amb aquest títol, tret d'un terme mariner que fa referència a una «nuada que teixeixen [els mariners] al capdavall d'una corda amb els seus mateixos blens [i] no li permet escórrer-se de l'estrop o anella dintre el qual la passin de llarg a llarg», l'escriptor dóna per tancada una obra que s'havia iniciat l'any 1903 i amb què «volem consolidar i donar fi a la llarga corda de marines i boscatges que fins ara hem anat escrivint [...]. Ara la corda tindrà el seu nus de conclusió i constituirà un cos definitiu».

Estructura externa i interna de Marines i boscatges

El volum es divideix en tres llibres titulats *Impressions*, *Fantasies* i *Novel·letes*. Una estructura tripartida que respon a una organització estructural i temàtica prèvia ja que Ruyra havia hagut de planificar l'ordre i les relacions que les narracions mantenen entre si per obtenir una obra global. La lectura atenta de les narracions, seguint l'ordre establert per l'autor, ens presenta uns personatges-narradors que ens expliquen què en pensen de l'ésser humà i del món. Ho fan a través d'experiències personals que Ruyra organitza cronològicament (infantesa, joventut i maduresa) i que han estat importants per als seus itineraris d'aprenentatge. El mar, els sardinalers i la vila de Blanes és converteixen en el centre de la majoria dels seus relats.

Impressions i *Fantasies*

Dels tres apartats en què es divideix el volum, *Impressions* i *Fantasies* podem tractar-los com un tot perquè moltes de les narracions comparteixen característiques comunes:

1. Un **espai marítim o costaner** (excepte *Avís misteriós*, *La basarda* o la *Vetlla dels Morts*): la vila i els sardinalers de *Mànegues marines*, la tertúlia de ca la viuda Rovellona de *Vetlles d'estiu* o la penya vora el mar de *La xucladora*.
2. **Personatges que donen sensació de realitat** ja que s'extreuen del món mariner blanenc: en València *d'Una tarda per mar*, l'oncle Ventura, l'avi Guixer, els patrons dels llaguts a *Mànegues marines*.
3. **L'acció passa en un període de temps molt curt**: *Una tarda per mar*, per exemple, s'inicia amb els pensaments del personatge en una «tarda esplèndida» i «un cel blau» en què volen «orenetes i falciots» i acaba sent conscient que

se'ls hi ha fet tard i «el dia va morint, morint... L'horitzó es torna morat...»; a *Mànegues marines* tot succeeix en un període d'hores molt curt durant «un matí de tardor».

4. **El narrador**, en primera persona també anomenat homodiegètic, **queda amagat darrere l'acció.** Les dades físiques o psicològiques del personatge-narrador queden en segon pla per destacar les seves sensacions i els seus estats d'ànim. En el cas *d'Una tarda per mar* el protagonista descriu l'espectacle que té just davant els ulls.
5. Un narrador que recorda el seu passat des del present. **Es produeix una analepsi narrativa o *flash-back*** en un temps indeterminat i que, vist des del present, suposa una selecció dels fets recordats i una idealització de la realitat referencial, que ha passat pel sedàs del record. Aquesta dualitat narrativa entre narrador-protagonista i narrador-testimoni es percep sobretot al final d'algunes narracions, quan el narrador fa una reflexió final. És el cas de *l'èxtasi de l'oncle Ventura* quan assegura que «Mai més he cregut en fesomies», o a *Una tarda per mar* amb la pregunta final «¿Cal que arribi a la part llastimosa i que expliqui com a casa varen descobrir la meva entremaliadura [...]?».
6. **Els fets descrits són fets quotidians**, sense més transcendència i que formen part de la vida diària dels personatges: una vetlla (*la Vetlla dels Morts*), una tertúlia (*Vetlles d'estiu*), el record de la mort d'un fill (*L'aniversari del noi Guixer*).

7. **El marcat dualisme de la natura** i la força tensional que acaba amb el xoc de dos ritmes diferents. Això és molt clar en la narració *Mar de llamp* perquè en la descripció dels canvis atmosfèrics provocats pel vent s'estableix una gradació que va «in crescendo» El protagonista passa de gaudir «a ulls plens de les hermosures de la matinada» a veure que «el dia s'havia enfosquit tant i tant, que semblava que fóssem cap al vespre». Aquest dualisme no és només present en la natura sinó que, en altres relats, també ho és entre elements reals i somiats o imaginats, més visible a *Fantasies* (*Avís misteriós* o *La basarda*). Amb l'ús d'aquesta tècnica, la descripció de percepcions oposades de la realitat, Ruyra situa el seu narrador en el procés d'aprenentatge d'una realitat que és ambivalent i que amaga una veritat que cal aprendre per créixer. Cal destacar que aquesta presència de la dualitat no es produeix només a l'interior de les narracions com en el cas de *Mar de llamp* sinó també entre narracions d'un mateix llibre. A *Impressions* s'estableix una oposició binària entre les quatre primeres narracions (*Una tarda per mar*, *L'èxtasi de l'oncle Ventura*, *L'aniversari del noi Guixer* i *Vetlles d'estiu*) i les quatre últimes (*Avís misteriós*, *Mar de llamp*, *Mànegues marines* i *La basarda*). El narrador se situa al principi del seu camí d'aprenentatge, les experiències resulten positives i domina un sentiment d'alegria i de vida, però a mesura que s'avança la realitat esdevé fràgil i creixen els sentiments de por, impotència i mort. La mar és

l'exemple d'aquest tractament dels elements naturals: la barreja d'una realitat marítima que plana en la superfície del mar que es veu i la irrealitat o somni del món que amaga. El narrador ha après que la realitat és múltiple i canviant.

8. En molts casos aquest **aprenentatge** es produeix en **moments crepusculars** que evidencien la presència d'una natura en evolució, en canvi, que penetra directament en l'ànim del narrador i el fan reflexionar.
9. **La plasmació d'una estètica de les sensacions i les imatges**, moltes d'elles vistes des del record i basades en:

   a) La repetició lèxica o sintàctica (quiasmes, paral·lelismes, enumeracions).
   b) La imatge sensorial (especialment la visual i l'auditiva) tan preuada pels simbolistes.
   c) L'ús d'elements onírics o autosuggestius que al llarg de moltes narracions va creixent.

10. La principal **font d'arguments: el folklore**. És el cas de *Les senyoretes del mar* o *La xucladora* amb la imatge palpable de les nereides o les sirenes extretes del món nòrdic o clàssic; o *la Vetlla dels morts* que Ruyra adapta de llegendes alemanyes.
11. **Tractament dels elements naturals** no a través del realisme i el naturalisme sinó a través del somni i el simbolisme.

Aquesta tercera part inclou quatre relats: *En Garet a l'enramada*, *La Fineta*, *El rem de trenta-quatre* i *Jacobé*. A diferència de les narracions del primer i segon llibre, tres d'elles porten com a títol el nom dels protagonistes.

En Garet a l'enramada té com a tema les reaccions tímides i insegures del noi enamorat. En el marc de la festa de l'enramada que se celebra en el barri de l'Auguer de Blanes, un noi se sent incapaç de manifestar verbalment l'amor que sent a la seva cosina, la Cinta, una noia de caràcter obert que acabarà manifestant-li el seu amor mitjançant un clavell. L'obra s'organitza internament amb una estructura clàssica d'introducció, nus i conclusió que té el seu correlat en els diferents espais en què passa l'acció: la revetlla en què es descobreix la timidesa inicial d'en Garet, únic personatge principal masculí de *Marines i boscatges*; l'ocultació al costat de l'avi Pau mentre contempla l'ambient de la festa i el final de la revetlla en què la Cinta li dóna el clavell. Un narrador heterodiegètic que ens presenta els dubtes i inseguretats del protagonista i que treballa les sensacions visuals i acústiques, especialment les musicals. La narració, que té ressons costumistes, juga amb els oposats: un ambient festiu enfront un Garet silenciós; un galant irresistible, en Panxo Manxiula, i ell, que passa desapercebut.

La Fineta centra l'acció en el desenvolupament de l'oposició entre el primitivisme i la innocència, el bé i el mal, la bella i la bèstia dels dos protagonistes: la noia i l'Home del bosc. Un joc antitètic molt usat en la narrativa modernista i que evidencia la lluita de contraris en l'existència humana i la incapacitat d'entendre'ls aïlladament. El narrador heterodiegètic ens presenta una noia que acaba de despertar-se a la llum del «primer llustre matinal». Des de l'inici destaca la soledat de la protagonista i la basarda que li fa en una casa que «és lluny de poblat» i que «s'alça en un pujol, vora la mar, entre figueres i sarments». Una soledat no desitjada perquè la mare és morta i el pare i els germans són de pesca. La presència d'un Home del Bosc mentre ella està asseguda en un pedrís davant del mar afegeix al temor i la por inicial una altra inseguretat que el narrador deixa ben palesa a través de la descripció d'aquest personatge feréstec. La sensació de desconfiança i temor que té la noia vers l'individu es corrobora un dia en què la Fineta va a una cala «solitària, amagada entremig d'altes penyes clapejades de sol i d'ombres moradenques» i és agredida, en un intent de forçar-la sexualment, pel desconegut i només podrà ser salvada per la presència salvífica del llagut del pare i dels germans que tornen de pesca. Com a recursos, el narrador utilitza una antítesi binària per contraposar els dos personatges que s'incrementa amb l'ús de l'animalització a què el narrador sotmet l'Home del bosc comparant-lo amb el seu gos o bé a l'ús d'imatges sensuals per a la Fineta, però també amb una oposició entre el mar i el bosc. Altres aspectes a tenir en compte són l'anàlisi psicològica de la protagonista, que presenta una dualitat de sentiments envers el personatge masculí, o bé la referència a la bogeria de l'home, aspecte que Ruyra desenvoluparà a *Jacobé*.

Jacobé és la narració més ben estructurada i compacta del recull. Es va publicar l'any 1902 i té clars paral·lelismes amb *La bogeria* de Narcís Oller i *Josafat* de Prudenci Bertrana. Igual que Oller, Ruyra es fa ressó de les teories cientifistes del positivisme de finals del segle XIX i hi analitza les causes de la bogeria de la protagonista que la menaran al suïcidi. El personatge-narrador, en Minguet, estructura, en el decurs de l'obra, l'evolució de la bogeria de la Jacobé tot basant-se en una rememoració de les diferents etapes de la vida de la noia: una infantesa alegre, una adolescència amb algun brot problemàtic i una maduresa amb una crisi que la mena al suïcidi.

L'estructura clàssica ve determinada pel plantejament (presentació de la Jacobé), el nus (desenvolupament de la malaltia mental) i el desenllaç (la mort). L'estructura temporal està basada en un present (bogeria de la protagonista i posterior suïcidi) i en un passat (el personatge-narrador recorda la infantesa de la Jacobé i el canvi produït en l'adolescència).

La narració està dividida en dues parts molt ben diferenciades en funció de l'estructura temporal: en la primera es descriu el record que en Minguet té de la noia i per fer-ho inicia una línia cronològica que avança des de la infantesa de la protagonista (associada a la felicitat), passant per l'adolescència (es comencen a manifestar els brots de demència) fins a la joventut (desenvolupa la malaltia que la portarà al suïcidi); en la segona, Ruyra presenta les diferents interpretacions sobre l'origen de la bogeria de la Jacobé: la de la mare, en la línia de les creences populars i la superstició, la del doctor Calvet des de l'òptica cientifista i la del Minguet que assumeix les teories del metge però les passa pel sedàs de la tradició cristiana. Sigui com sigui, totes tres acaben considerant que la Jacobé és un personatge determinat i no hi ha cap explicació lògica que pugui salvar-la del sacrifici, igual que el personatge clàssic d'Ifigènia o la de Crist amb què es compara la protagonista.

A «Jacobé» el narrador deixa ben clar l'origen de la bogeria: una decepció amorosa que es produeix quan Jacobé s'adona de la imposibilitat d'estimar mai com vol en Minguet perquè la diferència social i cultural ho impedeixen. Tot es conjura per portar Jacobé a la mort a dalt del penya-segat, la natura especialment, i acaba amb una lliçó: l'ésser humà està incapacitat per comprendre la seva pròpia realitat, que el depassa.

Finalment, ***El rem de trenta-quatre*** és una experiència introspectiva de Mariana Saura durant un viatge de tres dies per mar al llarg de la costa catalana. A través d'aquest itinerari en el llagut del seu pare i de la vocació pictòrica de la Mariana, hi resseguim la peripècia literària del mateix Ruyra.

Igual que l'autor, la protagonista vol ser la millor en el seu art i s'inicia en la lectura dels autors romàntics (Chateuabriand i Mme. D'Staël), amb els personatges dels quals s'identifica completament. Per això estudia tots els indrets de la costa per tal de pintar-los amb tota la seva perfecció, igual que l'autor ho aplicà en el camp literari. L'experiència de la tempesta l'apropa a la cruesa de la realitat i, enmig de la impotència i la por a la mort, s'aboca a la sublimació del sentiment religiós més pur per tal de salvar la seva vida i la dels tripulants, talment com Ruyra s'abocà al franciscanisme més intens després de les vicissituds que li tocà de viure.

Blanes apareix als ulls del lector com a representació simbòlica del poble català, un poble agermanat que davant l'adversitat actua com una pinya. En aquest sentit la narració té també una lectura que adscriu Ruyra a l'ideari catalanista del moment. L'escriptor no oblida tampoc l'interès permanent per la llengua, que el porta a incorporar en la narració una representació viva del llenguatge blanenc.

MARINES I BOSCATGES

AQUESTA EDICIÓ

Reproduïm fidelment el text de la primera edició, una Publicació Joventut estampada el 1903 a Barcelona per l'impressor Fidel Giró. No n'hem volgut alterar cap característica morfològica, lèxica ni sintàctica imposant-hi anacrònicament els usos actuals. Això ens ha fet molt prudents en la regularització ortogràfica, però hem d'assenyalar dues intervencions taxatives: hem escrit sistemàticament *amb* en lloc de *ab*, que era la grafia convencional de la preposició a l'època, i hem substituït a tot arreu *hont* i *ahont* (i els interrogatius *hónt* i *ahónt*) per *on* i *a on*.

També hem reduït al mínim que ens semblava imprescindible les intervencions en la puntuació, que en canvi va ser radicalment alterada quan, el 1920, el text de *Marines i boscatges* (amb l'afegitó de «L'idil·li d'en Temme», la redistribució de les novel·letes en el llibre tercer i un nou llibre quart i, sobretot, amb un seguit de substitucions lèxiques no prou congruents) es va convertir en el text de *Pinya de rosa*.

Barcelona, 2003.

AVE, MARIA PURÍSSIMA

Amb aquesta salutació tan corrent a la nostra terra i tan catòlica he volgut, llegidors meus, donar-vos la bona rebuda a les portes del meu llibre. Així sabeu ja quina és la fe que professo; i espero que rebutjareu qualsevulga interpretació que contra aquesta fe poguésseu donar als meus pensaments.

No he pas tractat d'escriure una obra mística: no m'he preocupat més que de cercar la bellesa i l'he cercada molt terra a terra; però, si l'he assolida rai, no deixareu de sentir-hi la flaire de la mà de Déu. Ara, si per torpesa meva hagués quedat quelcom mal sentós en aquestes planes, prec-vos que ho esborreu amb caritativa intenció i que no m'ho tingueu en retret a l'altre món.

Quasi totes les composicions, que aquí us ofereixo en garba, han sigut ja publicades separadament; mes cal advertir que, al fer aquest aplec, les he corretgides tan bé com he sapigut, esporgant-les d'erros meus i dels caixistes, afegint a algunes trossos, que al meu entendre les hi anaven escaients, i refonent per complert la titulada «Mànigues marines». De manera que, encara que en conegueu la primera estampa, no serà per demés que les torneu a llegir, si ja en aquella no us desagradaren.

De ben inèdit no trobareu aquí sinó un treball, «El rem de trenta-quatre», que és per altra part el que fa més mota de tots, com que judico que ha d'ocupar una terça part del volum.

Déu us do salut i ganes de llegir.

LLIBRE I

IMPRESSIONS

UNA TARDA PER MAR

Quina tarda més esplèndida! Quin cel més blau i quina bellugadissa d'orenetes i falzies en tot l'espai que s'obirava! Qui tingués ales, com elles, per a esbargir-se lliurement pels aires, lluny, lluny, per damunt dels camps i les serres! Era ben trist haver-se d'encauar dintre d'una aula reclosa, plena de les bovors del ressol i de la mainada. Vaja, era ben enfadós haver d'anar a estudi, penjar en un banc, com dues eines inútils, les cames, que tenien fam de córrer, i arrossegar per les lletres d'un llibre la imaginació, que es sentia cridada pels xiscles de les orenetes, pel xiu-xiu del vent, per cada bri d'herba i per cada fulla d'arbre. Era ben trist, però no hi havia altre remei; era precís anar-hi. I jo m'hi encaminava xano-xano, capbaix... amb una recança!... A cada pas m'aturava sospirant. Déu meu, que n'hi devien haver de cassanelles a la roureda! Les mores i els aranyons ja devien ser madurs. Si jo fes rodó...

Havia arribat a les envistes d'estudi, quan una veu coneguda m'estremí de cap a peus. Era la veu d'en Volivarda, un xicot pescador, que em cridava amb un llarg «Eeep» des del fons d'un carreró.

Ai vatua l'home, té, ¿qui havia de pensar amb ell?... De seguida se m'enriolà la cara i em va passar per la fantasia la visió del mar i de la costa pintoresca. Aquell xicot i jo havíem nedat junts tantes vegades, ens havíem divertit tant, pescant pops i crancs per les roques!...

—¿A on vas, Volivarda? Acosta't, home, que parlarem. Apa, que tinc d'entrar a estudi.

—Vatua sa pena, quin marriment me vindria si m'hi haguessen de tancar! ¿I tu cada dia de Déu hi vas? Fes rodó, coi, fes rodó avui. Vine-te'n amb mi. Vararem es gussi d'en València. En València vol que li arrepleguem una galleda de soïssos, saps? Soïssos rai!... Jo en sé una afrau que hi estan espessos com es cabeis as cap. En un santiamén els tenim, i ens resta tota la tarda de coll per a pescar a volantí... amb un volantí de sis hams, que portarà en Canari, cosa més fina!... Mira, ara vinc de cercar cargolins per esques. En duc tot un nansat, que els hai trobats aquí tot just, en es fonois des Camp-perdut. Coi!... ja no ets homo si no fas rodó!

Jo, gratant-me el cap, pensívol, anava escoltant. El cor me bategava dintre el pit, com una papallona dintre el puny d'un infant. Oh, prou me tentaven aquelles proposicions!

—A casa sopem a les vuit —vaig mormolar.

—A dos quarts serem en terra —contestà en Volivarda, i, llegint la desconfiança en la meva mirada, afegí, besant-se el dit gros, encreuat sobre el saludador: —Tan cert com sa mort!

En això les mans d'algú, que se m'havia acostat

per darrera, me taparen els ulls, a l'ensems que una alenada calenta m'humitejava el clatell. Vaig pegar una giravolta sobtada i vàreig topar-me nas a nas amb la riallera carota d'en Paiús, un noi rabassut, gras, llardós. Ja abans d'encarar-m'hi l'havia sospitat, per la ferum, que sempre se li sentia, de quitrà i d'arengades podrides. Que n'era de lleig aquell marrec! Tenia les galtes botides, el nas aixafat i les parpelles tan sobreres i caigudes que, per a mirar, havia de tirar el cap endarrera, com aquell que, jugant a cucorna, vol guaitar per sota del mocador.

Me va enrotllar el braç a la cintura i em va dir:

—¿Ets de sa barcada, oi? Conxos, que ens divertirem!

Mentrestant l'altre llopet marí, en Volivarda, que era alt, escardalenc, de color de sègol, carallarg i tan embardissat de cabells que li eixien a rossos manyocs per sota les gires i pels forats de l'arnada barretinola, m'estirava, tot afalagant-me el clatell.

¿Què podia fer jo? ¿Qui no hauria girada l'esquena a l'aula? Vaja, la meva virtut no era pas prou ferma per a resistir tanta de tentació.

Mentres atravessàvem el poble, no les tenia pas totes; la consciència em feia rau-rau i sempre em semblava que el pare m'havia de sortir de trascantó; però, a la vista de la platja, de la barca i del mar, la meva por i els meus escrúpols desaparegueren com òlibes empaitades pel sol. Visca la llibertat, visca l'alegria! Barquejaríem, visitaríem cales amagades, pescaríem tal volta peixos desconeguts, veuríem els bancs vivents on se crien les petxines virolades que enjoien les platges, trobaríem... qui sap lo que trobaríem!...

—Apa, marrecs, que tindreu bon temps —va dirnos en València—. Mireu que alegroia que està sa veia de sa mantellina blaua. Com s'enfloca i se rinxola sa presumida! Runy com un gos, perquè ses roques li són de mal rosegar i sa sorra li fa mal a ses genives, però no té pas sa rauxa dolenta. Us gronxarà a sa seua falda com una bona mainadera. Apa, marrecs! Es vent i es corrent us estalviaran sa meitat de sa feina i, a sa tornada, ja es garbí haurà caigut.

En Canari era allí que ens esperava. Estava de quatre grapes davant del gussi, enseuant els pals, i em va saludar amb una mitja rialleta de simpatia. Els mariners vells, que prenien la fresca al peu de les penyes, a l'ombra de les blavoses atzavares, ens contemplaven satisfets, articulejant ells amb ells i assenyalant-nos amb els brocs de les seves pipes. Les dones, que adobaven xarxa, aixecaven llurs caps de la feina i cridaven, bromejant: —Pareu ment que no eixugueu tot es peix de sa mar. A veure si hageu alguna roassa!

Nosaltres no els hi contestàvem; canteu, canteu, ninetes; altra feina teníem. Estàvem atrafegats, passant revista a l'embarcació. «—¿Ja heu tapat es dui? —¿A on és sa sàssola? —Tampoc trobo s'arjau des timó. —Mireu, València, aquest estrop se petarà a ses primeres embranzides». Movíem un esvalot; i a tot això en València ens ensenyava lo que li demanàvem, responia a les advertències i reia com si li fessen pessigolles.

Un xicot, que acabava de capbussar-se des d'una roca forana, se'ns acostà, nedant a grans braçades.

—¿Me vols, Volivarda? —va cridar aclucat d'ulls, després d'escopir l'aigua que se li escorria dels cabells i se li ficava a la boca. —Apa! —li va contestar lacònicament en Volivarda.

De seguida el nedador isqué a la sorra, debategant de dents, tremolant i esbufegant. Amb unes quantes fregades de mà s'eixonà la mullena que li regalava per braços i cames, se va posar la camisa i unes calces de vellut de cotó, que es fermà per damunt dels muscles amb unes vetes que li servien d'elàstics, i ja estigué a punt de marxa. Nosaltres havíem anat varant sense esperar-lo, però va estar llest de sobres. Així que donàrem fusa s'arrapà a la popa, saltà a dins de la barca, s'apoderà d'un rem i fou el primer d'armar.

Després vinga vogar i mar enfora s'és dit. Anàvem a quatre rems i en Canari portava el timó. Quin delit! Quin entusiasme! Que era de bon rebre al front i a les galtes el buf del vent impregnat d'una polseta de ruixims! Un garbinet fresc, oratjós i joguiner volava en ample vol per la planura del mar, enravenxinant les ones sense embravir-les. Tot era vida i moviment. Arreu, arreu les ones corrien, rodolaven, saltironaven i tentinejaven amb moviments d'alegre embriaguesa. S'engallaven, traient unes crestes verdes, fines, diàfanes, que, banderejant, s'aprimaven fins a rompre's en floquets d'escuma. Aquí s'empaitaven amoroses, petonejant-se amb un decandiment esllanguit i graciós a l'assolir-se; allí s'esbadellaven suaument com una boca que esclafeix a riure. Com un estol de mainada tafanera venien a palpar i colpejar els costats del gussi, a passar-li per dessota, pegant-li culada, o a esllomar-se bojalment en la roda de proa.

—Salta, salta miralta —cantava entusiàsticament en Canari.

Cap a la banda de terra, a l'indret del sol, no es podien mirar les aigües sense que un se vegés obligat a cloure les parpelles rublertes de llàgrimes. Allí la mar fulgurava amb llampegueigs d'or i d'argent viu, i semblava desfer-se en devessalls de vidre volador; i cap a la cala, en el redós de ponent, groguejava com una gran lluna d'oli.

Una tonyina, que saltà en l'aire entre un escampeig de ruixims a pocs metres de la nostra barca, ens féu quedar bocabadats i sense vogar. —Manoi, quin peixàs! —exclamàrem tots. I romanguérem a l'aguait, sotjant si reapareixeria; però a lo millor una forta bramulada ens llevà l'encantament.

—Vira, vira! —va cridar en Volivarda—. Tothom a rems i da-li fort! Es vent ens tira a ses seques. Vatua, com lladren ses maleïdes!

Efectivament la nostra distracció ens havia abandonat al corrent, que ens duia a un paratge perillós, a la punta d'unes roques, que havíem de remuntar per a guanyar la derrota de llevant. Ens trobàvem voltats de seques, que reganyaven ací i allà l'aspra esquena, quan l'aigua refluïa a llur entorn, i que es cobrien d'escumes i xarabots, quan revenia l'onatge. La remor que feien era espantosa, perquè es multiplicava al regolfar en les baumes de les penyes, on el vent rebomborejava també basardosament. I no obstant el temps era bo; mes, al sentir aquell soroll, costava de creure que no s'hagués desencadenat un temporal. Lo cert és que estàvem atarantats; els uns vogaven, els altres ciaven i la barca giravoltava com presa d'un remolí, a riscos de malmetre's tocant en algun som de roques. Sort que en Volivarda va conservar la serenitat i ens tranquilisà. —¿De què teniu por, gallines? ¿Per ventura no sabeu nedar? —va dir, i, assenyalant el punt cap a on havíem d'arrumbar—: Dret an es freu, Canari! —va cridar—. I vosaltres acluqueu es uis i aferreu es punys a vogar. Aquí no ha de governar ningú sinó es timoner.

Un cop ben avinguts, salvàrem el perill en un moment, deixant endarrera les seques baladreres.

Després vàrem entrar en un esparagol ombradís, on el tràngol gairebé no s'hi sentia i s'hi respirava un aire suau, agradosament enflairat de marisc. Allí vàrem descansar una petita estona i començàrem a pescar. En Volivarda s'apoderà del famós volantí d'en Canari, l'escà amb caragolins, que li presentàrem trencats, i de seguida l'anà amollant a la mar fins que el plom fregà tot just les sapes del fons. Fou un moment d'emoció. Amb quin afany ens abocàrem a la banda, desitjosos de veure com els peixos se tirarien a l'ormeig!

L'aigua era puríssima, i estava empapada d'una claror verdosa, que permetia distingir fins els més petits brins de l'herba negrenca que encatifava el sòl marí.

Prompte en Paiús m'apretà el braç, dient-me: —Ara, ara!—. I allavores, tal com s'aixeca a l'entorn d'un vianant, que atravessa un xopoll, un núvol de mosques i d'espiadimonis, que estaven amagats entremig dels joncs i boves, vaig veure sortir dels herbatges submarins una munió de peixets virolats i bellugadissos, que s'alçaven a l'entorn del volantí. Bullien, anguilejaven, pujaven, baixaven i morrejaven atrevidament l'esquer, precipitant-s'hi a fortes embornades i disputant-se els trossets que lograven arrencar de l'ham. —Redéu que n'hi han! —exclamava en Canari. Però en Volivarda feia mala cara i deia: —Això és gurrama, peiximinuti... No n'hajarem cap. Són criaturetes i nosaltres hem d'anar pes veis.

Seguint els consells d'en Volivarda, donàvem de tant en tant algun cop de rem per a canviar de lloc. En Paiús s'impacientava. —¿De què redimontre ens deu venir aquesta malastrugança? —anava mormolant; i de prompte exclamà: —Ja ho sé, vatua! Avui no m'hai senyat—. Va mullar-se els dits, submergint-los en el mar, com aquell qui els fica a la pica de l'aigua beneita, i es senyà devotament. —A veure si rompem s'embruix, conxos!

Havíem arribat a un paratge assolellat i de sobte vaig veure projectar-se sobre el fons marí, esborrant l'emmallat de fils lluminosos que hi extenia el sol, l'ombra gegantina de dos peixos, que passaven com dues centelles. Vaig fer un surt, però no vaig pas tenir temps de dir «Mireu». Ja en Volivarda havia cobrat ràpidament l'ormeig i l'havia tret enflocat amb dues llargues jodrioles, que debategaven, mostrant per tots cantons la coloraina del seu cos, tan viva i tan fresca que semblava que un s'hi hagués de tacar la mà a l'agafar-les. Dues jodrioles! Amb quins alirets les saludàrem! No crec haver disfrutat mai d'una alegria més pura.

—Ja hem romput s'embruix —va dir en Paiús—. Cala, cala, Volivarda, aprofita s'hora bona, mentres es peix té gana.

L'hora fou certament bona. ¿Ne voleu de jodrioles virolades, de serrans clapejats d'or i púrpura, d'estudiants revestits d'escata negra, de tords, de vaques serranes; ne voleu?... Fins agafàrem una escórpora, petit monstre de pessic verinós, que fou mirada amb terror i que, després de morta a cops de sàssola, encara ens donà treballs per a desenganxarla de l'ham.

—Alerta! —va avisar en Volivarda—. Això és un peix maleït. Porta clavades dues agües de bruixa que ni amb sa mort perden es mal verí. Hem de tallarles amb es ganivet i llençar-les. Déu hi gord de posar-hi es peu a sobre!

—Per lleig i maleït que sigu aquest peix —va saltar en Canari, picant de mans—, jo mai voldria a sa sopa atra maledicció que sa seua. Ni es rap li fa sa pols.

—Oidà! —exclamàrem tots, aprovant-ho; i en Paiús se llepà els llambrocs com si el sol pensament els hi hagués ensaborits.

Estàvem abstrets per la nostra tasca. No ens adonàvem pas de l'aire, ni del sol, ni del curs del temps. Si no hagués sigut per una baralla, que va moure en Paiús i que féu que en Volivarda cerqués arguments en el cel per a deturar-la, tal vegada la nit ens hauria sorprès pescant: tanta era la il·lusió que hi teníem.

Per sort, en Paiús va fer una rebequeria.

—Vui fer una calada, conxos! —exclamà—. Vui provar sa meua sort.

En Canari s'hi oposà resoltament.

—Tens massa mala grapa, manu —li va dir—. M'enrocaries es volantí.

En Paiús se va enfadar. S'aixecà, va tirar el cap endarrera, posant en premsa les filades de carn de son bescoll molsut, i es quedà mirant per les escletxes de sos ulls, sempre mig tancats, fit a fit an en Canari.

—¿Que va de bo, cara de pomes agres? —va dir després d'un llarg silenci—. ¿Que et creus que m'has llogat per bastaix? ¿On és sa soldada que em dónes? Tota sa tarda m'hai estat endarnegant, rema que remaràs, i ara ¿no m'hai de divertir com a persona?

—No, no pescaràs amb es meu ormeig —va contestar en Canari, arreplegant el volantí i posant-se'l entremig de les cames.

Era aquest noiet una criatura menuda i desnerida, d'una rossor canemal, d'ulls blavissos, una mica guenyos; estava espantat i les llàgrimes li vorejaven les parpelles; però es coneixia que no estava pas disposat a cedir.

En Paiús s'anava enfurismant.

—Renoc de platja, cap de borres... canyiula! —li deia amb aires de menyspreu—. ¿Amb mi vos baraiar-te? ¿Que no ho veus que des primer pinyac t'esbotzaré es costellam com si fos una garbitana podrida? ¿Que no pescaré?... No?... A ses bones o a ses males! i alerta que no haju de grumejar es peixos amb sa teua sang, sents? Porta això o t'estripo!

I ja arborava els punys, quan en Volivarda li va pegar estirada a la brusa, fent-lo assentar en un banc, i, rient i tirant la cosa a broma, li va dir: —Seu, seu, baraca botxina. Té, fuma aquesta cigala i calla. ¿Per què et baraies, tora, més que tora? T'hi has pensat massa tard a pescar. Mira't es sol on és. Si no anem de seguida a soïssos, prou que hi haurem d'encendre es fanalet.

Tots guaitàrem a l'entorn aleshores. Marc de Déu i que era tard! Com havia passat el temps! Ja l'ombra de les muntanyes s'extenia fins qui sap a on de la mar. El garbí havia caigut. La flama en la qual en Paiús encenia el cigarro no oscilava gens ni mica i el misto va cremar fins que, llençat a l'aigua, s'hi apagà espetarrellejant. L'onatge s'era aplanat, esborrat, fos... Quina calma! Quina quietud! La color blanquinosa que pren l'aigua morta de les ensenades s'anava dilatant mar enfora com un tel invasor; i en aquell tel llis i enxarolat s'emmirallaven serenament les penyes, poc abans combatudes per la ressaga, i llurs herbatges encara xops hi vessaven una gotellada harmoniosa. De les muntanyes properes davallava l'olor dels tomanyins i de les flors boscanes, que amb la fresca del vespre solen exhalar un alè més sentós. El sol des de darrera d'una boirina rovellada deixava caure, a tall de rosses pestanyes d'un ull que s'acodorm, la serrellada dels seus raigs, que cobria tot el Montseny. El cel començava a verdejar. Quina calma! Quina quietud! La tarda es desmaiava poc a poc amb un somrís de pau, amb un deix de galvana placèvola, que s'apoderava de la immensitat.

¿Què ens calia sinó acudir a la feina que ens havia encomanada l'amo de la barca? Vàrem rependre els rems i tira cap a llevant. La barca lliscava per la llisor oliosa del mar, com un tall de sabó mullat llisca per sobre un vidre. Amb pocs esforços la portàrem al paratge on havíem d'atracar, i, després d'haver-la amarrada amb un cap de corda en un tosc pilaret de roca, vàrem desembarcar tots.

—Allà hi ha s'afrau des soïssos —va dir en Volivarda, mostrant-nos la boca d'una caverna, en la qual de tant en tant el mar, botint-se lentament, s'hi engolava com xuclat, produint-hi un glo-glo semblant al d'una deglutició gegantina.

Ens hi vàrem acostar i, efectivament, no hi faltava pas lo que cercàvem. La penya submarina estava materialment coberta de soïssos, espessos, apretats, enerisats de pues, oferint en petit l'aspecte que presentaria, agombolat en el fons d'una vall, un negre exèrcit armat de piques.

La feina era fàcil. Amb un arpó de tres ganxos en Volivarda es posà a rasclar la penya, i feia seguir a pinyocs aquells mariscos espinosos. En Paiús parava el salabret per a copsar els que queien de l'arpó, i jo i els altres vailets els arreplegàvem de l'arpó i del salabret amb les mans i els estibàvem a la galleda.

De vegades, al llençar els que ens semblaven massa petits, se n'esbadellava algun, i son suc i sa polpeta vermella s'esmunyien a l'aigua, atraient una mena de llangostinets verdelosos i menudíssims, que apareixien com una boira i com una boira s'esvaïen en havent acabada la menja que els havia congriats.

—Això és puagó marí —me va dir en Canari—. Són més petits que es mosquits, però n'hi han més que grans de sorra a sa platja. Si es tiren a ses peces o an es palangrons, s'hi mengen es peix que no hi deixen sinó ses espines pelades. I res els hi fa por. Veuràs... allarga'ls-hi una cama com te la pessigaran de seguida. Així se'n perdés sa mena, mala pesta!

Acabada la feina, ens vàrem entretenir cercant petxines. Teníem una gana!... I haguérem d'acontentar-nos amb quatre petxinetes i amb una ceba, que portava en Volivarda, la qual ens repartírem com a bons germans, polsejant-la per tot amanimaent amb una mica de sal de la que, procedent de les grosses ressagues, s'era acristallada en els cloterells de les roques altes. L'àpat va ser ben frugal, però que ric!

Encara em sembla que estic en aquelles penyes rodejat d'aquella mainada. Veig en Paiús ajagut de boca terrosa i mig abraçat amb en Canari, sense recordar-se de que l'hagués volgut matar mitja hora abans. Veig en Volivarda i l'altre vailet asseguts dalt d'un saplà de penya amb les cames penjants sobre el meu cap. Sento a lo lluny el toc d'oració, l'esquelleig de les cabres, que davallen de les cinglereres, i el cant dels grills, sonant acompassadament com l'ànima d'un gran rellotge: ric, ric, ric... I el dia va morint, morint... L'horitzó es torna morat; les calitges hi van ascendint lentament i el mar, llis com un cristall, hi destaca lluminós, banyat d'una fina color d'or pàl·lid, sols comparable a la de la lluna quan se'n va a la posta.

¿Cal que arribi a la part llastimosa i que expliqui com a casa varen descobrir la meva entremaliadura i com me condemnaren a anar-me'n al llit sense sopar a malgrat de la gana, que em rosegava per dedins?

L'ÈXTASI DE L'ONCLE VENTURA

Per fi era arribat el dia d'anar a la fluixa amb l'oncle Ventura. Ell m'ho havia anunciat a l'hora de dinar, i des de llavors jo no pensava en altra cosa. —Aquesta nit hi anirem —m'havia dit amb aire de secret i tot acaronant-me—. Ans de sortida de lluna hem de mirar de ser a sa fonda, ¿entens? Cap allà a vuit hores vine-te'n al gussi.

Endemés jo no sé pas de cert quin parentiu tenia amb mi l'oncle Ventura, però sempre li havia dit oncle; crec que era fill d'un cosí d'alguna de les meves àvies. Després de molts anys de navegar havia adquirit un capitalet i s'era retirat a disfrutar-lo a casa seva, fent de pescador, mig per afició, mig per ajudar a la rendeta i a l'estalvi. Home d'habituds solitàries, no solia acompanyar-se amb ningú. Sol varava i treia el seu gussi, sol se'l governava i sol calava i llevava els palangrons, que eren l'ormeig més usual de la seva pesca. També es dedicava a la canya llargues temporades, i ja és sabut que la canya no vol companys, a més a més de que a l'oncle li haurien servit de poc, perquè no s'agradava d'enraonar amb ningú. Era tan eixut de paraules que quasi sempre que havia d'intervenir en alguna conversa ho feia per medi d'un somrís, d'un arronsament d'espatlles, d'una girada d'ulls o d'un balandreig de cap expressius. Tenia la cara llarga, les galtes flaques, vorejades de dos grans sécs que li baixaven del nas a les boqueres, els cabells fluixos, desmaiats, els polsos amb bauma i els ulls fets de manera que en posició normal semblava que miressen enlaire i deixaven veure el blanc per sota les nines. El seu aspecte era el d'un home evangèlic: dolç, sofert, resignat. Quan pescava a la canya solia seure amb el cos tirat endavant, les mans junyides a l'entorn dels genolls i la vista perduda cap al lluny. S'hauria dit que estava en oració i que tal volta obirava ales i caparrons d'àngels allí on nosaltres no descobrim més que boirines daurades i calitges de color de carn.

Estic segur de que, si em va convidar a la pesquera, fou obeint a insinuacions de la seva dona. Però, fos com fos, a les vuit havíem de varar i jo no desitjava res més.

Que es fan llargues les hores quan un no n'espera sinó una! Són vagons d'un tren llarguíssim que van passant lentament, lentíssimament i que no ens interessen sinó perquè sabem que n'arrosseguen un, en el que esperem que ens arribi la felicitat. Aquell dia l'única hora digna de ser per mi viscuda era la de les vuit del vespre, i totes les altres no servien més que per anar-me-la portant. Si un les hagués pogudes xurriaquejar com a cavalls!...

De seguida d'haver sopat me'n vaig córrer a la platja a fer guarda al gussi. Fins que em vaig haver ajagut davant del seu estrau no em creguí ben assegurat de que no marxaria sense mi. Mentres que el temps no s'emboliqués... però, ca!, semblava que no. Hi havia ressagota... res, fressa pura. Molt bé que els sardinalers havien sortit sense por.

Que poc a poc el rellotge del poble va comptar els instants! Cauen set hores, cauen vuit hores, i l'oncle no venia. Per fi, quan la meva impaciència arribava al desesper, va comparèixer l'home, caminant xano-xano, a llargues i lentes gambades, amb l'olla del grumeig en una mà i un feixuc roc al cim del muscle. Gràcies a Déu! Aleshores me vaig acostar alegroi a les ones. Redimontri com bramulaven! I que era ombrívol el mar extès sota un cel de nit sense lluna! Aneu, fieu's-en... A pesar de les il·lusions que m'inspirava l'expedició, el cor se'm va tornar tan petit que... ¿Qui sap?... La diversió es podia pagar prou cara.

—¿Què me'n dieu d'aqueix temps?

L'oncle va examinar atentament els quatre punts cardinals, me va fer senyal de que pugés a la barca, la varà calmosament i, després d'haver donat fusa i mentres armava els rems, me va contestar, esforçant la seva veu entelada:

—Bon carés de temps.

Bon carés de temps! Bé, sí, no hi havia pas gota de vent i el cel estava serè; però, Déu m'ajudi, mai haguera dit des de terra que les ones fossen tan grosses, tan espantosament grosses. Venien sense rompre's, ni remorejar, embotides, muntanyoses, s'esmunyien amb suavitat sota la nostra carena i s'allunyaven escumejant lleument amb tot l'aire d'una ira tenebrosa i retinguda. Sens dubte hauria regnat temporal enfora i en conservaven la sinistra emoció.

Estàvem a darreries de setembre i no calia pas esperar les bonances delicioses que la caiguda del garbí dóna a les vesprades del juliol i de l'agost. El mar sentia ja els mals humors de la tardor; en el moment més impensat podia pegar-li una rauxa de mal geni. No, jo no les tenia pas totes, però em tranquilisava al notar la placidesa de l'oncle Ventura i la calma i el compàs amb què vogava. El bo de l'home no deia res, ni es cuidava de dirigir-me cap mirada. Estava, segurament, absort; movia els braços d'esma. El caient del seu cap indicava prou que la seva pensa se n'anava pel corrent d'un somni. Però ¿què seria lo que li robava així tan sovint el cor? M'hauria agradat averiguar-ho.

Vàrem fondejar davant per davant de la punta de Santa Agna, no gaire lluny de sos penyals. El roc que havia portat l'oncle, lligat amb un sacanell ens va servir d'àncora. Suràvem a catorze braces de fons. Quina soletat! A dalt la nit fonda i estrellada, a baix el mar immens fet una tenebra. L'aigua no es figurava sinó pel guspireig d'alguna bombolla, que hi pipellejava, i pel llustrejar esborradís, quasi imperceptible de les ones, que a l'estufar-se reflexaven la celístia. Quan hi vàrem tirar el grumeig hi fulgurà blanquinosament, formant una boireta fosfòrica, que s'anava esparpellant i esmortuint en sa davallada a l'abisme.

La costa, en la mitja foscor regnant, simulava un tortuós carrer d'edificis enderrocats: piràmides, cúpules, torres gegantines i malgirbades, arcs, muradals... tot esquerdat, malmès, embolcallat de pins i bardisses. Si un escoltava cap allí, sentia créixer el soroll de la ressaga més fort i retrunyidor com més hi parava l'atenció. Si en canvi escoltava cap a la banda de fora, la ressaga desatesa semblava allunyar-se i emmudir, i la orella sentia venir d'allà d'enllà, entre el silenci, els sospirs vagorosos del mar immens i desert.

Després d'haver abundosament grumejat, escàrem les fluixes amb sardina fresca i les descabdellàrem, tot amollant les a l'aigua.

Com que són guarniments quasi sense plom, segueixen el corrent que regna i van gairebé a l'ensurada. Aquell dia el corrent era de gregal. El meu ham, doncs, com portat per un riu, s'allunyà cap a garbí, posant tibanta la nyinya que l'aguantava. No ens calia altra feina que la de l'aranya: pendre paciència, esperant el moment de sentir les batzegades de la víctima en el fil de la nostra teranyina.

Jo, novell en aquella pesca, hi posava tota l'ànima. A cada moment me semblava sentir la picada del peix, llevava la fluixa emocionat... i res. M'enganyava el moviment de les onades, m'enganyaven les estremituds dels meus nirvis mateixos sobreexcitats. En canvi, l'oncle, que tranquil! Les seves manasses immòbils semblaven de pedra. S'era recolzat a la banda, i amb el cap decantat sobre el muscle dirigia una mirada tendra i sostinguda a les estrelles. Sens dubte estava resant... sens dubte les estrelles li semblaven la lluminària d'un altar, d'un gran sagrari encortinat d'ombres. Qui pogués seguir els seus pensaments! Perquè, vaja, aquell home era del fust dels apòstols o almenys ne tenia el posat i l'expressió.

Espera i esguarda, no agafàvem res. Vaig grumejar sis o set vegades. M'avorria en gran. A l'últim, jo que sí, que em lligo el guarniment a la munyeca, per a què no se m'escapés en cas d'acodomir-me, i m'ajec de panxa enlaire en el banc. Hi estava força malament. Vaig recordar-me amb recança del llit tou i calentó que haguera pogut disfrutar a casa.

Mentrestant apuntà el crepúscul de lluna, una resplendor rogenca que invadí poc a poc l'orient i s'anà intensificant de color fins arribar al to més rogent de porpra. Els grops i sacsons de la calitja es transparentaven amb fluctuant ombreig. Aquella aurora no era com la del dia, que aixís que apunta ja la nit pal·lideix, perdent quelcom del seu imperi, i les estrelles se deslluеixen, sinó una aurora llòbrega, que es coloria sense quasi resplendir. Dilatava la seva vivíssima taca vermella enmig del si de la nit, sense que en lo restant del cel s'esblaimés l'ombra en lo més mínim, ni que cap estrella perdés gens la seva lluïssor.

Res tan melangiós com un crepúscul de lluna sobre el mar. En la llunyania les siluetes dels sardinalers simulaven una professó de Setmana Santa. Llurs veles se destacaven sobre la roentor del cel negres i punxegudes com cucurulles de congregants. N'hi havia a centenars, totes acorruades... I un filet d'ombra, que s'extengué per l'horitzó, bastà a esborrar-les en menos temps que dura un parpelleig.

Per fi la lluna aparegué com un muscle nu per damunt de les calitges, que s'anaren escorrent a son entorn com ropatges que cauen. I amunt, amunt... rodona, grossa, colorida d'una vermellor semblant a la de l'aram sense polir, se pintà sobre un fons de cel cendrós i sense transparències. Al principi quasi no llumenava. Després s'alluentà poc a poc i son besllum s'acarrerà per la mar, vermellejant sobre el llom de les ones.

Estava més distret que mai quan vaig sentir a la munyeca una estrigassada tan forta que m'esborronà. ¿Què era allò? ¿Qui podia estirar-me d'aquella manera des de la mar deserta? Me va fer un efecte fantàstic.

L'oncle m'anava dient: «Lleva, lleva, marrec, que has fet estrenes». Jo me'l mirava esverat i amb tot i sentir clarament les seves paraules, no l'entenia; però el vaig creure d'esma, posant-me a llevar la fluixa nirviosament. Rediastre, quina resistència havia de vèncer! ¿Hauria agafat algun monstre, alguna morena d'aquelles que, un cop tretes de l'aigua, cossen als seus propis pescadors? Per dues vegades me vaig aturar esglaiat, però l'oncle m'obligava a continuar: «Cobra, cobra». El guarniment vibrava com una corda de guitarra. Per fi, vento rabalada i alço un peix preciós, un sard de gairebé tres pams de llargada, que cuetejava sorollosament sobre la banda del gussi, espurnejant-me la cara de ruixims. Quina alegria!

Des d'aquell punt el meu cor no va estar més que per la pesquera. Vinga tornar a calar de seguida.

¿Què ho fa que ningú plany als peixos? La mort d'una cadernereta ens entristeix, i en canvi ens aturem a contemplar tranquilament el panteix anguniós del llobarro que s'ofega sobre el sorral. No, mai n'he planyegut cap de peix. Com més forçudament debategaven, més viu era el meu pler. Que em vaig divertir! La pesca proporciona l'interès i les emocions d'un joc d'atzar, i les embriagueses d'una lluita triomfal.

De sard no n'agafàrem cap més, però en canvi les oblades no ens deixaven temps ni de respirar. Mentres la lluna va anar de pujada picaven seguidament. Després semblà que s'haguessen fos. No obstant, jo m'empenyava a esperar-les. En volts de les tres de la matinada l'oncle cabdellà la seva fluixa, es plegà de braços i em va dir: —No cal maldar. Es peix ha acabat sa gana. Quan vulgus, farem proa cap a casa—. Mes jo em vaig oposar al seu desig.

—No: deixeu-me provar unes quantes calades més—. I ell se va resignar a la meva voluntat somrient bondadosament.

Al cap de poca estona va entrar un oratge fred i molestós, que, vestits com anàvem de rigorós estiu, i amb les robes mullades pel degotall de les fluixes, era de ben mal rebre. Aleshores me vaig penedir de no haver cregut a l'oncle. —Pobre home! —vaig pensar—. No el vull pas molestar més. Ara per la meva culpa deu estar patint de fred com jo mateix—. I em vaig girar a mirar me'l.

No, l'oncle no patia pas fred, ni cap molèstia, ni es sentia probablement del pes de la pròpia carn.

Estava extàtic. Immòbil, amb els braços plegats, la mirada enlaire, tot ell arruixat pel doll argentí de la lluna, ara enfonsant-se poc a poc, ara remuntant-se pausadament, segons el moviment de la barca, era l'estampa d'un benaventurat. Però ¿què somniaria aquell home incult i retret? ¿Realment rebia un raig de llum de l'Esperit Sant, que tot sovint l'embadalia? ¿O, tal vegada, fruïa remugant les percepcions hermosíssimes de la seva vida marinera? També podia ser que estés senzillament encantat i que no pensés res... Però no, no... Vaig veure ondular en els seus llavis pàl·lids un somrís ple d'expressió, vaig llambregar en les seves nines el besllum dolçament tremolós d'una ànima que palpita d'alegria... No em vaig poder contenir. Vaig emparar-me de les mans dures del bon home, apretant-les entre les meves, i, mig rient per a dissimular l'emoció: —Posta va que esteu pensant en una cosa molt bonica! —vaig exclamar. Ell de moment quedà sorprès, però després d'haver jo repetit la meva insinuació, se posà a balancejar el cap de dalt a baix, fent que sí, que sí. Li vaig apretar més les mans i li vaig clavar una mirada insistent, interrogadora. Ell seguia balancejant el cap. Per fi va dir amb la seva veu feble, inclinant-se cap a la meva orella com per a confiar-me un secret: —Sí, marrec, estava pensant una cosa ben bonica, una cosa que fa pla bona salivera. Demà... no, avui mateix, que ja hem tombat sa diada mal que duru sa nit... avui s'obre sa matança i per dinar menjaré allò que en diuen sang i fetge i ceba de porc.

Mai més he cregut en fesomies.

L'ANIVERSARI DEL NOI GUIXER

L'avi Guixer era un jaio baldat de les cames, un antic pescador, cantaire, malparlat a voltes per deix de l'ofici, devot a estones, bon home sempre i candorós com una criatura. Anava més polit que un lliri de platja, i donava goig de veure'l a l'estiu en el pati de sa casa, sota l'emparrat, amb sos cabells blancs com una bromera de sabó, sa carassa fresca i vermellosa, sa camisa de fil groller resplendenta de netedat i flairosa de la bugada, els braços arregussats i les mans llestes, entreteixint joncs o conjuminant cordes. No n'hi havia un altre de més entès en ormeigs de pescar. Feia nanses, garbitanes, palangres, cels... I ell amb aquestes arts i la seva dona xacutant en el coixí tot el dia de sol a sol, sense destorbar-se més que lo precís per a enllestir les altres feines de la casa, s'acampaven la vida sobradament.

Jo, que era aficionat a la pesca, amb excuses de fer-me arreglar un volantí o adobar la faç d'una nansa, visitava sovint al bon home i vàreig acabar per ser-hi amic de debò.

Lo que és a l'estiu no deixava cap dia d'anar a passar el rato a casa seva. S'hi estava bé. M'assentava en el fresc pedrís del pati, a l'ombra dels pàmpols, i, ja fumant un cigarret m'endormiscava amb les cançons del jaio, ja parlava amb ell de les coses de la mar, tot guaitant-me-la per la portalada sempre oberta. La mar! Jo n'estava enamorat. Ell no; i no obstant se l'estimava com un marit se pot estimar una dona de males entranyes, que li ha ocasionat molts disgustos, però que al cap i a la fi no deixa d'haver-se-li arrelat a l'ànima. No en deia mai bé. «Sa mar! Mal foc que l'assecu! És maleïda sa mar». I li sobraven motius per a odiar-la, perquè li havia robat un fill, un fill únic, que a la flor de sa jovenesa s'era negat amb sos companys de barcada. De vegades l'amenaçava amb el puny clos. «Lladre», li deia. Però si no l'hagués poguda veure, l'hauria enyorada. No calia dubtar-ho, perquè aixís que tenia lleure d'alçar el cap, ja estava menjant-se-la amb els ulls, i totes les seves distraccions consistien en resoldre de quina barca era una vela, que tot just s'obirés, i en desxifrar en les lleus boirines els pronòstics dels canvis de temps.

Un dia que, com de costum, me vaig encaminar a casa seva, vàreig quedar extranyat de trobar la porta tancada. A pesar de que vaig sentir trapeig per dins, no vaig voler trucar, pensant que tal volta faria nosa, i vaig posar-me a passejar pel carrer amunt i avall. Queia un veritable xàfec de sol; però bah!... Me vaig entretindre contemplant el lluminós paisatge: aquell cel d'un blau ferm, aquelles cases blanquíssimes, arrastellades al peu d'una muntanya penyascosa d'un moreno formentós, en la qual les ginestes en flor brillaven com els joiells sobre el pit ossut i colrat d'un gitano; i després el mar i el ros sorral i els llaguts amb ses veles esteses a secar i les serralades llunyanes, blavisses, com transparents...

El dia era esplèndid. I quina quietud de poble ensopit!... Quasi ningú enlloc. Aclofades en la platja roenta unes dones, amb els mocadors de llurs testes tirats endavant a tall de vela de carro, repassaven silencioses els esvorancs d'una xarxa. Més lluny un mestre d'aixa, a la vora d'una barca tombada, feia bullir en un fogaret el seu cassó de quitrà. Un xicot pescador havia arraconat la seva canya i s'era allargassat al cim d'una roca, adormint-s'hi tranquilament. Tot se veia a través de la bravada que s'exhalava de la terra, una fumarel·la comparable a la ombreta bellugosa que produeix un vidre passat ràpidament per un raig de claror. I quin cant de cigales més seguit, seguit davallava de les garrotxes!

Al principi vaig amarar-me de sol amb certa gaubança, desafiant-lo: Apa, torra'm, que això és salut; però al cap de no gaire me'n sentí molestat. La roba em cremava... i vaig pensar: Bé t'atraparé prou, no em faltaran ombrel·les ni cobrecels.

Efectivament, els llaguts amb ses veles esteses m'oferien estatges obacs, tentadors. Sobretot una parella del bou. Les seves velasses havien sigut lligades com un cobrecel de l'una a l'altra de les dues barques bessones. Allí no hi traspuava una gota de sol i, en canvi, per escàs que fos, l'alè de la marinada havia d'esmunyir-s'hi fresc de ruixims, així que deixava l'ona esgavellada sobre el sorral. Jo que me n'hi vaig i, al punt que hi arribo... vatualisto!... vetallí a l'avi Guixer assegut en unes esparcines dujades.

Era ell, sí... Per més que estava girat d'esquena, no podia desconèixer-lo ningú. Son caparràs blanc, descobert, ses amples espatlles sense més vestimenta que la camisa i els elàstics... Ja anava a cridar-lo, quan me vaig adonar de que estava passant el rosari.

Allavores vaig compendre el cas. Era el dia catorze de juliol, l'aniversari de la negada del noi Guixer. El bon avi estava complint amb un degut piadós. Força vegades li havia sentit a dir que per aquella diada no treballava; i jo sabia que, mentres pogué valer-se de les cames, no havia faltat cap any a la iglésia a oir una missa de difunts, i això que molts diumenges se la jugava. Pobre vellet, té, quina se n'ha pensada! De cara al mar, a la presència del poètic cementiri del seu fill, ve a resar-li les seves oracionetes. Ah!, si la candidesa és amable al bon Déu...

Instinctivament me vaig llevar la gorra i em vaig posar a borbollar parenostres. Quina emoció m'esdevingué! El món s'anava ensombrint, ensombrint davant dels meus ulls enllorats. No veia més que el bombolleig de foc que produïa el sol a l'arruixar-se sobre el mar. Però per mi en aquell moment ja no hi havia sol, ni realitat. Una il·lusió se m'imposava. Totes aquelles llumenetes eren mil i mil flames de candeles, que cremaven en un ofici de difunts, dintre d'un temple immens, amb les fondàries perdudes en vagaroses foscors. Se sentia el trèmol d'orgue, solemne, baix, devotíssim, creixent a poc a poc, tornant a minvar dolçament... L'èxtasi de quelcom de sant s'apoderava del cor.

El vell, que m'havia llucat a cua d'ull, així que acabà el rosari, digué una salve en veu alta per a què jo la pogués seguir, i després, girant-se, em saludà afablement: —Gràcies, gràcies, i visca molts anys—. I jo no vaig contestar paraula, perquè l'emoció m'ennuegava, però li vaig estrènyer fortament la mà.

Puc fer un juri de que mai he pres comiat de cap dol amb l'ànima tan commoguda. Mes el vell no s'immutà gota; estava tranquil, serè, no es donava compte de lo que a mi em sobreexcitava. Era un home així, tenia cops de poeta sense haver-ne esment, sense perdre mai aquella simpàtica ignorància, que el feia incapaç d'artificis.

VETLLES D'ESTIU

A l'estiu, després d'haver sopat al pati de casa a la claror del sol ponent, me n'anava a ca la viuda Rovellona. Allí acudien altres veïns: la Rosó de la fleca, una xicota alta i grossa, que ja devia haver menjat forment de trenta anyades, per més que no semblés indicar-ho son dentat colossal, blanc i atapeït, que brillava amb el llustre d'una eina nova de trinca; l'avi Sàssola, un antic bosseller, vell de bon regent, ample de cara, cellacanut, de nas carnós, parpelles amb gires vermelles i boca esqueixalada i afable; en Pere Retort, un corder més alt que Sant Gim, amb una ossada monumental, tot ell ànguls i ressalts, i amb unes manasses llargues, nuoses i esgrogueïdes, que tenien el palp fred i callós d'una pota de gallina, les noies Xanguetes, dues peixataires menudes, desnerides, fines com mosteles, amb més ulls que galtes, més boca que ulls i més paraules que un diccionari; en Xacó de la taverna, un solter de quaranta anys, molt reixitxolat, que les festejava i que, segons indicis, no sabia encara per quina decidir-se, enamorat de les bones dots amb què l'una i l'altra podien fer-li prosperar el negoci; i, per fi, alguns no tan entrants de la casa, que venien quan tenien humor o lleure. Era una reunió divertida. Cada u deixava els maldecaps a darrera la porta i procurava disfrutar de la bona hora, com aquell qui entra a la benaventurança, que ni es recorda del mal temps passat, ni desconfia de lo que està per venir. Fèiem un Sant Bruno de vi de la terra, ens agafàvem a bracet i, tot escampant pels carrers una riallada esvalotadora, tira cap a la platja que a casa hi coven ous.

No érem pas nosaltres sols que hi anàvem. Ne voleu de gent pel sorral!... Certament a la vinguda de la nit, quan manca la marinada i encara no ha entrat l'oratge, la xafogor no deixa viure a sota cobert. Tothom surt a cercar la fresca i allavores la platja convida a la gent com la llar a l'hivern. Cada u s'ajunta amb els coneguts que li són més simpàtics, se formen colles a la vora del mar i, mentres el cos se retorna gaudint la bravada de l'aigua, s'enraona, se riu, se canta i es passen xaladament les hores.

Les dones s'asseien a la moda turca, aclofant les anques en terra i encreuant les cames. Nosaltres, els homes, ens ajaçàvem a tot pler, rabejant-nos amb la sorra fresca, extenent-hi els membres i acabant per adoptar les actituds més pròpies, segons les aficions de cada qual, ja per a contemplar les estrelles, ja per a ullejar el mar, ja per a sotjar les fesomies de nostres alegres companyones. L'únic que es tombava de boca terrosa era en Retort, que no s'interessava pel mar, pel cel, ni per les noies, i que sens dubte d'aquella manera trobava més bon jaent per a l'ensacada d'ossos que portava dintre la pell.

De seguida les dones se posaven a articulejar elles amb elles. No podien pas aguantar més temps al pap l'arreplec de notícies que havien estat remugant durant el dia. Que si en Pau Morros se casa amb na Reixaca, que si ell és un infeliç, que si ella és una bandarra, que si el senyor Guillem festeja a la dona d'en Cresta, que si en Baldiró s'ha barallat amb la seva sogra, que si en Faluga s'ha jugat la barcada, que si naps, que si xerevies, que da-li, que tomba-li... Era precís deixar-les desfogar.

Després l'avi Sàssola començava a moure fressa.

—Això no és viure... Llampus, quina rampa en es clatei!... Sí... ja podeu riure, ja. ¿Que us penseu que no hi heu d'arribar mai a veis? Pena de mort hi teniu. Vaja, jo no m'hi puc estar amb es cap baix, no puc! M'esmaluco, m'enrampo, m'ofego... Si aquesta mala pua de Rosó tingués cor de cristià, no em deixaria patir així.

—I ara, l'avi! ¿Ja hi som? ¿Ja em cerqueu es cos?

—No, es cos no, filla: un bocí de cama... res, ja ho saps tu. Vaja, no siguis des morro tort, deixa'm posar es cap a sa teua falda.

—Mireu quin palatrís aquest homo! Cada dia sa mateixa dèria!

—Oidà!, pot esser que sí que et penses que de dia en dia se m'enforteixen es ossos. Ells no se'm corquessin més, mala negada! Cada dia més vei, noa. No hi puc adobar res jo.

—¿I què hi hai d'adobar jo? Aneu a can Pep de ses barques, que us posi una quilla nova i unes costeies ben revingudes.

—Però, dona, si sa meva carcassa ja està ensorrada i no li manca més que un puntalet a sa roda de proa. Vaja, no sigus esquerpa, pitera, salada... un pamet de falda!

—Mireu, avi —saltava tal volta una de les Xanguetes—, no basquegeu tant per coixí. Aquí, as vostro costat, hi ha en Retort, que és homo de paciència i us deixarà aprofitar de ses seves molses.

—Llamp que t'abrusi, Xangueta, a quines molses me tires! Déu ens guard de ventar-hi un cop de cap que prou hi quedaríem estabornits. No estic tan desesperat, no... ca!... Ja sé com l'hai d'amoixar a na Rosó. En contant-li una rondaia... ¿oi, salada?

Ne sabia un sarró de rondalles; i en oferint contar-ne alguna o revel·lar el secret d'alguna tafaneria, que fes set a les dones, l'avi Sàssola se sortia sempre amb la seva. Afofolava el seu caparràs a la falda de la Rosó, creuava els braços damunt del ventrell i baixet, baixet, seriosament, com qui diu de cor una lliçó, vessava la xerramenta més saborosa i divertida que s'hagi sentit mai a la platja. Això sí, quan la donava pel cantó de la potineria o de la verdor, no tenia brida; però ho deia tot amb un enginy tan estrafolari que, quan un li llucava les males intencions per entremig de l'enlluernament i l'ombreig de les seves figures retòriques, no podia menys d'esqueixar-se de riure. I per lo que toca a les rondalles populars, les arreglava de manera que llur acció passava gairebé sempre a la nostra encontrada i molts de llurs personatges eren fills de cases conegudes del nostre poble. Aixís, per exemple, en Joan Alós resultava fill de can Trompa, que era gent molt peluda i ferrenya; en Pere Sense-Por havia sigut campaner de la nostra parròquia; el pou de les Princeses encantades estava situat en una casa de pagès ruïnosa i deshabitada, coneguda amb el nom de la Casa de les Bruixes; el castell d'en Vas i No-en-tornaràs s'havia aixecat al bell cim de la muntanya de Sant Joan i «carets de Déu, heus aquí per què de resultes d'aquell embruix sa muntanya ha quedat tan enxorquida que, amb tot i ses benediccions que Sant Joan hi tira des de sa seua capelleta, no s'hi han pogut arrelar més que tomanyins i volivardes»; en fi, ens mostrava als nostres voltants les senyals, que restaven encara, de les meravelles que ens contava, i els seus prínceps i fades i encantaires parlaven en un llenguatge tan netament blanenc que no era pas de dubtar que s'haguessen escalfat a les nostres llars i haguessen anat de grifolda amb la nostra gent de la vellura. La Rosó, que era força càndia, s'ho empassava de tan bona fe, que algunes vegades, mentres el narrador explicava les gallardies d'algun de sos personatges imaginaris, interrompia el qüento per a preguntar amb la més natural curiositat:—¿Que l'hauríeu conegut vós, l'avi?

Aquestes narracions s'emportaven bona part de la vetlla.

De vegades, quan l'avi Sàssola es cansava, en Xacó de la taverna intentava substituir-lo, explicant alguna anècdota; però el seu estil mig superflorídic mig murriesc, pretensiós i laberíntic, era més propi per a marejar que per a divertir. Deia molts «per consevuents», molts «a l'objecte», molts «lo qual» i «verbigràcia» i lo pitjor era que els entatxonava en el discurs tant si venien a tomb com si no hi venien. En Retort se l'escoltava com a un savi de Grècia, admirant-lo tant més quant menos l'entenia; però ni en Retort, ni ningú, es divertia amb les gràcies del taverner, que se les havia de riure sol enmig de les cares macilentes dels seus oïdors.

Més agradosa era la vèrbola de les Xanguetes. Havien corregut molt per la muntanya; de poble en poble a vendre peix, se n'havien vistes de totes i havien fet més tarambanades i entremaliadures que un murri de carrer; i quan ho contaven amb la seva cridòria escardalenca, el seu xafardeix i les seves ganyotes expressives, era cosa de que un se cregués transportat a l'escenari de llurs facècies i presenciant a lo viu els aconteixements. Com que sempre havien anat plegades, no podia explicar l'una res de que l'altra no n'estés enterada i que no li fes pruïja a la llengua; axís és que a cada moment se prenien la paraula de la boca. Era una mena de comèdia.

—¿Te'n recordes, pubilla, de quan vàrem pujar a Pedra-Ferral?

—¿No me n'hai de recordar, petita, si encara en gordo cria d'aquelles terres? Dos uis de poi, que no me'n deixaran desoblidar en tots es dies de sa meva vida.

—Quins rostos! Es menuts d'en Cundo els devien inventar, aquells camins.

—No me'n parlus! Allò no són camins: són esgarrapades de dimoni obertes en sa penya nua.

—Hi queia un sol de Maria Santíssima.

—Es peix a sa panera aixecava una fumarada que ni que estés a sa fogaina.

—Aquesta es volgué descalçar perquè ses botes li feen mal, però...

—Mala negada, no hi havia manera d'agontar es peus nus en terra. Ses pedres cremaven com brases vives.

—Oidà, pubilla, ¿te'n recordes d'aquell homo que llaurava sa vinya? Era com un vedell, gras, roig de pèl, taujanàs, amb un posat de nyonya!...

—Sí, digue-li ximple. Li haguesses ficat es dits a sa boca.

—Pesta et sec, pubilla! Tenia una ferramenta de salvatgina, que me'ls hauria ben capolats en un dir Jesús.

—I no era tan llanut com semblava, vet'ho aquí.

—Aquesta li va cridar: «Mestre, ¿con hi ha d'aquí a Pedra-Ferral?». I ell se va girar i vinga gratar-se es clatei, grata que grata sense respondre: «Aquí sóc, bèstia». Jo vai dir an aquesta: «Anem, anem... Deixa'l estar... Deu esser mut i amb es teus crits no fas més que reviscolar-li es pois des cap». Però sa pubilla... tretze són tretze... no volia deixar-lo en pau.

—I que era cas, beneita! Mai m'ho vai pensar que fos mut. Era que es bo de s'homo no sabia què contestar; empròsiana, quan li vai haver fet sa mateixa pregunta unes contes vegades, mireu de quina carta se'n va anar. Va i diu: «A vore, camineu, noes».

—Jo vai pensar que ens engegava a sa porra.

—Res d'això; ja el vai filar de seguida; volia veure quin pas portàvem. «Caminem, petita», vai dir; i quan vàrem haver pujat a un tossalet, s'homo ens va cridar des de sa llaurada: «Hi teniu una hora, hi teniu una hora!...». Mireu si en sabia, de matar puces.

—I que no va errar-ho d'un cort de rellotge. Vatua!... Vàrem arribar a Pedra-Ferral amb es peix cuit i sa roba muiada, que es podia escórrer com si sortís de s'aiga. No vèiem més que porcs i mainada... I, tot d'una, sento que aquesta desvergonyida m'allarga un espinguet de trompeta: «Sardines!... Sardina de Blanes! Ànsia, noes, que és fresca i pica com un pebre!». Vatua sa mossa boja! Jo cop de pessigar-la: «Calla, calla: no en vendrem cap». I ella, sense fer-me cas, amb aquell crit d'Israiel, esbombant que sa sardina picava com un pebre. Com no li vai flocar ses balances pes morros!... Sort que em va donar per riure, que fins ses costures des sac se'm descosien, que si no...

—Jo entenia es negoci, beneita des cabàs. Segons es vent s'han de trempar ses veles.

—Què havies de sebre tu lo que et pescaves! Enraveixinada que estaves i ganes que tenies de remolejar i esqueixar sa grua, vet-ho aquí.

—Sigu com vulgu, ¿no va anar bé? Mira lo que va dir aquella pagesa.

—Uix!, encara me'n fai creus, pubilla.

—Doncs sí, carets, me ve una pagesa i diu: «A vore si m'enganyareu, mala bala, com un dia a Massanet, que hi vai menjar unes sardines que ni escoïssor de peix tenien».

—Jo em rebatia de riure... i aquesta tan encirada, fent s'article: «Us varen enganyar, mestressa. Aquelles sardines devien esser d'aiga dolça. Aquestes són atra cosa; ja m'ho sabreu dir; no n'heu emprades de millores. Són hajades as paratge més salat de sa mar salada i, si les feu amb arròs, podeu ben estalviar-hi es bitxo. Això flaira com unes flors, filla. Sardinaa!... Sardina de Blanes! Fresca i coenta, noes!». No ens en vàrem veure ses mans.

—Lo qual que resulta, verbigràcia, que ses dones de Pedra-Ferral són reconsagradament enteses a l'objecte des peix. Cap de punyings! Si mai pujo per aquelles terres... anem a cercar... lo qual que no fóra extrany a l'objecte des meu comerç, de primer m'amorro a menjar fonois i llecsons per ses margeres, verbigràcia, que no m'arrisco a tastar lluç a s'hostal. Per consevuent, cap de punyings!

Aquest darrer apartat és una mostra de la brillant oratòria d'en Xacó, qui solia resumir la parola de les Xanguetes i treure'n la sentència moral. Llàstima que no es pugui donar tan fàcilment una mostra de la veu enrogallada i de les maneres aristocràtiques del taverner. No acabava mai de parlar que no etzibés per sota l'ullal una escopinyada a trenta passes de distància; i Déu i ajuda, com deia l'avi Sàssola, que no ensopegués amb el tret cap ull mirador, que bona desfeta hi hauria encastat. Però aquest detall no pinta pas encara a l'home; era precís veure'l; perquè no arrufava el nas, ni reia, ni parpellejava, ni tossia, que no ho fes d'una manera afectada, diferenta de la de totes les persones.

Altrament les converses eren quasi sempre variades, quasi sempre interessants, sobretot per a mi, que hi sotjava les paraules de la terra amb la mateixa afició amb què un botànic herboreja en una comarca ufanosa i poc visitada. No calia pas que em queixés d'haver de raure amb alguna cosa grollera. Recollia, en canvi, unes fineses tan fresques, tan flairoses! I a més a més el lloc, l'hora i la tempura eren tan placèvols!

Si faltava assumpto de conversa, no mancava pas una endevinalla a rumiar, un problema a resoldre o una cançoneta a cantar. I ¿com dir l'encant que hi havia en uns goigs senzills o en una cobla popular cantats a mitja veu per la Rosó, amb l'acompanyament de baixons que li feia la ressaga ronxadora, i amb la ruixada de notes de salteri amb què els rossinyols, que nien en els jardins del poble, florejaven els compassos d'espera? I quan una veu llunyana, eixida de les obagors del mar, responia simpàticament a la canticela de la platja, ¿com dir la melangia que s'apoderava del cor i el sentiment germanívol amb què un hom se delia pels navegants invisibles, perduts en la fosca immensitat de les aigües?

Per altra part el silenci no era tampoc mai pesat. En aquells paratges la pensa es decantava tan dolçament a la meditació!... Els fenòmens, que apareixien i passaven, xifres esborradisses d'algun misteri, movien tan poderosament la curiositat!... Tal volta un llumet solitari, que vagareja lentament per la llunyania del mar; tal volta una ona, que carregada de peixets saltadors guspireja extranyament enmig de la fosca; tal volta un estel, que guaita com un ull animat per entre l'encortinada de calitges de l'horitzó; tal volta una pluja de bòlits, que cauen assenyalant per un instant, amb son rastre fosforescent, els arcs secrets que Déu els hi ha marcat per camí en la diafanesa del cel; tal volta la quietud mateixa, l'extàtica immobilitat de les estrelles, ¿no són coses que conviden a callar? Això àdhuc en les nits sense lluna; perquè quan la lluna emplataiava les aigües i descobria les siluetes dels penyals marins, els objectes de contemplació, si no més impressionadors, eren encara més nombrosos.

En fi, les hores de vetlla passaven com un somni, amb aquella davallada ràpida que pren sempre el bon temps a l'esmunyir-se per entre els homes. Semblava que no havien transcorregut sinó breus moments des de la posta de sol, i heus allà que ja els sardinalers tornaven de prima. «Ja vénen: ¿sentiu?». Tal vegada no s'obiraven encara llurs embarcacions, però s'oïa a lo lluny la roncor basardosa de llurs corns. El paler s'afanyava a enseuar pals i preparar palanquis. «Són aquí. Es noi Pitot ja és a sa punta. Hai conegut es seu toc». La gent ajocada en el sorral s'anaven aixecant. Compareixien homes amb samals i dones amb paneres. Després se veien blanquejar les veles esbandides de celístia, allà, enmig de les ombres, o dilatar llurs taques negrenques damunt de la riuada fulgurant del clar de lluna. S'oïa el xopollejar dels rems, la remor de rierol manyac amb què s'escorria l'aigua tallada per les proes, el drapejar de les veles, que palpitaven sobre l'arbre, buidant-se del vent que les havia inflades en paratges més oratjosos, els crits breus dels pescadors i els alirets de la quitxalla, que havien sortit a rebre'ls nedant i que tornaven a remolc agafats al timó de les barques, amb l'esquena espurnejada de ruixims pipellejants i les cames a flor d'escuma. I aquí amorrava un llagut i allí un altre... i altres i altres... El paler no s'entenia de feina.

Aleshores se desfeia la nostra reunió. Quiscú tirava pel seu vent, acostant-se a les barques, a on hi tenia parents o amics. I les Xanguetes les corrien totes, armant garola amb tots els pescadors, planyent-se de la dissort dels que no duien res i celebrant amb grans exclamacions i rialles la fortuna dels que havien fet bona pesca. No faltava mai algun patró que els hi dongués un grapadet de sardines per a l'esmorzar de l'endemà. «Aquestes noes rai —deia l'avi Sàssola—, saben pescar en eixut i no esguerren mai sa calada».

Jo restava llarga estona recolzat en un penyal en un racó de la platja. M'agradava l'aspecte frescal de les barques regalimants d'aigua. M'agradava veure com els pescadors anaven desdujant la xarxa, que es podia pendre pel ble gruixudíssim d'una cabellera arrabassada del cap d'un gegant marí, sembrada de joiells resplendents. M'agradava veure com l'estenien i la grapejaven, arreplegant-hi a mans plenes aquells tresors d'argent, aquelles sardines, que de vegades, vives encara, amb les ganyes palpitants i la boca oberta s'estremien d'espant entre les malles i al sentir-se opreses pels dits barroers exhalaven una gemegor ente lada i fina: fri, friii, friiii... Això enmig del silenci dels espectadors i dels operants, a la vora del mar, a la llum blanquinosa d'una nit d'estiu suau i temperada com l'alè d'un infant, causa un efecte màgic, que jo no sé pas com explicar.

En fi, a la caiguda d'onze hores, me retirava de la platja; però no crec que un enamorat s'aparti amb més recança de la companyia de la seva estimada, ni que, tot anant-se'n, s'embadaleixi més fondament amb el deix agradós de què els encants d'ella li han omplert els sentits; no, perquè la marina em tenia el cor robat. Me n'anava poc a poquet cap a casa refruint les impressions de la vetlla. Retrobava en el fons del meu organisme les frescors de l'aigua i les seves flaires confortants, les carícies de la sorra fina, la quinta essència dels cants i de les remors que havia sentits i la placidesa de les celísties. I se m'acudien uns pensaments ensomniadors. Per exemple: si les fredelugues fan pensar amb les neus, els moixons amb les prades florides i les òlibes amb la feredat, la vestidura brillant, d'or, argent i púrpura dels peixos, ¿què no ens obliga a sospitar de les belleses dels llocs amagats que habiten? I jo les somniava despert a pler del cor. Deixava una mica badada la finestra de la meva cambra, per a què entrés l'aire pur, me ficava al llit, m'adormia tot sentint la remoreta del mar i bona nit i bona hora.

AVÍS MISTERIÓS

No sabia pas quina hora era, ni tenia certesa de que fos vespre o matinada, però em semblava que no feia gaire que m'havia llevat. Un ensopiment extrany, pesat, morbós entorpia el meu cervell. Al mateix temps sentia cert disgust fondo, certa pena aclapadora, mes no en podia recordar les causes. No em recordava de res, de res enterament. En va m'esforçava a escorcollar les foscors de la meva imaginació, cercant-hi alguna no ben apagada remembrança. Era inútil. No lograva més que aumentar el meu neguit, la meva fonda pena.

El dia era trist. Ensostrava el cel una nuvolada d'un gris fosc, que sols deixava passar una claror esmortuïda.

M'esdevingué la sospita de que estava nevant, i, per assegurar-me'n, vaig sortir a la finestra i escampí per defora la mirada de mos ulls tèrbols. Bella estona vaig haver d'ullejar per assolir el convenciment de que no hi havia neu enlloc. Les meves percepcions eren sordes i penoses. Romanguí contemplant la negror de boscos, que s'extenia davant meu, i vaig pensar: «Són els boscos de Montnegre... És que sóc al mas». I, com si no n'estés ben segur, vaig repetir-me en alta veu: «Sí, sí... sóc al mas Sàbat».

Pensant que tal volta la soletat me corprenia, vaig anar en busca de gent. Vàreig entrar a la cuina: una cuina gran, negra, fumosa, amb el pis de roca i terrer i el sostre altíssim i de canyes ensutjades. Allí, sota l'ample vògit acampanat de la xemeneia, vaig veure asseguts en el banc escon el masover i la masovera. Ambdós estaven amb els braços plegats sobre el pit, sense dir-se un mot, seriosos, capbaixos i grocs, molt grocs. Pel moviment quasi imperceptible de sos llavis comprenguí que resaven. ¿Seria un rastre de llàgrimes la lluentor que serpejava per la galta de la masovera? Allí es passava un gran disgust, un disgust que jo el sentia encara que no en recordés els motius.

Mentres examinava aquella escena amb un esporuguiment inexplicable, vaig reparar en el fons d'un passadís la figura esvelta, grave i melangiosa de la meva mare. Tota traspostada i esblanqueïda, la simpàtica dama vingué cap a mi, m'abraçà i estampà en mon front un llarguíssim petó. Sos llavis eren freds com una flor d'aloc mullada per l'aigua-ros del novembre. Sos ulls grossos i serens expressaven una tristesa incomprensible. Jo em posí a plorar en sos braços... mes no sabia pas per què.

—No podem entretenir-nos més —va dir-me a mitja veu. I ambdós sortírem de la casa i caminàrem... caminàrem... Recordo que no feia un alè de vent. Les fulles seques dels polls i carolines, al rompre's de les branques, queien a plom com aucells morts. ¿A on ens encaminàvem, per la ribera d'aquells torrents solitaris?

Les boscúries s'anaven acostant. Entràrem en un bagueny rònec, ombradís, poblat de grossos suros vells i esparracats. Era la sureda vella de Montigalà, una sureda improductiva, que no s'era carbonada perquè els carretatges hagueren pujat més que la mercaderia. S'havia deixat que aquells arbres gegantins anessen morint per sa saó, i tal volta feia més d'un sigle que malaltejaven. Prou que la coneixia jo, la sureda vella de Montigalà, paratge paorós, a on no havia sentit mai refilar cap moixó, ni cantar cap llenyataire. Allí l'aire era humit i estava impregnat de fetors de rescloïment i de floridura, semblants a les que es percebeixen en una cambra habitada per miserables.

La mare, apartada de mi algunes passes, caminava silenciosa vessant avall de la muntanya. Jo la seguia entorpit, llambregant amb basarda aquells surassos caducs, que caragolaven sobre mon cap ses branques malgirbades, cobertes d'una llarga molsa, blanca com els pèls d'un jaio. Ratats molts d'ells arran del sòl pels ricards, bossellats pels corcs, escorxats i escorpitats a trossos; minats alguns per podridures, que els hi convertien el cor en una massa groga i tova, que es desfeia al més petit fregadís en una serradina impalpable com el tabac de pols; abonyegats altres per monstruosos tumors, que es rebentaven i regalimaven formant en terra sinuosos xaragalls; aqueixos buidats per esvorancs espantosos; aquells esberlats de dalt a baix i amb la meitat dels feixucs membres caiguda a llurs peus; tots colossals, nafrats, entranyinats i polsosos, presentaven un aspecte grandiós de desolació, que esfereïa. Se diria que eren condemnats per Déu a un sofriment terrible sense gemegor, ni esplai de cap mena.

Que extensa, que interminable era aquella sureda! Mai m'ho havia semblat tant. I la claror del dia anava minvant com si es desmaiés la tarda part d'allà de la nuvolada. ¿Érem, doncs, cap al vespre? Jo tenia intenció d'enraonar, de fer alguna pregunta a la mare; mes la meva voluntat balba i esmaperduda no trobava el ressort secret que la comunica amb el sentits, i a pesar dels meus esforços, la veu no es formava en ma gargamella contreta. Quin patir, Déu meu!

Mentres anàvem baixant, vaig reparar per entre la brossa dels arbres, lluny, cap avall, un home que davallava amb una maleta a coll. Aquesta visió me va sugerir la idea d'un viatge, d'una ausència penosa, de quelcom d'inevitable i desconsolador. Pobra mareta meva! ¿Seria ella la que marxava? ¿I a on?... ¿Aquell cap gris tan estimat havia d'apartar-se de l'escalf dels meus petons? ¿I per què separar-nos?... ¿Per què?... I pesadament anava donant voltes a aquestes qüestions en la meva imaginació, i mentrestant vaig veure que ens atansàvem a una planura blavosa i emboirada; i la mare apretà el pas i jo també.

No sé per quins camins hi entràrem, però lo cert és que al cap de no gaire estona érem al mig de la planura i al davant d'una estació i d'una via de ferrocarril, que es perdia al lluny del lluny. En aquell mateix moment arribava el tren fent tremblar la terra. Aleshores la mare m'abraçà tota tremolosa i, sobtadament, deslligant-se de mos braços, d'una corregudeta es precipità dintre un vagó. Jo volguí entrar-hi darrera d'ella, però em mirà amb terror i, tancant la portella d'una rabalada, cridà: «No, no!». Vaig restar esglaiat. El tren se posà en marxa, anaren desfilant els vagons davant meu i vaig obirar darrera els vidres de llurs finestres unes figures encarcarades, unes cares pàl·lides, uns nassos blavosos, uns ulls envidriats... Després, tot soletat!... Sentí rodolar una gota de gebre a lo llarg de ma espinada i m'assaltà la idea de la mort.

Aquesta idea clara, esborronadora, em va despertar. Tot això no havia sigut més que un somni, però em va impressionar tant, que vàreig afanyarme a marxar del mas, a on l'havia tingut. Vaig tornar, doncs, a marina, a la meva casa pairal i (molts creuran que ho dic per a produir un efecte artístic, mes no és aixís) vaig trobar la mare malalta i la vegí finar al cap de pocs dies. ¿El somni havia sigut una sugestió, un avís misteriós? No ho sé, però estic convençut de que avui, com en temps de Hàmlet, els cels i la terra amaguen moltes coses a la miopia dels savis.

MAR DE LLAMP

Ja no era nit. Encara l'alba no havia ensenyat sa escata lluenta en l'horitzó; però ja la llum primerenca del dia, una llum feble i grisa, voleiava enlaire, esparpellant-se i esbandint-se per tot arreu sense deixar cap raconada d'ombra. Les muntanyes se destacaven confosament enmig d'aquella grisor. A curta distància les veles dels llaguts apareixien mig esborrades i boiroses, així com s'obira de vegades la lluna en un cel assoleiat.

La mar no onejava; només treia sobre la platja una mica de bromera, deixant sentir en la sorra un rosec dolç, dolç. Allí, en la cala, tenia un color lletós i semblava dotada d'una densitat aixaroposa. Quan algun llagut donava fusa, al lliscar-li per damunt, hi obria un solc bru i oliós, que lluïa darrera de la popa i restava assenyalat llarg temps, com un camí misteriós. Els rems sense cap mena de remor s'enfonsaven en l'aigua, fenthi esclatar blavoses llumenetes, i després s'alçaven perlejant. Sonava de vegades algun cant melangiós, que s'allunyava juntament amb una barca, que s'anava perdent de vista. L'oratge era tan suau que amb prou feines lograva gronxar els rinxos dels meus cabells.

M'havia assegut en el fresc sorral amb els peus quasi al trencall de l'aigua, i gaudia a ulls plens les hermosures de la matinada. Al mateix temps observava els moviments d'un pescador vell, que, tot esmicolant i ensorrant el grumeig, vigilava dues canyes que acabava de parar. Les havia clavades en terra després de llençar a la mar llurs guarniments. De tant en tant les agafava per a mudar-les-hi l'esquer o perquè ja havien enganxat algun peix, que les blincava i sotraguejava. En aquest últim cas, estirant i amollant hàbilment, anava fent seguir la pesca; i a la fi l'aigua xopollejada obria pas a una oblada o a un llobarro, que amb les aletes esparrancades se debatia, fent sorollar sordament ses escates d'acer brunyit.

El dia badava poc a poquet sa parpella... Un fil lluminós, d'un ros de mel, s'havia extès en el mar sota mateix de la calitja negrenca, que murava l'horitzó. I per moments s'anà eixamplant, eixamplant...

De sobte, lluny, entre la boira, com xarabotades d'un metall fos, enlluernador, rebentaren les flamarades del sol, i lentament son disc gegantí, vermell i com oscilant s'alçà damunt de la llampanta mar. L'oratge aturà son buf. Una xafogor humida, que s'apoderà de l'atmòsfera en breu ratet, me deixà amarat de suor.

—Aviat entrarà vent de fora —va dir-me el vell pescador per via de consol. I es va posar a encendre tranquilament sa pipa; després la deixà penjar a un cantó de sa boca, acotà les parpelles i, a no ser per alguns glops de fum que llençava de tard en tard, s'hauria dit que dormia. Mentrestant el sol se remuntava, empetitint-se a manera que s'enfilava a les blavors de l'espai, però concentrant més i més sos raigs i refermant llur força abrusadora.

Deu o dotze xicots nus, magres, morenos, vingueren a nedar davant meu, capbussant-se i perseguint-se. De tant en tant sortien a reposar a la platja i allí tots molls s'asseien; i el panteix feia brandar l'encercolat vistós de llurs costelles.

El mar era allavores d'un blau clar, puríssim. Les esteles, que serpejaven per sa superfície, eren blanquinoses com els rastres que els caragols deixen sobre les fulles.

D'hora en hora la calor aumentava. Se veia tremolar un lleu vapor sobre el mar i es respirava un baf d'aigua calenta. En les properes penyes les ginestes s'anaven esflorant, deixant rajar un llagrimeig d'or avall, avall de les roques. Els nedadors s'havien ajagut de boca terrosa sobre la sorra roenta, parant ses esquenes mullades a l'ardentor del sol. El vell pescador dormia i dormien també a l'ombra dels llaguts alguns altres mariners. Tot era silenci. No es veia cap barca en el mar; només s'hi obiraven lluny, molt lluny, dues gavines, que hi ressaltaven per sa blancor i que, tot volant, volant, semblaven immòbils i feien l'efecte de dues estrelles que parpallegessen solitàries enmig del cel.

Jo tenia nyonya... una galvana, una son!... Me vaig posar a l'ombra d'una vela extesa i em vàreig lliurar al tentador ensopiment que m'agafava. Però tot just els meus pensaments s'havien esvanit en les primeres boires del son, quan una remor llunyana, ronca, creixenta, em desvetllà. Me vaig aixecar esverat, i encara no estava ben dret que em va envestir una ventada xardorosa, cuidant tombar-me a terra.

Vaig veure que el pescador vell recollia sos ormeigs i corria com un boig d'ací d'allà, cridant: «Mar de llamp! Mar de llamp!». I altres mariners s'anaven aixecant, com a fantasmes, d'entremig de les barques i repetien aquell crit esporuguidor.

De seguida comparegueren adelerats més i més homes, i s'armaren els palanquis, i vingué el paler amb son parell de bous, i grinyolaren les corrioles, i els llaguts i les llanxes foren hissats amunt, ben amunt, a dalt de les penyes. I tot era moviment i cridòria, i tothom guaitava la mar amb els ulls eixamplats per l'espant.

Jo també hi vaig dirigir la vista. De bon principi no vaig reparar sinó que s'extenia rabenta, rabenta una clapa sombrívola, com l'ombra d'un ser invisible que hi volés pel damunt. Allò era el primer efecte de la ventada: se comprenia de seguida. La ratxa que suara m'havia envestit hauria sigut un esbufec prematur. Ara venia l'alenada grossa. Com corria! Va abordar terra amb l'aspecte d'un drap colossal que es desplega violentament, pataquejà les roques, s'esqueixà en llurs cantells amb una xiscladissa esgarrifosa, rebufà la sorra, escampant-la a tall de metralla, que em ferí dolorosament, i va invadir el poble, rebatent-se per parets i teulades. Se sentia el tancament de les portes, el dringar dels vidres, que es rompien... Les xemeneies s'eren convertides en sirenes que cornaven amb diferents tons de veu. Algunes balandrejaven i queien. Per certes sinuositats en la llarga bramulada del vent s'haurien pogut endevinar les curves i colzades dels carrers per on s'encanonava. Les canals xiulaven, els penells flautejaven, giravoltant llurs banderetes, les campanes repicaven a mal temps. Tota la vila sonava com un gran instrument musical, tocat per un boig.

El sol s'havia entristit enmig del cel serè. La gropada mentrestant creixia en l'horitzó esblenada i negra. El mar, fatigat per la pressió que sofria, s'enfonsava a trossos i es botia després amb un panteix pesat, que de moment en moment se feia més visible. Grosses ones se rebentaven ja en la platja i llengüejaven escumoses fins als herbeis. I la remor llunyana aumentava ronca, fonda, solemne, distingint-se a pesar dels altres sorolls més baladrers, que atabalaven l'aire. Era la grossa maror de fora, que s'anava atansant... Venia tota blanca d'escuma, fent cavalls enorms que a cada instant en sos bots aixecaven més altes ses gropes monstruoses.

Més tard ja no es veieren sinó xarabots i serralades d'aigua, que corrien unes darrera de les altres sense acabar-se mai, amb la carena tempestejada, que s'esbadellava ací i allà, esllavissant-se per llurs faldes en tronadores ensulsiades. Seques, mai vistes tal volta, eren posades en descobert, mostrant ses entranyes de pedra i ses algues negrenques. Els penyals de la costa apareixien un moment revestits, enfarfegats d'escumes, i de seguida tornaven a mostrar ses roques morenes, mig negades per un devessall de cascates. El soroll era eixordador.

Homes, dones i criatures amb una angoixa horrible corrien per la platja. I els ruixims espessos, que el vent enlairava, passaven com boires sobre llurs caps; i un no sabia a voltes si eren llàgrimes o aigua del mar lo que regalava per les cares d'aquells infeliços. Mes respecte d'alguns no hi cabia pas aquest dubte, perquè sanglotaven, gemegaven i es picaven el cap desesperadament. Eren els que tenien al mar pares, germans... l'amor i l'esperança de ses cases.

El cel s'havia ennuvolat del tot en poca estona i sovint s'hi esbombava el tro, fent retrunyir l'encontrada. El dia s'havia enfosquit tant i tant, que semblava que fóssem cap al vespre.

En això, un crit de dona, un crit xisclós, va ferir les orelles: —Una barca!... Una barca!—. Tothom s'abalançà a la mar com si volguessen abraonar-se amb les ones. —Sí, sí! Una barca! —exclamaren altres veus—. ¿Quina és? —preguntaren molts. —És la d'en Xufanch —va respondre un espinguet de criatura. —No, no; no ho és —contestaren de seguida alguns mariners. —No és pas del poble, és forastera —mormolà una veu rogallosa. —Només hi va un home i ja no pot governar —observà un patró. Les dones alçaren els braços al cel com demanant misericòrdia.

Jo també vaig llambregar la barca. Era un llagut sense veles, ni arbre. No venia, sinó que era portat per les ones i el vent, i es veia que anava ple d'aigua fins a l'orla. Corria de dret cap a un penyal. S'enfonsava en la clotarada que li badava la mar a l'encongir-se i, al cap d'una bella estona, quan l'ona tornava a inflar-se sota sa quilla, reapareixia entre els ruixims voleiadors. I cada vegada s'acostava més a les penyes, a on s'havien enfilat ja un quants mariners per a des d'allí donar-li l'auxili que poguessen. Però ¿què podrien fer? Res. El llagut se tombà en el bullidor de rompents, que s'extenia a una grossa distància de les roques. Sa carena negrejà encara, botant, botant entre les escumes. Després els ulls la cercaren en va.

Al cap d'una mitja hora vingueren quatre mariners, que portaven a un home a coll. Era el nàufrag. Ningú el coneixia. Me semblà home d'uns quaranta anys, i vestia la samarreta blava i els calçotets de cotó que usen a l'estiu els pescadors de la nostra costa.

Son llit d'agonia fou el sorral mullat. Allí l'ajagueren i el metge l'examinà, declarant que es moria, que se n'anava per moments a causa d'una forta commoció al cervell. Al poc rato es va presentar un capellà, que portava l'extremaunció, i tots els homes, a pesar de la pluja que queia, se llevaren la gorra i moltes dones s'agenollaren.

Aleshores vaig poder observar al nàufrag detingudament. Estava esgrogueït, amb els llavis apretats i coberts d'una bromera que bombollejava a un cantó de boca, les parpelles obertes i les nines negres, informes, escampades pel blanc de l'ull com dues taques de fel de sèpia. Per entre els plecs de la samarreta descordada, penjat d'una veta negra, al costat d'uns escapularis, li sortia un medallonet de llautó amb el retrato d'un infant, tal vegada d'un fill estimat, que quedaria en la orfenesa.

Repassant les impressions d'aquella diada, no poguí menys de dir de cor endins: —Coses del món i de la vida, ¿què sou? ¿Qui se'n refiarà? Al matí oferiu riques esperances amb un somrís dolç, amb afalacs d'oratge, amb vessaments de llum... i al cap d'algunes hores doneu la tempesta, el desordre i la mort.

MÀNIGUES MARINES

Era un matí de tardor. Jo estava dormint i em varen cridar, donant-me la notícia de que hi havia mànigues marines. Me varen dir que se n'eren presentades vàries i que tot el poble era cap a la banda de mar per atalaiar-les. Amb això em vàreig llevar de pressa i em vaig llençar al carrer encara amb la son als ulls i amb l'armilla a mig cordar.

Al ser a fora vaig notar que el cel estava tapat per una nuvolada baixa, densa i bonyeguda, que deixava un sotacobert, per on la claror se difonia tèrbola i somorta. Les parets blanques de les cases prenien un to verdós, trist. L'aire estava com adormit, com encantat. Els plàtanos amb ses penjarelles de fulles rosses s'aguantaven en una immobilitat tan absoluta, que m'impressionà. El carrer estava en la major soletat. Els banquets dels espardenyers eren a les aceres sense que ningú els ocupés. Els fadrins fusters havien abandonat el seu treballador; i la grossa serra enclavada en el fil d'un tauló, les garlopes amb el floc a mig fer, i la biga començada a cairejar damunt dels cavallets indicaven que la feina s'havia suspès de cop i volta per algun motiu extraordinari.

En el ràfec d'un terradet, entre blets mústics i ravenisses seques, quatre o cinc pardals estarrufats pantejaven amb el cap a sota l'ala. Dalt de la crestallera d'una teulada dos coloms negres guaitaven i escoltaven, estirant el coll de la manera que solen fer-ho quan reparen quelcom que els alarma; però la seva actitud espectant durava d'una manera insòlita.

Jo experimentava una pesadesa invencible. Me semblava que els meus sentits no estaven ben desperts, que l'entorpiment de la son m'entumia els membres... i vinga fregar-me els ulls. Però segurament no era jo sol, l'entorpit: se diria que la pesadesa era pertot arreu; que se la sentia entorn com una mena d'ensopiment còsmic, si val l'expressió.

A l'arribar al carrer de la Mestrança, vaig trobar-hi una gran gentada, quasi tota d'homes, que estaven arramblats a lo llarg de les cases, girats de cara al mar. Me vaig ajuntar amb ells i com ells vaig posar-me a l'aguait. No es sentia un piu, ni la bonior vaga que sempre s'exhala d'una multitud... Encara que aquella gent haguessen sigut estàtues no haurien guardat més silenci. Se podia creure que ni respiraven. I la ressaga tampoc fressejava gens. Aquesta remor agradosa, que sona per les costes fins en els dies de més bonança, s'era apagada per complert. En la mar negrenca, de color de llécol mullat, les ones s'embotien a lo lluny i anaven venint, creixent, atansant-se sense trencar mai la superfície, com si hi passessen per dessota, a la manera que circulen els músculs sota la pell d'un atleta que forceja; després, majestuoses i plenes, se precipitaven a les ribes i no aixecaven cap remor o, tot lo més, un xopolleig sec i sense ressonància, que no corresponia a llur magnitud. Sens dubte l'aire havia perdut la seva conductibilitat i els sons s'hi ofegaven a curta distància.

Una calima blanquinosa s'havia aterrat al cantó de llevant. Les muntanyes i roques hi sombrejaven al dedins. Allí tot semblava fum, un fum estacionat, immòbil. Però l'aspecte d'aquella part no era tan fatídic encara com lo restant del paisatge amb sa nuvolada baixa, ses penyes àrides i son horitzó aixafat, que es badava només un xic a flor d'aigua per a donar pas a una llum verda i penosa. El mar estava desert, sense una vela, sense una gavina.

En quant a mànigues marines, no se'n reparava cap enlloc.

—¿Què redimontri atalaien la gent? —vaig preguntar a un pescador que tenia al costat.

—Aquest matí s'han formades quatre mànigues i sembla que n'és diada —em contestà.

—L'avi Mallet les ha tallades amb les seves oracions —va afegir oficiosament una dona—. Ara rai, ja estan ben llestes. Déu vulgu que no hajun fet cap mal, perquè sa nostra gent és a mar, a sardinals; hi tinc tot es bé de Déu de casa... fins es menut se n'han emportat.

En aquell mateix instant s'allargà per sobre el meu muscle un braç vestit amb samarreta blava, assenyalant un punt del cel, cap a on se varen dirigir totes les mirades. Allí, per entre dos rotllos de núvols, com per entre dues bambalines colossals, penjava una butllofa d'un gris blavenc, que s'anava inflant, inflant igual que una bomba aerostàtica. Quan hagué adquirides unes bones proporcions, al bell dessota d'ella s'estufà el mar, rompent en xarabots, i a l'ensems la bomba s'allargà pel capdavall, deixant caure una mena de trompa, que va davallar serpejant gairebé fins a l'aigua. La màniga estava formada. Va oscilar una estona, com afofolant bé la testa en la nuvolada, i emprengué una marxa sinuosa. Passava força lluny. Allí un vapor a tota màquina ens hauria semblat immòbil i quasi no s'hauria obirat.

Entre el pinyoc d'espectadors que em voltaven hi havia un carreter de cara bestial, aixafat de front, una mica pelut de galtes, barbagròs, alt, d'ulls petits i vermellencs. Aquest home, que revel·lava el seu ofici amb les xurriaques que li penjaven sobre el pit enrotllades al coll per la tralla, donava mostres de disgust i d'avorriment i a l'últim va dir amb despreci:

—Bah, bah... Sa sang no enrogirà ses aigües. Sou uns babalocs. Això té tanta malícia com es fum de qualsevulga xemeneia.

—Déu vos gord que us arreplegués!—va exclamar un mariner—. No és cosa de joguina, no. Jo no em voldria veure sota el seu embut, ni enc que em trobés dintre una fragata de tres abres. Xucla i roda d'una manera!...

—Això deu pouar aigua des mar per després fer ses pluges, ¿oi, senyor? —me preguntà un xicot; i sense donar-me temps de contestar, va tocar-me amb el colze: —Mireu... una altra.

Efectivament, vaig veure que s'espallongava d'un abombament del cel un canó serpós d'un blau de calitja. Era una altra màniga. I de seguida se'n presentà una tercera, que venia, ja formada, de part d'allà de les muntanyes llevantines, vorejant la costa, desempallegant-se poc a poc de les calimes, entranyinada, blanquinosa, voltada de lluïssors que s'anaven apagant gradualment.

Les tres estaven a la vista. Vagarejaven majestuosament amb les trompes a frec d'aigua i les bombes mig enclotades en els núvols. Semblava que no tinguessen relleu; eren com pintures, com ombres extranyament retallades enmig de la claror migrada d'aquell dia malaltís. Seguien direccions diferentes i sovint oposades i es comprenia que no les impulsava cap corrent exterior, sinó una força que residia en elles mateixes. Tan aviat s'enxiquien, allunyant-se, com s'engrandien, acostant-se a terra. Però no es sentia el més lleu soroll. Tot passava com en un espectacle cinematogràfic, i si un no hagués tingut idea preconcebuda del poder d'aquells meteors, no se n'hauria temut pas. Més aviat que de por, inspiraven un sentiment de pena i d'estupefacció. Se diria que la naturalesa estava malalta i que ensopida i enfebrada somniava aquelles monstruositats. Però aquell somni podia causar víctimes... Me vaig recordar d'haver llegit que els navegants engegaven l'artilleria contra les mànigues. Si haguéssem tingut un canó... Mes a falta de canó, ¿per què no fer sortir el sometent a la platja i que escopetegés l'aire amb salves ben estrepitoses? Lo que convenia era assorollar aquella atmòsfera mesella i paralisada, tornant-li el moviment i la sensibilitat.

Anava a comunicar aquest pensament a les persones de més a prop, quan s'aixecà al meu entorn una ronca bonior i cent braços s'agitaren en actitud d'alarma. Una dona, que estava al meu davant, se va girar tota esgrogueïda, tapant-se els ulls amb una mà, i tremolosa i atarantada, empenyent de palpentes a l'un i a l'altre, va córrer a ficar-se dintre d'una casa. Entre la bonior vaig entendre una paraula: «Els sardinalers!... els sardinalers!...». I la remor de veus s'apagà de cop, igual que en una cambra enconxada quan se tanca la porta per on entraven els sorolls exteriors i tot s'eixorda sobtadament. Alesshores me va venir pell de gallina, i vaig veure la meva esgarrifança reproduïda en tots els semblants.

Ja no vaig pensar més en el sometent. No hi havia temps de res. Sis o set llaguts de sardinals acabaven de sortir d'un freu i es trobaven enmig del triàngul que es podia imaginar entre les tres mànigues. Dues s'havien engolat a l'ensenada, recorrent sa boca com esmaperdudes. L'altra era més a terra. Corria com per a trencar el camí de les barques, acostant-se, creixent, agegantant-se... Semblava que el sostre de núvols s'enlairava per a deixar-li pas. El mar se botia sota la trompa, entorn de la qual els ruixims formaven una corona vaporosa. L'ombra del metèor se projectava sobre nosaltres i l'aire s'enfosquia, s'enfosquia...

Mentrestant els llaguts venien, botant, amb les proes embigotades d'escuma, tots junts, aplegats per la por. Els vogadors treballaven com en cap regata. Se doblegaven a la una sobre llurs rems i després s'alçaven tan alts com eren, repenjant-s'hi a l'enfonsar-los en les negrenques aigües. Els patrons, drets a popa, governaven amb una atenció que es descobria en tot el seu posat. Un d'ells duia a braç un infantó d'uns quatre o cinc anys, que se li arrapava al coll amb un moviment de terror: un noiet ja vestit d'home amb calcetes i barretinola, bufó, grassonet.

Vaig sentir un gemec a prop meu. L'havia esclafit aquella dona que poca estona abans m'havia parlat de que tenia a mar tota la seva família. Estava immòbil, estirada, com enravenada de fred, pàl·lida, amb els ulls astorats. El cap li tremolava lleument i les dents li debategaven. Sos llavis descolorits repetien un mot, sempre el mateix: —Menut... menut meu!...—. La infeliça, aireferida de bogeria, en aquells moments de suprema angúnia no es recordava del seu marit, ni dels fills grans, que amb llur treball la mantenien; ni semblava que els vegés tan sols; no es recordava més que del fill petit, del que res podia donar-li, però que més necessitat estava del seu amor i dels seus cuidados. No sé què hi havia de tendre i de fondament maternal en aquesta aberració. Dues o tres vegades vaig haver d'ajupir el cap entre la gentada per amagar les meves llàgrimes.

Els sardinalers anaven venint, però no podien guanyar gaire camí perquè les capritxoses evolucions de la màniga els obligaven a una marxa sinuosa. Tan aviat se dirigien envers les roques de llevant, entre les quals el mar, ara encongint-se, ara reinflant-se, feia difícil l'atracada, com s'encaminaven cap a nosaltres o arrumbaven dret a garbí. Se diria que la màniga els perseguia intencionadament, bé que guardant certa distància, entretenint-se amb una caça que no se li podia escapar. En un moment, sense soroll de cap mena, enmig d'aquell silenci d'esglai que s'havia apoderat de la naturalesa, passava fantàsticament d'una banda a l'altra de l'ensenada. Altres vegades marxava poc a poc o s'aturava, donant voltes sobre si mateixa; però era tan llisa i d'un to tan igual, que aquestes voltes eren de mal reparar i sols s'endevinaven per la ondulació que davallava en espiral per la trompa.

El carreter de cara bestial començava a interessar-se per l'espectacle. S'havia tombat endavant, estirant el coll i traient el cap per damunt dels muscles de la gent, i guaitava amb aire feréstec, apilotant les celles sobre els ulls i allargant la barba a tall de morro. La seva atenció s'intensificava a mida del perill, i un estremiment voluptuós sacsejava les seves galtes peludes. —Ara va de bo —mormolava. I, quan la màniga s'allunyava dels sardinalers, ell se redreçava i deia com avorrert: —Bah, total res—. Altres manifestaven iguals sentiments amb diferents expressions de fesomia. En aquell estat de tensió els bonys de les ànimes sortien a la cara. També s'hi pintaven la pietat i la bonhomia. Un ull enllagrimat, un llavi mogut pel rés, una boca contreta, un sospir, un posat de cos revel·laven lo més íntim de les persones, lo que les converses no expressen i que tal vegada es procura amagar amb elles. Que en vaig llucar de dolor i de misèries! Però res me va causar tan mal efecte com la indiferència de dos pobres mendicaires, que darrera d'aquella muralla d'ànimes en pena s'eren adormits al carrer, seguts en un banc, vora la porta d'una taverna, com deslligats de tota germanor amb la humanitat. Dormien descansadament: l'un amb el cap tirat endarrera, oberta l'esqueixalada boca, reganyant el coll i el flac sotabarres coberts de pèls blancs i curts, no afaitats de dies; l'altre amb el cap jup, que es movia, empès acompassadament per la post del pit amb les zumzades d'una lenta i ampla respiració pròpia d'un jove robust.

Aquestes coses les vegí quasi sense mirar-me-les. Eren en el meu camp visual i formen en el meu record un sol quadro amb les del mar i del cel.

Els moments se feien llargs, eterns. Sens dubte hi haguera hagut temps de reunir el sometent; me sentia culpable de no haver posada en pràctica aquella idea, l'única que oferia alguna esperança de resultat; tal vegada encara es podia intentar... Però no... La màniga aborda als sardinalers, els rems cauen en banda, els llaguts topen ells amb ells, els tripulants s'agombolen...

Ningú no respirava. I vaig sentir el feble gemec de la pobra mare: —Menut, menut... menut meu!...—. I després res: les palpitacions del meu cor, repercutint en els meus membres i com sonant pertot arreu convertides en rellotge de l'univers.

Gràcies a Déu va ser més la por que el mal. A la traça el metèor, encara que molt a prop de les barques, no va tocar-les, i els valents pescadors, refets del primer espant, tornaren braument a la lluita, vogant cap a una petita cala que els hi venia de dret. Aquella caleta estava amagada per les calimes; però ells sabien prou a on l'havien de trobar entre les penyes de llevant. No la tenien gaire lluny; nosaltres també l'endevinàvem. Arrencaren, com fletges tirades alhora envers un mateix fitó, i penetraren en la blanca boirada. Un cop en terra eren salvats.

—Santa Anna els hi ha allargat un plec de sa seua caputxa —va dir un vellet aludint al nom de punta de Santa Agna, que porta el cap de la llarga muntanyola.

La mànigua, que tan bella angoixa ens havia feta passar, seguí encara rodant per la cala com qui cerca la perduda. Després va dirigir-se majestuosament a terra pel racó de llevant i es submergí en la broma, entre la qual tot just se figurava, esblaimada, esvanint-se a trossos a trossos. I puja que pujaràs s'enfilà costes amunt, estirant o arronsant la trompa segons els alts i baixos que trobava, i aixecant sota d'ella en l'ambient espès una mena de polseguera com la que mou en un camí un animal que morroaterrat hi rebufa; assolí la cima, s'acarrerà per la carena i tramuntà per un collet.

Vaig cercar les altres dues, de les que m'havia distret fins aleshores, i ja no en vaig descobrir sinó una. La seva pariona se'n seria anada qui sap a on o s'hauria desfet sense jo adonar-me'n. Sigui com vulgui, no en restava més que una a la vista i no hi estigué gaire estona. Enmig de sa marxa atzarosa se li segà la trompa, separant-se-li un tros del capdavall, que es fongué fantàsticament en l'aire; i aleshores la part superior, com sentida del dolor d'aquell escapçament, s'arronsà amb rapidesa, igual que una banya de caragol que s'és tocada amb el dit; i la bomba s'aixafà, encongint-se en una bauma dels núvols.

Així fou deslliurat dels terribles metèors tot l'espai obirador. Mes el dia encara continuà trist i pesat. Encara l'extrany fenomen tenia tirada a reproduir-se i ací i allà del cel se formaren alguns mamellons sospitosos, que per sort varen follar-se ans d'arribar a res.

Deu hores eren tocades quan el carés del temps començà a mudar-se. Els núvols ondularen i prengueren marxa lentament. Les fumoses calimes s'esbullaven de per sobre. Una gotellada fina polsejà un instant i cessà. El cel vaporós s'esbadellà en alguns punts. Un rajolí de sol va creuar l'espai ombrívol, caient sobre les aigües llunyanes, que s'allumaren amb una flameta d'or. Se coneixia que la naturalesa es retornava poc a poc. L'aire s'estremia, s'estremia i de sobte, com recobrant el respir, va donar entrada a una ratxa de vent fresc, que s'escampà per tot arreu. El soroll de la ressaga més harmoniós que mai, retinyint alegrement com el xim-xim dels platerets d'una xaranga, ressonà en les nostres orelles. La boirada s'esqueixà i aparegué la muntanya, encara mig envelada, mostrant ses verdes feixes en gegantina graonada d'esmaragda... i es va sentir l'escotgeig de les perdius allà amunt, i remor de fulles que viuen... Déu meu, que era hermós allò!... I un esbart de caderneres, eixit no sé d'a on, va passar rabejant-se en el vent novell, joguinejant-hi amb gaia refiladissa.

—Els sardinalers arriben, senyor. ¿No voleu venir? —me va cridar un vailet, veient-me encantat.

Tothom corria cap a la platja. Els llaguts de sardinals estaven atracant, uns aquí, uns altres allà... La gentada els agafava i els treia quasi a l'envolavola amb càrrega i tripulants i tot. Quins visques, quina cridòria, quins aplaudiments! Els pobres sardinalers saltaven de llurs barques i abraçaven a tothom plorant, plorant.

—Ai, Verge santa del Vilar!

—Ai, terra de Blanes beneïda!

—Ai, mareta meva!

—Fills estimats!

Aquestes eren les seves exclamacions repetides cent voltes.

Me vaig fixar amb aquell patró a qui havia atalaiat amb una criatura a coll durant el perill. Estava dret, mut, girat de cara al mar, fits els ulls amb aqueix esverament reposat i sombrívol que sol deixar un llarg dolor. El seu fill menut amb un bracet li voltava la cama, recalcant-s'hi, amb el caparró acotat a la cuixa, mig adormint-s'hi. Després d'una estona l'home s'esparvillà i va dirigir la paraula a l'infant.

—Ja ho veus, Ramonet, ja ho veus es pa que s'hi dóna a sa mar. Hem vist sa mort a dues passes... i diu que ta mare s'és enllitegada de l'espant. Quina vida! Cada dia desgràcies, misèria... I tu aquesta maleïda fal·lera, que no calles mai: Pare, vui ésser pescador com vós... pare, porteu-me amb vós a sardinals. Te l'hai de treure aquesta fal·lera, ¿sents? Vui que aprenguis ofici... Res de mar. Es dia que t'hi acostus t'hai de llevar sa pell!

S'anava enfellonint tot sol com si algú li fes la contra. Va agafar al noiet per sota les aixelles, l'aixecà en sopols d'una rabalada, i encarant-lo amb la mar i mostrant-l'hi, va dir: —Té, mira-la sa nostra desgràcia! Fes-hi sa creu per un mai més!—. I nerviós, malhumorat, després de posar a la criatura en terra, li pegà una bufetada. —Recorda-te'n!

LA BASARDA

Anant de camí cap a un mas de la Selva, a on hi tenia la família, se'm féu tard per motius que no cap explicar. El sol era baix quan vaig arribar al molí de l'Om, distant encara tres hores del terme del meu viatge; mes, per tard que fos, haguí d'aturar-me a beure i em vaig assentar en una pedra a la vora del riu a descansar un moment, tot fumant un cigarret.

El molí de l'Om no treballa de molts anys. És un casalot deshabitat o, més ben dit, una ruïna inhabitable, perquè bona part de ses parets ha caigut i ses teulades i sostres no s'aguanten sinó a trossos. En el seu interior hi creix arbrissa boscana, i la llambrusca treu sa pampolada per les finestres. La resclosa sosmoguda i ratada deixa escapar amb desdeny les aigües rondinadores. La grossa turbina es podreix immòbil sobre el rec eixut, a on les aranyes l'entranyinen i les bardisses dels marges la curullen de vilordes i fullaraca. I quan un pensa que en altres temps aquesta roda donava moviment a una complicada maquinària i s'imagina el roncar de les moles, corretges i engranatges, el tràfec dels moliners, les corrues de carros, que devien agombolar-se en els patis, el dringar dels esquellerincs, el espetecs de les xurriacades i els crits dels carreters, animant tota la vall, no pot menys de doldre's de l'enderroc i de la quietud d'ara. Ara l'encontrada és deserta i boscosa. Els camins s'han enherbat i les roderes s'hi són esborrades. No hi transita ningú sinó molt de lluny en lluny. El sol hi guaita dies i dies i mesos sense descobrir-hi figura humana, i el vespre s'hi deixa caure enmig d'una quietud mortal.

Poca estona vaig concedir al descans. Volia aprofitar en lo possible per a la meva marxa la claror del dia, que començava ja a vermellejar. Me vaig ficar, doncs, selva endins a bon pas; però prompte vaig compendre que m'afanyava inútilment, perquè ans de no gaire m'havia d'assolir la nit en plena boscúria. Per força el sol havia de ser ja post. A pesar de l'altíssima verneda que em tapava la vista del ponent, els besllums que, filtrant-se per les clarianes del fullam, clapejaven el bosc, me deien prou amb son color i sa feblesa l'estat de la foguera d'on procedien. Havien perdut son brill d'or; s'enrogien, pampalluguejaven, no podien durar. A lo millor s'extengué com una ratxada d'ombra i s'apagaren per tot arreu. —Adéu, bondadosa mirada del crepúscul: ja no m'acompanyaràs més —vaig exclamar. Però m'equivocava. La morta flama del dia es revifà encara, i sos reflexos tornaren a escampar-se per la serralada; i esblaimats, moradencs, ondulant com fumarel·les lluminoses, vagarejaren d'ací d'allà i s'apagaren i reaparegueren i s'extingiren de nou una pila de vegades, tant que no vaig perdre les fiances de reveure'ls fins al cap d'un llarg temps d'esperar-los en va. Per fi, vaig compendre que no tornarien i allavores se m'oprimí el cor. Encara em faltaven dues hores de camí per un país enterament deshabitat.

Quan vaig passar el pont de la Mostela, un pont de pedra estretíssim i d'una sola arcada, tan senzill que es diria que és l'os d'una costellassa, la nit era ben entrada. A l'altra part del pont el bosc era d'una negror imposant. Certament vaig agafar por. Però... ¿de què? ¿De lladres? Ni tampoc hi somniava. ¿D'estimbar-me? Sabia que la meva ruta no voreja-va cap avenc. —Bah, bah... això és basarda —vaig mormolar—, una por de no res, pròpia de dones i criatures. És precís despreciar-la. Filosofia i avant!—. Mes la filosofia, que em feia avançar, no lograva pas tranquilisar-me.

Un acompassat flauteig de tòtils, que sonà lluny en una fondalada, m'animà més que els millors raonaments. Vaig posar tota la meva atenció en aquell cant adormidor, i a l'escoltar-lo em semblava que la meva soletat no era complerta. Hi havia sers que es movien, que s'aplegaven per a una obra de vida i que es comunicaven amb mi per medi de la seva veu. Feien certa companyia.

Un llumet, que aparegué més tard enmig de la massa confosa d'una muntanya, contribuí també a dar-me conhort. Allí hi hauria una casa i una família. Vaig figurar-me a la masovera passant farina a la claror d'aquell llumet, als xavals preparant l'establada de la nit i als jornalers recolzats a la taula parada, esperant l'hora de sopar. La bona gent estarien amb la finestra oberta, sense pensar en la caritat que feien al vianant amb sols deixar-li obirar el punt de llur posada. No era tot desert, no. Jo sentia la companyor d'aquella gent llunyana, i no m'atrevia pas a dubtar de la seva existència.

Distreta aixís la imaginació, vaig fer bon tros de via amb cert coratge; però quan perdí de vista el llumet, quan, al tombar una reblinconada, deixí d'oir el flauteig dels tòtils i un silenci perceptible, aterrador, vibrà a l'entorn meu en la immensitat, me va semblar que la nit me queia al damunt.

Vaig aturar-me esverat, pres d'un malestar semblant al que experimentem a voltes quan una persona se'ns acosta cautelosament per darrera. Volia girar-me i no gosava. Per fi ho vaig lograr i sentí passar per la meva pell una alenada freda, esgarrifadora. Però no vaig veure res... només la boscúria, les fondalades, la fosca.

Vaig tornar a caminar i haguí d'aturar-me altra vegada al cap de pocs passos. No em podia sostreure a la obsessió de que algú em seguia i m'observava. Palpitant d'emoció torní a guaitar, a escoltar... El silenci era absolut. Sols el soroll del meu encongit respir s'atrevia a profanar-lo. La nit era augusta, diàfana: un abisme blavís, immens, puntejat d'estels, que indicaven distàncies confoses en la fondària inacabable. I, a baix, la terra obaga restava muda, amb un callament sant, com recollint amb rel·ligiós respecte les irradiacions de lo infinit. Això és lo que es percebia pels ulls i per les orelles... Però ademés... ¿Com explicaré aquella sensació fonda i esborronadora que em perseguia? No sabria comparar el meu estat sinó amb el d'una persona que es sent molestada fins a lo insofrible per la insistent mirada d'una altra, que l'espia en silenci fit a fit. Sí, la tensió del meu esperit arribava a lo inaguantable. No poguí resistir més. Sangglaçat vaig caure de genolls.

—Oh infinit, oh ignot, oh sant... jo t'adoro! Ajuda'm, empara'm! —vaig exclamar amb un crit involuntari, que retrunyí espantosament en el meu cor. I de boca terrosa vaig seguir resant, resant amb desvari, arraulit, tremolós, fins que m'esdevingué l'entendriment i el plor i el consol.

Vaig aixecar-me a la fi reconfortat, posseït d'una dolcesa mística. La basarda no m'havia pas deixat del tot, però m'era suportable. Amb el posat modest i les parpelles baixes reprenguí la marxa pels viaranys solitaris, mormolant pregàries a mitja veu; i així logrí arribar al mas.

Allí m'esperava la família amorosa i la llar encesa. Tothom estava ja amb ànsia per mi. Me dirigiren algunes preguntes, que vaig contestar amb laconisme. I vaig creure notar que ningú parava ment en les meves respostes. Seria que jo deia coses de poc interès i els ulls de tots descobrien en el meu rostre quelcom de greu e indesxifrable, que atreia l'atenció més que les meves paraules. ¿Quina mena d'honesta vergonya o d'encongiment d'esperit me va fer callar lo més important de la meva jornada? No ho sé. Lo cert és que vaig defugir converses, me vaig asseure a l'escon amb excusa de cansament i em vaig entregar a les meves meditacions.

Mai com aquella nit havia coneguda la basarda, aqueixa por de lo infinit, de lo ignorat, aqueix sofriment intens, que tothom ha experimentat alguna vegada i que mai ha sigut estudiat amb la serietat que es mereix. ¿De què dependeix la basarda? ¿És que la solitud, la immensitat i la fosca exerceixen de per si una influència maligna sobre les facultats de l'home, desordenant-les d'una manera bojal? O ¿és que en aquelles circumstàncies se desperta en nosaltres una facultat quasi sempre esborrada per grolleres sensacions, un sentit íntim, que ens fa aptes per a rcbre la sugestió de poders suprasensibles, que ens pertorben i esborronen? Oh Déu meu, ¿com dubtar d'aquest sentit fondo amb què vos he palpat amb terror sant enmig de la buidor de la nit? És un sentit balb, obscur, com incipient, que, sens altres llums que he rebudes, m'hauria pogut portar a l'adoració de quelcom detestable, com a tants pobles, que tal volta no tingueren en rel·ligió altre mestre que la basarda; mes, per balb i obscur que sia, cal reconèixer la seva existència.

[illegible]

LLIBRE II

FANTASIES

LES SENYORETES DEL MAR

Sis vailets de samarreta blava, esparracats i bruts, estan seguts en les penyes, deixant penjar ses cames nues sobre el mar, que sovint sovint s'estufa i els hi mulla els peus. Cada un té la seva canya i el seu pilotet de cuca de roca, el menjar més agradós als peixets.

Pesquen ja fa hores, i alcen tots una cridòria de triomf cada vegada que un d'ells treu del mar algun serrà bocabadat, que esparrama en l'aire el branillatge lluent de ses membranes espinoses.

El crepúscul del vespre va esmortuint la resplendor de ses fumeres moradenques. Algunes estrelles comencen a guspirejar en l'aire blau. Un vol de corbs atravessa l'espai, anant a perdre's a la muntanya, entremig de les parets negroses i esbadellades d'un antic castell.

Alguns dels vailets, tot sotjant, sotjant llurs guarniments, que sotraqueja la onada, s'han endormiscat. Sos caps cauen sobre el pit. Sos dits s'afluixen i amb prou feines aguanten les canyes, que ajauen sos cimerols en l'aigua.

—Ja no piquen —rondina un. —Coi, que és fosc! —exclama un altre escampant la vista pel cel. —¿Me voleu creure? Fem-hi una dormida fins que surti la lluna —proposa un tercer. Tots s'hi convenen. S'arrastellen junts, se junyeixen, passant llurs braços sobre els muscles i els clatells dels companys, i s'adormen tranquilament a la serena, repantigats en una roca.

La nit se va enfosquint. La lluna grogueja en son orient mig partida per una faixa de calitja cendrosa. La mar sembla que canti la non-non tot baixet amb veu enrogallada.

De sobte sona una mena de galop aspre i sord... trap, trap, patrap... i van apareixent les Senyoretes del Mar, muntades, unes, sobre vermells llagostins i, altres, al damunt de crancs grossos, vells, resvestits de molsa marina.

Totes riuen mentres van punxant amb una pua de grota les juntures sensibles de ses extranyes bèsties, que s'enfilen pels relliscosos vessants del roquer. Totes riuen en tant que van esbargint-se en l'aire pur i espolsant-se la mullena, que els hi rossa els cabells i els vestits.

Són blanques com carn de peix. Sos cabells finíssims tenen tons irisats; brillen en sos capets pintetes d'escata; sos mantells són verds i llargs, llargs, rossegadissos; sos ulls són gotetes de llum com les que produeixen de vegades en el mar el fregadís dels rems. Al passar escampen una agradosa flaire de marisc.

Tan bon punt s'han adonat dels sis pescadorets, descavalquen, se'ls hi acosten i s'enfilen per llurs cames amunt... amunt...

Una s'asseu pensativa en el ressalt que forma el llavi d'un dels xicots adormits. Una segona se penja a les pestanyes d'un altre vailet i guaita amb curiositat per l'escletja de les parpelles, procurant llambregar-li l'ull. Aquesta atalaia amb satisfacció el païsatge gallardament encirada al cim del cocoronell del més altet de la colla. Aquella s'és emparada del més grassó i amb son alè suau i temperat s'escalfa les manetes. Algunes s'arramellen plegades sobre un mateix cap. Altres se topen amb ensust al cim d'un muscle, al qual se són enfilades per diferents indrets. No fan gens de remor.

Totes a la fi van a mormolar paraules misterioses a la orella dels que dormen.

Els hi parlen de la poesia del mar, del bellugueig encantador de les ones, de sos variats i hermosos colors; els hi parlen dels peixos i dels herbeis a on pasturen; dels oratges, de la calma, dels vents, de les delícies d'una llarga navegació, de la sublimitat dels temporals... de quelcom que les nostres paraules no poden dir. I els pescadors somnien, somnien tot allò que els hi van inspirant les petites fades.

Quan se desperten, ja les Senyoretes del Mar han desaparegut i no s'ou més que el patrip-patrap de ses extranyes cavalcadures, que corren a capbussar-se a l'aigua.

Però l'encís ja s'és realitzat. Ja ni temporals ni penalitats de cap mena podran destruir en el cor d'aquells xicots l'afició a la vida marinera. Deu-loshi el benestar a muntanya, i sempre els veureu tristos i enyoradissos.

LA VETLLA DELS MORTS

Ja s'han plegat les ballades de Tots Sants.

La cobla és a l'hostal. A la cuinassa, davant de la llar, seguts a l'escon uns i en tamborets i cadires altres, els musics s'escalfen les cames; s'escalfen les cames i amoroseixen amb una sucamulla de vi calent ses gorges seques i cansades. Cada un d'ells aguanta amb la mà esquerra, damunt del genoll, un fondo plat de terrissa, on van estufant-se i envermellint-se els trossos de pa, que suren en el líquid fumós. Els dits pelluquen, xapurren les boques i els semblants van animant-se a influènces del sanitós refrigeri.

Mentrestant l'avi de la casa fa becaines en un racó, a frec dels tions ablamats. Ara aixeca poc a poc el cap fins a posar en descobert les pelleringues pansides de sa barballera, ara el tomba pesadament damunt del pit.

Mitja dotzena de pagesos joves, ben vestits i afaitats, amb les barretines estudiadament encrestades al cap i lluint a tall de joies un brotet d'alfàbrega a les orelles, conversen a peu dret enrotllats darrera dels musics. Encara estan roigs de l'acalorament del ball, i amb llurs mocadors virolats s'eixuguen de tant en tant la suor, que els hi rossa la cara i el clatell.

La hostalera i les minyones van i vénen de la llar als fogons i dels fogons a l'armari.

Un xaval aclofat dintre un cove d'userda ho espia tot amb ulls esparvillats.

El llum de ganxo penjat al vògit dels fogons tot just deixa veure sa flameta groga entremig de la fumarada que s'enlaira de les paelles i cassoles. En canvi, les resplendors roges i bellugoses de la llar vagaregen per l'àmbit ombradís. Tot oneja en un tràngol de llum i ombres.

A toc d'oració alguns pagesos se posen a parlar de la nit dels Morts, de la nit que entra. Se conten casos d'aparicions sobrenaturals. Qui no en sap un ne sap un altre, i quiscú procura explicar-se d'una manera interessant. Un dels músics, un home alt, magre, espatllut, carallarg, de frontalera calba i patilles blanques, després de xarrupar les solies del seu plat, pren part en la conversa i diu així:

—No sé si haureu conegut a n'en Refila de Navata... jo sí. Era la primera tenora de l'Empordà, un gran music, un compositor sardanista dels que no en corren gaires. Ses sardanes... ja ho crec!... encara es toquen i es ballen amb devoció... Aquesta és la paraula... Se ballen amb devoció, perquè la seva musica té quelcom de rel·ligiós, de sant, de... no es pot dir, vaja. Fou el meu mestre de tenora. En aquells temps era ja vellet, però xamós, fresc... un home baixó... me sembla que el veig... rodó de cara, molsut de clatell... Duia les calces amb davantal a l'estil d'abans, i el gec guarnit amb una vistosa botonada de llautó. Ara no penseu que fos presumit... res d'això. Deixava caure a la bona de Déu sa barretina musca, que li penjava com un sac buit per sobre l'esquena. Solia anar amb les mitges a garró i ni se n'adonava. Era un home que sempre estava somniant solfes. Ah!, no esmento aquestes coses per a què rigueu, no... que el pas no és de riure... sinó que les dic per a què vegeu si el tinc ben present an aquell home, i per a què entengueu que lo que ara vaig a contar no és pas cap rondalla.

Aquí el narrador fa una petita pausa. Tot és silenci. Les paelles dels fogons han parat de xauxinar. No s'ou més soroll que el ronc sord de la gran olla de ferro penjada en els clemàstecs, que comença a arrencar el bull. El xaval del cove d'userda no aparta sa vista dels llavis del music, com si hi sotgés la sortida de les paraules. El music continua aixís son relat:

—Avui fa anys d'això. En Refila de Navata havia anat a tocar les balles de Tots Sants a un poble de l'encontrada. Quan foren plegades, a capvespre, tot solet prengué el camí de casa seva. Ell mateix m'ho contà. Duia la tenora lligada a l'esquena, dintre sa bossa de cuiro, i halo, halo, anava baixant muntanyes avall, enfilant totes les dreceres que trobava. Mes, al cap d'una estona, les cames d'en Refila prou trescaven pels viaranys, però els seus pensaments n'eren lluny, lluny... ja no eren de la terra. Havia tingut una inspiració i componia de cor. Ningú, sinó el que algun cop les ha sentides, pot afigurar-se de quina manera les inspiracions roben l'ànima d'un artista.

Aquí tots els musics balandrejaren el cap en senyal d'aprovació, i el narrador seguí, dient:

—El temps passava i en Refila, distret, embadalit, no n'havia esment. I camina que caminaràs ve que ensopega amb una rabassa descolgada. Allavores tornà en si... vull dir que sortí del seu capficament... i com qui es deixonda, començà a guaitar a banda i banda. Mira d'ací, mira d'allà... s'havia perdut al mig de la boscúria, al bell davant d'uns barrancs fondos, que haurien fet basarda a l'home més valent. Era nit, nit entrada. La lluna era gairebé nova. Tot just s'obirava en la serenor com una ombreta més clara i més blavisa que el fons del cel, vorejada d'un blanc filet de llum. Els caminals... ja podeu comptar... quedaven esborrats a quatre passes de distància. En Refila estava ben desorientat. I heus aquí, fillets de Déu, que mentres examinava les crestes i els vessants de les muntanyes, cercant-hi quelcom que li fos conegut, amb una alenada d'aire arriba a les seves orelles una mena de musica extranya i embadalidora. Era una musica que tot just de Déu se sentia, fina, finíssima, mig esbalaïda en el ventijol. Sonava com un brunzir d'abelles, que ara s'acostés, ara s'allunyés, aumentant o disminuint, però sempre feble, confós... ¿Què serà, què no serà?... De moment en Refila cregué que era una il·lusió seva, una xiulada d'orelles... un esbravament de la sang, que remorejava les harmonies somniades pel camí. Però ca!... se'n desenganyà de seguida.

Aquella musica no es semblava amb res que ell mai hagués pensat ni sentit. Era un aire de sardana nou, placèvol, melangiós... que s'emparava del cor despertant-hi les il·lusions més dolces de la vida passada. Duia a l'ànima un record... així... com el del so agradós dels primers petons d'amor, però alhora hi despertava una tristesa, i quina tristesa més fonda, valga'm el bon Jesús! Llàstima de fosca, que no permetia escriure un mot de lletra, o si no en Refila hauria apuntat lo que sentia. Només podia escoltar... això sí... i, per a fer-ho millor, poc a poquet se posà a caminar cap allí d'on semblava venir aquell brunziment harmoniós.

El music callà un breu ratet, sospirant. La hostalera i les minyones s'havien girat d'esquena als fogons, escoltant, amb la boca badada i els ulls esverats. Ningú es posticava. Solament s'oïa el ronc sord de la gran olla de ferro, que bullia penjada als clemàstecs. Al cap d'una estoneta el narrador continuà son relat d'aquesta manera:

—En Refila de Navata no es recordava de sa casa, ni de sa família, ni del camí perdut. No tenia altra dèria que amarar-se en aquell doll fi d'harmonia, del qual anava seguint el rastre. Era un music de cor. Al tombar un morro de serra llambregà en una fondalada boirosa un poblet llunyà, que rossejava a la llum de la celístia. Tirà cap allà... A manera que caminava els sons atractívols eren més clars, menys confosos... Endavant... Tot d'un plegat se topà amb una paret emmantellada d'heura, una paret baixa... i al darrera s'hi extenia una salzereda ufanosa i atapeïda. D'allí n'eixia una bravada humida com de terra remoguda de fresc o regada de poc. Vatua!, allí es feien les ballades. En Refila en sentia el trepig, un trepig seguit, seguit, acompassat... arreglat a l'aire de la musica. No hi havia dubte, allí, dessota d'aquells arbres, se puntejava la sardana, sense altra lluminària que la de les estrelles. Costava d'obirar els balladors; però a mida que la vista s'ensenyoria de l'ombra, es reparava confosament com anaven i venien, rodant, rodant i saltironant. Era una gent malgirbada i cantelluda. Llurs peus trepitjaven el sòl amb un cruiximent aspre, sec. Alguns duien els plecs de sa roba entatxonats de terra, que amb llur moviment s'anava esllengant i queia amb un soroll de plovisca. En Refila s'estremí de cap a peus, comprenent-ho tot. Aquell clos era un cementiri. Els salzes, els erols vorejats de rosers florits, les creus mig tombades que hi havia al dedins, alguns clots, que semblaven cavats suara, suara... vaja, tot explicava el cas. Era la nit dels Morts i els balladors serien un bons empordanesos difunts, que, amb permís de Déu, s'esbargien puntejant la sardana, el ball dels seus dolços records. Els musics estaven encamellats damunt d'una tomba antiga, envellutada de molsa, i tocaven llurs tenores i flubiols amb un alè de pit, amb un alè suau que no arribava a botir gens ni mica ses galtes esllanguides. I amb quin gust i amb quina finesa tocaven! Sa sonada era dolça, embadalidora... s'emparava del cor, hi despertava les il·lusions de la vida passada... però alhora hi vessava una tristesa, una tristesa, i quina tristesa més fonda, valga'm el bon Jesús! En Refila no es cansava d'escoltar... A pesar de la por que tenia, no sabia deixar-se d'escoltar, pobret. I mentrestant la sardana s'acostava cap allà on ell era, i dels cossos freds dels balladors se n'exhalava un griso de sepulcre, un aire geliu, que els rosers el sentien d'un tros lluny. I tal si el sentien els rosers!... S'hauria dit que passava per llurs branquinyols una mena d'esborronament, i les roses sobtades s'esparpellaven i s'anaven esflorant, deixant caure ses fulletes per tots cantons. Ell, en Refila, també la sentia aquella fredor, al cap al pit i a dintre la ossada... i ja ni tenia virior de fugir, i les cames se li segaven, i les parpelles se li cloïen amb una son invencible, dominadora com la de la mort. Pobre Refila de Navata! Caigué, caigué sense sentits al peu de la tanca i... Déu nos en guard a nosaltres d'un son com el seu!

Aquí el narrador calla sospirant i tombant damunt del pit el cap pensatiu. Al mateix temps s'ou el cant llunyà d'un gall, com un gemec prolongat i misteriós. Tothom s'estremeix. El xaval del cove d'userda es gira pàl·lid i esverat. Li havia semblat sentir una alenada freda, que li arrufava els cabells del clatell. Després d'una llarga pausa, el music torna a sospirar i exclama:

—Món, món, arca de ximples! ¿Sabeu lo que suposà la gent, quan en Refila contà lo que li havia passat? Doncs, res... que la serena de la tardor li havia emmalaltit el seny i havia esflorat les roses. I els metges que el visitaren... perquè sempre més ha estat malalt, flac, abatut i descolorit... ¿sabeu què digueren? Que sí, que s'havia tocat i que tot lo que explicava eren fantasies i desvaris.

—I vós ¿què en penseu? —li pregunta el xaval del cove d'userda amb veu ansiosa i apagada.

—Jo crec que en Refila és més savi que nosaltres i que tots els metges —respon el music sentenciosament.

Tothom fa senyal d'aprovació. Aquells empordanesos no s'extranyen pas de què els morts, per bé que estiguin ses ànimes al cel i per freds que hagin de trobar sos cossos soterrats, vulguin, amb permís de Déu, gaudir-se un cop l'any puntejant la sardana, el ball dels seus dolços records, el ball sagrat de la terra.

LA XUCLADORA

Estic a la vora del mar, segut en una roca i amb les cames nues ficades dintre l'aigua. La penya em fa de respatller, m'hi recalco còmodament i, tot amarant-me de les frescors de la marinada, que minva per moments, passejo les mirades pel cel.

El sol ja és post; però ha deixat ratxes de llum ressagades, que pugnen encara per conservar en l'aire llur senyoriu; s'emparen de les bromes i dels núvols, s'hi vessen, regalimant-hi per damunt a filets d'or, hi encenen flames insegures i, compenetrant-los, els empapen de resplendentes coloracions; mes enlloc troben estabilitat, i aquí s'apaga una flama, allí s'escola un regalim, tot s'esmortueix per instants; els vapors atmosfèrics canvien son color de porpra pel de lilà, i el de lilà per una grisor moradenca, i la llum foragitada dels baixos salta als de més amunt, i encara fulgura en ells i s'hi esparpella i prova d'agafar-s'hi, assajant totes ses meravelloses transformacions. Ah!, com m'agrada seguir d'una a l'altra broma, d'un a l'altre núvol, aquesta llum moridora, que es va retirant amb tanta recança! Els meus ulls la segueixen, la segueixen... No em dol pas perdre les hores així. Aquests moments són els millors de la vida.

Mentrestant les platges properes han quedat desertes. Els banyistes, que prenien la fresca aplegats en el sorral, se'n són anats cap al poble. En les cales ni un nedador, ni una barqueta... Amb la soletat s'exhala de la naturalesa un encant sols comparable al d'una declaració d'amor feta amb els ulls per una verge silenciosa. Sembla que em digui: «Tota per a tu... ningú ens destorba ja». No em cansaria mai d'aquesta conversa muda. I van davallant del cel les tristeses dolces de la vesprada serena. El vent manca: ara una bufada, ara un alè, després res... la calma. La mar no es mou, i sa remoreta fonda i acompassada és una nota que, en comptes de destorbar el silenci, el fa ressaltar i li dóna una mena de majestat. Veig una estrella que llu sordament, palpitant per a encendre's. Ja és nit.

¿Me n'aniré? ¿Per què, si ningú m'espera, i per altra part tinc peresa de pujar la costa? Nostre Senyor a les portes de la vida hi ha posat un vigilant fidel i reganyós: el dolor, que té un dormir tan som, que qualsevol perill el desperta i, així que s'esvera, grapada aquí, grapada allà, se fa sentir de tota la casa. Se pot ben descansar en ell, i quan dorm, és que regna la pau i que és arribada l'hora de fruir de la vida. Doncs bé, ara està dormint com el vent, com les ones... No seré jo qui el desperti voluntàriament. No, no em vull moure mentres me senti a pler, mentres cap molèstia no em llevi l'agre de contemplar la nit, la gran nit del mar.

Vet allà la lluna, que va sortint vermella, embossada amb un parrac de calitja sollevat de l'horitzó. Talment sembla que guaita el món curiosa i avergonyida com una donzella que s'hi presenta per primera volta. Però la vergonya en el cel i en la terra és una flor d'aurora; acompanya als sers jovençans i els aires del món la marceixen aviat. L'astre no triga pas a desempallegarse dels vels que l'ofusquen, i s'alça amb valentia, asserenant-se, aclarint-se, vessant a dolls per l'aigua ses resplendors blanques d'estel.

La lluna!... En tots temps els enamorats l'han contemplada amb simpatia, en tots temps han parlat en vers i en prosa d'un llaç secret, existent entre ella i els llurs sentiments. És una d'aquelles idees que de tan repetides no ens causen cap efecte a la imaginació; i no obstant, hi ha moments en què aquestes idees revellides se'ns apareixen com a noves amb la frescor e intensitat d'una revel·lació directa de la naturalesa. I això és lo que em passa en aquest instant. Sí, entre les coses externes i els sentiments hi ha una afinitat inexplicable. Jo suara no somniava ni remotament en l'amor; mes veure la lluna i recordar escenes tendres, de molt temps oblidades, ha sigut tot u. I m'ha vingut un desig d'estimar i de ser estimat! Ah!, jo voldria gaudir d'un amor veritable, no estrafet per les convencions socials, gran, tendre, inacabable, sense la prosa i les desil·lusions del matrimoni, sense les cremors i els remordiments de les unions il·legítimes, un amor que no és estat encara mai al món sinó en algun somni com els meus. Res de torpeses de la carn; un amor com el que senten els poetes per la bellesa, però més fervent, més apassionat: un festeig etern. En el meu cor hi ha fam de tantes coses impossibles!... Si almenys un hom pogués gaudir d'aquest idili algunes hores!... Això no és pas demanar massa. Passejar per aquí a la claror de la lluna, a bracet amb una nina bonica, ideal... Oh, si me la dessen de les entresenyes que jo diria!... ¿No és desaprofitar les hermosures d'aquesta nit el no compartir-les amb una ànima enamorada, que hi harmonitzi com la meva?

Bah, bah... distreiem-nos d'aquestes cabòries tontes; gosem de la mar. Avui té la placidesa de les verges pures. I que ben agençada! Ni les nines de les rondalles de fades han portat mai un faldellí més enciser que el d'ella, perquè el d'ella és el veritable faldellí del color de lluna, que no s'obté sinó per obra d'encantament. El brodat és viu i palpitant: anguileja, pipelleja, saltirona. És un teixit que es fa i desfà contínuament sota una pluja de llum argentada i fina. I aquesta llum argentada i fina traspua sens dubte a través del gran tou d'aigua, endins, endins, espargint-se feblement per les fondàries mai obirades. Qui la pogués seguir cap aquell fons desconegut i contemplar amb ella els païsatges submarins, sos rocatams feréstecs, ses boscúries seculars, sos prats de flors extranyes, tot un món, tal vegada, de sers que s'han tingut per fabulosos! ¿Qui sap?... ¿Qui les coneix les criatures d'allí dins? Quan fito la vista en l'espessor impenetrable de l'aigua, no puc evitar una mena de malestar i d'esborronament, com si pressentís que sóc espiat des de dins de ses foscors. Mes això mateix és un atractiu per a la imaginació. Les belleses de la mar! Jo me n'ubriago cada dia i no me'n sento mai saciat. La nit serena, l'onatge peresós...

He sentit una rialla fresca, infantívola; miro, i al clar de la lluna veig una banyista que està nedant al davant meu, rabejant-se en l'aigua i rient de les seves pròpies entremaliadures. Sembla joveneta i guapa. Porta al cap una petita jardinera elegantíssima. Com que estic a l'ombra no em deu haver vist, i s'entrega amb tota llibertat a la seva ignoscenta diversió. És bona nedadora. Va i ve, juga... Ara es capbussa, desapareix... sols se veuen sos peuets, que brollen de les ones com dues flors marines, i de seguida es submergeixen. Passa una bella estona, i a la fi ressurt l'eixerit caparró rublert d'una rodoladissa de brillants, que cau adollada per les aletes de la jardinera i s'esmuny pels negres cabells. La nina aixeca un braç, llença un grapat de sorra i crida alegrement: «He tret fons. ¿Has vist, Fidela, has vist?».

No he pogut reprimir una petita exclamació.

—¿Qui és que ha parlat per ací enllà? —diu de seguida la nedadora—. ¿És algun pescador? ¿Destorbo?

—No temi destorbar-me la calada, senyoreta: al contrari. No sóc cap pescador, sinó un desvagat, que admira les seves habilitats.

Se redreça gallardament, s'encara amb mi, i, posant-se una maneta extesa damunt dels ulls, com per a preservar-se'ls del clar de la lluna, em mira atentament. Està immòbil. Son bust és d'una hermosura que ni somniada.

—Tranquilisi's —li dic—: figuri's que no hi ha ningú i segueixi banyant-se, o, si sóc tan infeliç que li faig nosa, em retiraré.

—Ah!, no —exclama—, no!

I va atansant-se a pleret, a pleret... Allà, en l'ombra, llambrego son cos, que fosforeja entre dues aigües. Se m'acosta, recalca una de ses manetes en un dels meus peus i amb l'altra mà s'agafa a una grossa mata d'algues, que creix en una esquerda.

—Perdoni —em diu—, estic una mica cansada. ¿Molesto?

—De cap manera —li responc amb galanesa—. Pot estintolar-se tant com vulga i descansar.

—Gràcies —fa ella—, no hi ha necessitat de més. Així estic millor que en un llit; suro naturalment i l'aigua és més tova que la llana i la ploma més estufades. Dóna bo de banyar-se en una nit d'estiu com aquesta. Vostè s'haurà rigut dels meus capgirells, ¿veritat? No, no m'ho negui; això no és cap mal... jo també me'n ric. M'agrada criaturejar, sap? Sóc així... tarambanota.

I riu que riu. No he vist mai resplendir unes dents més blanques entre uns llavis més frescos i vermells... uns llavis molsudets, en què un hi endevina les dolçors d'una fruita madura i fan ganes de mossegar-los.

Després que ha donat esbarjo a la seva hilaritat, plega familiarment un de sos braços nus sobre el meu genoll, estintolant-s'hi, i, mig aclucant els ulls, me dirigeix una llarga mirada al ras de ses sedoses pestanyes. Jo estic emocionat. No sé lo que em passa. Aquella mirada m'enlluerna, m'atira, s'emporta quelcom del meu esperit, quelcom que es dilata vibrant i surt enfora, a banyar-se en fluïds deliciosos. I quedo gairebé defallit, i el cap me va en roda.

—Vostè deu trobar-me molt original —me diu la dama amb veu manyaga i harmoniosa—. I efectivament, en sóc d'original... i me'n glorio. Figuri's que ni la marinada és més lliure que jo. No em subjecto a les costums socials, no tinc prevencions de cap mena i faig sempre la meva santa voluntat. Si vostè vol... però ca!... no tothom té la meva despreocupació. ¿Sap què li anava a proposar ara? Una calaverada: res... que vostè fóra un bon company per a nedar de parella. És tan avorrida la soletat! I veu?, vostè no em coneix a mi ni jo a vostè... una circumstància preciosa, que fa més simpàtica l'aventura, oi? Una tarambanada bonica, una gran idea com totes les meves!

I torna a riure i a mirar-me amb una berganteria trastornadora. He reparat que té els ullals fins i punxeguts, però li escauen.

—Sí, sí, aquesta nit havem de ser companyons, està decidit —afegeix amb el to d'una criatura viciada per les moixaines—. Com jugarem arruixant-nos d'aigua lluminosa! Com vagarem d'un banc de musclos a l'altre! Oidà!, l'acompanyaré a una caverna, on hi ha una raconada de sorra fina, un jaç excel·lent! És un lloc ple de lliris de platja, que amb la serena de la nit s'enflairen de les olors més suaus.

A mida que parla va recalcant-se més i més sobre els meus genolls, i m'afalaga les mans amb els seus dits llargs i rosats. El pler me va ensopint, el païsatge s'esborra davant meu, i la bella damisela ocupa tot el meu camp visual. Però, en això, me retorno un moment i reparo allí, a la vora, una cosa llorda, una vella d'ulls de peix, que neda en la foscor, esgarrapant l'aigua amb els seus dits sarmentosos. Aquella visió em causa una bella esgarrifança. Déu del cel!... M'aixeco d'un plegat, m'abraço fortament a una penya i, rient com l'hermosa banyista, però amb un riure que em fa venir calfreds d'horror:

—No has guarnit prou bé el parany —li dic—. T'he coneguda: ets una Xucladora. La teva companya, la Fidela, que tu li dius per a fer creure que parles amb una criatura batejada, és la Mort d'Aigua; i la he llucada al teu darrera, per més que procurava amagar-se. Has errat el tret. No, no seré per a tu! M'ho havien explicat alguns mariners vells i no ho creia! Sembla mentida que un ser tan hermós pugui tenir el cor de fera. Ah!, ja fan bé d'enramar amb llor beneït les proes dels llaguts. Ets dolenta, ets falsa com la mar traidora. Però t'he ben coneguda. El teu barret és teixit d'una herba que no ha vist mai el sol. Les dues agulles que te l'aguanten al cap, són dues banyes de llobregant. M'ho havien explicat i no ho sabia veure, ni tenint-ho davant dels ulls. Ai!, si t'hagués besada... ja no em desclavava dels teus llavis! Me volies al mar per a beure't la meva sang i per a entregar el meu cos escolat als corrents i llimarols, privant-lo de sepultura sagrada. Oh!, maleïda, maleïda!... Del mal que m'has fet no en guarirà pas fàcilment el meu cor, però salvo per a Déu l'ànima!

I, dit això, estenc el senyal de la creu del front al pit i d'espatlla a espatlla.

Allavors la Xucladora, que se m'havia estat mirant fit a fit i bocabadada durant el meu parlament, cau, rebotent de cap a la roca amb un soroll que em fa escruixir. I tot me sembla fosc i fujo... fujo...

LLIBRE III

NOVELETES

EN GARET EN L'ENRAMADA

L'aire està impregnat d'exhalacions fresques i humides com després d'una ruixada; però, que en són de flairoses aquestes fresques exhalacions! La ruixada ha sigut de ginesta. Els carrers n'estan encatifats i les noies, que hi ronden, ne porten esquitxades la roba i les cabelleres. És la nit més alegre de Blanes, la darrera nit de les enramades. El vent és suau i temperat, el cel serè, i el juny xamós riu entre les estrelles.

El sac dels gemecs va fent la passada, espargint per dins del poble un guirigall d'harmonia que alegra i engresca al jovent. Les xicotes, al sentir-ho, no poden pas restar un instant més a la taula, baldament estiguin a mig sopar i no s'hagi encetat encara el famós capó de la festa. —Ja passa sa coixinera!... ¿Sentiu?... Sa coixinera i encara m'hai d'endegar! ¿A on tinc sa xalina? ¿A on m'hai deixat ses arracades? Mare, cuiteu a portar-me es ferrets. Mireu si em cau bé aquest llaç, si ses flors me van millor aixís o as costat de sa tannara. Sa passada, sa passada!—. Tot és fressa i trasbals. Els minyons endrapen precipitadament asseguts de gairell a les cadires, amb les orelles al carrer i el mirar esbarriat; endrapen precipitadament i se les esquitllen amb el darrer mos a la boca. El jaio queda sol a taula, llemugant amb ses genives esqueixalades les calaborques del capó. De tant en tant, després d'haver fet petar una llarga xerricada, balandreja el cap tristament, tot mirant-se el porró, el company fidel, i exclama, sospirós: —És son temps. Qui pogués tornar-hi!... Que es divertèixun mentres s'hora és bona!

L'enramada de l'Auguer serà la millor de la vuitada, perquè enguany els pescadors volen lluir-se. En Panxo Manxiula, *s'americano nou*, fill del vell sardinaler, ha contractat la cobla per al ball de la nit. El sac dels gemecs anirà, doncs, a recó, però tocarà a la taverna per animar els bevedors. La festa serà com no se n'hagi mai vista cap al barri.

El noi Garet, un mariner simpàtic, caraprim, morenet, d'ull gris i mirar vergonyós, ix a la porta de casa seva afaitat de fresc, vestit amb una roba flamant de llana negra, calçat amb botes noves de vedellet i cobert el cap amb una gorreta de seda. No viu pas al barri de la festa. El seu carrer està ombrívol; mes els que l'habiten saben prou a on han de trobar el divertiment i la lluminària. Les comares xafarderes se criden de porta a porta i es van ajuntant. Passa una colla de xicotassos agafats del braç, cantant una cançó d'amor més funeral que el *Dies irae*; després un estol de vailets coronats de ginesta, tocant timbals i trompetes de fira; després una cordada de mosses, que xisclen i riuen sense motiu, de la manera més estrepitosa que poden, per a emportar-se l'atenció dels joves casadors; tothom va cap a l'Auguer i en Garet se determina per fi a seguir la riuada. Però, enmig de la riuada de gent riallera, en Garet camina macilent i pensívol, perquè sap que a l'enramada no hi va a xalar sinó a patir. Està enamorat de la seva cosina, de la Cinta, filla d'un palangrer, i no creu ser pas correspost, si bé és veritat que en tres anys de sospirar per ella no ha gosat encara declarar-s'hi. I la culpa de tot la té el no saber de ballar; perquè si ell n'hagués sapigut, no li haurien pas mancat ocasions ni coratge. Ah!, vol molt de valor això d'acostar-se sense més ni més a una noia i, mentres ella vos està clavant la vista fins a l'ànima, dir-li que l'estimeu! En canvi, amb el braç voltejat a la seva cintura i el cap acotat a la seva orella, enmig de les giravoltes d'un vals, entre el traüt i la bonior, ja és diferent. An en Garet li sembla que en aquest cas les paraules han d'acudir a la boca i esllavissar-se'n per si soles. —Vaja, s'homo que no sap de ballar és un ningú. Valria més que el tiressin en mar amb un roc as coll.

El carrer de ca la Cinta és precisament el centre de la festa. Hi han guarnit un cobrecel de veles de barca, un cobrecel adornat amb una virolada xarxa de cadenetes de paper, entre les quals pengen tota mena de llums encesos: salamons de cristall, llumeneres, quinqués, llums de ganxo, fanals, gresols... demaneu! Els marcs de les finestres i balcons estan engarlandats d'esparreguera. Les baranes se són convertides en una tofa de flors. Les parets desapareixen darrera d'una verda cortina de ramatge. Una llagut vell, entravessat al cap del carrer i revestit de cobrellits i banderetes, serveix de cadafalc als músics, que, entremig d'atxes enceses i teiers flamejants, apareixen arrastellats en dues files com al cim de l'altar les ànimes del retaule en dies de novenari.

Quina munió de gent! Quines empentes! L'atmòsfera està saturada de les ferums més heterogènies: olor de fullam tendre, baf d'aiguardent, flaire de farina d'arròs i d'essències de tocador, perfums d'escanyapits, tuf d'avellanes torrades i cacauets, bravada d'alens pesats, bovor de cossos que suen; barreja marejadora, boirada que fóra irrespirable, si l'airet de la nit no acudís de tant en tant a esbargir-la, escorrent-se per tot arreu. I quins crits, quines exclamacions d'admiració i alegria! Sols en Garet no diu res, ni es pren cap interès per les galindaines de la festa. ¿Què se li endona de tot això? Aixeca el cap per damunt dels caps de la gentada i fita la vista en el portal de la casa del seu oncle. Les orelles se li han ensordit i no sent més que els batecs de son cor. Allí, dreta al graó de l'entrada, com una santa en un ninxo engarlandat, hi ha la incomparable Cinta, que resplendeix més que la lluminària.

És una mossa garrida, robusta, colorida de galtes, encesa de llavis, de cos bufó, pit abombat i caderatge onejador, una mossa en tota la frescor i exuberància de divuit anys ben aprofitats. Amb el seu saquet de mussolina blanca enflocat de vermell, el seu vestit a l'*acordeó*, i el *sagasta* desvergonyit del seu pentinat, eclipsa a les més riques menestrales, que rumbegen seda i joiells. Altrament ¿quin joiell pot haver-hi més brillant que els seus ulls castanys enlluernadors, ni quina pedreria més fina que les seves dentetes encoixinades en unes genives de color de rosa, que es mostren de soca-arrel quan l'abundosa rialla obre l'estoix on estan embotides? No, per a en Garet no hi ha cap noia que se li pugui comparar ni de lluny. Ella sola té la gràcia sempre atractívola, l'hermosura de què el cor no es sacia mai; i la naturalesa l'ha dotada d'una virtut esbojarradora, que s'exerceix a distància, així com ha dotat a la mel novella i al dolç arrop del poder d'ubriagar als que en llaminegen. Mes en Garet, al confirmar-se en aquestes idees, no les formula pas amb aquesta claretat. Avesat des de la infantesa a les solituds del mar, son pensament buit de paraules capeix les coses intuïtivament, sense necessitat de registrar-les en mots ni d'analisar-les; i, essent sensible i d'inclinança meditadora, no troba sovint altra manera d'expressar-se que per medi d'un sospir o d'una exclamació. Aquesta falta de paraules és precisament la seva pena. ¿Què li dirà a la Cinta? ¿Com la saludarà? Escorcolla que escorcolla el seu magí, i no hi troba pas lo que necessita; i, mentrestant, sua d'angúnia, el valor se li desmaia a mida que s'acosta a la desitjada xicota, i cerca entremig de la gentada, sense adonar-se'n ell mateix, entorpiments que retardin la seva marxa.

«Lloc, lloc!... Plaça!». Va a rompre el ball. El director d'orquesta pega un cop d'arquet a la caixa de son violí i de seguida esclata una ratxada de musica tronadora, que passa sobre la multitud, movent-hi un onatge de temporal. El vals giravolta ja en les imaginacions. Cames, ¿per a què us vull? Braços, ¿per a què serviu? Ha mancat temps per a fer plaça i ja les parelles circulen, obrint-se-la amb son moviment de remolí.

En dies d'enramada les noies gaudeixen de la facultat de triar i convidar a llurs balladors, i no solen pas gastar camàndules com els homes, ni troben del cas repelar voluntàriament com fan ells moltes vegades. La musica les enardeix de seguida, de seguida escullen el parió que els hi convé, i apa, que l'hora és curta. Són els seus dies. Ballen les solteres, ballen les casades, ballen les joves, ballen les velles; i, si no voleu exposar-vos a què us empaiti alguna harpia, que no hagi trobat amb qui agafar-se, cal que us aplaqueu a les parets de les cases fins a desaparèixer darrera del ramatge que les adorna.

Aixís ho féu en Garet, i no sofrí altra contrarietat que la de rebre dues o tres dotzenes de trepitjades als peus, ja prou malmesos per les apretors de les seves botes noves de vedellet. Si almenys l'hagués trepitjat la Cinta! Baldament li hagués fet veure les estrelles, amb quin gust les hauria vistes! Però no ha tingut tanta de sort. La Cinta navega per altres indrets, bornejant lleugera, voleiadora, que no es diria sinó que la onada musical se l'emporta, estufant-li les faldilles, enriolant-li la cara i bategant-li sota les sabatetes. No se li nota el més lleuger senyal de fadiga. En canvi, el seu companyó, un galifardeu ample de barres, xato, clatellut i de pentinat gitanesc, està esblanqueït i respira penosament, amb les aletes del nas dilatades i moradenques i la boca enguerxida per l'esforç que li costa sostenir-hi un cigarrot bavaiós i apagat. —És un verat que vol seguir es vol d'una gavina —mormola en Garet, encantat d'haver trobades les paraules necessàries per a expressar la seva idea.

Quan, acabat el vals, en Garet logra arribar a la casa del seu oncle, no hi troba més que a l'avi, l'avi Pau Pere-Bo, anomenat així perquè un dels seus passats se digué Pere i meresqué el sobrenom de Bo; i heus aquí, entre parèntesi, per què en aquella casa tots el homes són Pere-Bons i les dones Pere-Bones.

L'avi està segut en una cadira de braços a la llinda de la porta, entre els testos de lliris i margaridoies, que hi han portat del jardí per a embellir-la.

—Bona nit, avi. ¿A on és, s'oncle Jan?

—A ses balles.

—¿I sa tia Tana?

—¿A on vos que sigu?... A ses balles.

En Garet pren una cadira i s'asseu darrera el test més amagat. Si sapigués de ballar, prou que es posaria jactanciosament al baratell de la claror per a què el reparés la Cinta. Que engreït s'aixecaria allavores, si ella l'invités, i amb quin goig l'abraçaria i se l'enduria triomfalment, rumbejant-la carrer amunt i carrer avall! I no estaria estemordit, no: allavores trobaria les paraules que van dretes al cor. Mes ara ¿quin altre remei li toca que arrupir-se a l'ombra i glatir arraconat a l'entrada sota les nanses i xarxes, que pengen del trespol oblidades de tothom, i en companyia d'un pobre vell, que s'acodorm, ja mig rendit a la mort que li enfredora la sang? Que llarga i anguniosa és la nit! Que interminables els balls! I la Cinta no en deixa cap, salta que salta, volta que volta alegrement; i els seus salts, els seus alegres salts, cauen dolorosament sobre l'ànima d'en Garet i la premsen i la sacsegen i la malmeten. La musica atabala i exaspera al pobre minyó, les lluminàries semblen enceses per a escarnir el seu dol, i, no obstant, no es queixa de ningú ni de pensament: s'ha fet tant a patir en ses lluites amb la mar! No es queixa de ningú, sinó de si mateix. —Jo en tinc sa culpa, per gamarús. Un gamarús com jo no se la mereix una noia tan caia.

Gran cridòria, xiscladissa, esvalot.

—¿Què hi ha?

—¿Què passa?

—Calleu!

—Fugiu!

—No espantar-se!

No és estat res: un fanalàs de paper que s'és ablamat, escorrent un raig de cera fosa sobre el nas de l'hereu Pigot i els vestits d'algunes balladores. La dansa s'ha suspès un moment, però les parelles no s'han pas separat, i aixís que s'ha conegut la causa de l'alarma i que s'ha engegat la riallada consegüent, tornen a pendre l'airós balandreig de l'americana.

L'americana és el ball de les confidències. Arreu sona un xiu-xiu seguit, seguit com la remor de l'oratge en una pollareda. Els caps s'acosten, el moviment se va esllanguint... La Cinta sembla que s'acodorm, tot escoltant lo que a cau d'orella li diu el seu parió, que és en Panxo Manxiula, l'home del dia, l'irresistible *americano*, que ha llogat la cobla i ha comprada una casa al passeig de Mar.

En Panxo Manxiula és alt i escardalenc; té l'ull negre, la cara magra i de color de poma cuita, el bigoti gros i les celles molt amatades; és lleig i els cabells li cendregen; però ¿quina noia no es fondria per ell, al veure'l amb aquella cadena de rellotge tan gruixuda, amb aquell llampegar d'anells als dits i amb aquella pallola de xipixapa, que li costa vint-i-dos *pesos or*? En Garet comprèn que no hi hauria lluita possible contra aquell rival. Abaixa el cap amb defalliment, i enmig del seu dolor s'enterneix, pensant que lo que li toca és callar, guardant el secret del seu amor per a no ensombrir la ditxa de la seva estimada. —Destorbar-li sa sort, mai!

Gronxant-se, gronxant-se van passant les parelles per davant de l'entrada de can Pere-Bo. Gronxant-se, gronxant-se hi passen la Cinta i en Panxo Manxiula. En Panxo Manxiula demana el clavell que ella porta al pit damunt d'un bullidor de rinxolades puntes blanques. Ella l'hi nega amb repetits decantaments del seu caparró. Ell referma el seu prec i ella esclafeix una rialla afectada, llarga, sorollosa, una rialla que es podria posar en solfa per la brillant varietat de les seves notes. —Oh, ca! Oh, ca! Aquest clavell el gordo per es meu estimat. No el donaré a ningú sinó an es meu estimat.

L'estimat de la Cinta! ¿Qui serà? ¿Qui podria ser? Si seran burles, si seran veres... En Garet voldria posar-ho en clar i observa que observa, mira que mira... Lo cert és que els balls se van succeint i que el xamós clavell no s'ha pas mogut del seu jaç de rinxolades puntes blanques. I ve que arriba l'últim vals.

Els musics encastellats a dalt del llagut, després de xerricar llargament el vi ranci d'un porró, que va passant entre ells de mà en mà, s'aferren als seus instruments i rompen a tocar la darrera dansa amb un delit imponderable. Allò és treballar de gust! L'hereu Garranyiga, menut, desnerit i bellugadís, amb el violí enclotat a la galta, estira que estira l'arquet desesperadament, amb unes batzegades tan llargues i tan sobtades, que un sempre tem que no acabi per esguerrar al music del seu costat. Mes aquest no s'adona pas del perill: és en Godoy estanquer, un home d'una testa incommensurable, que, assaborint les fineses del seu clarinet, clou les parpelles, aixecant les celles fins a mig front i abaixant les pestanyes fins a mitja galta. En Pep de can Barba s'esfreixura per a fer brillar les notes de son flautí, per damunt del qual s'escorren i saltironen nirviosament els capcirons dels seus dits. En Joan Matasogres, escampant mirades feréstegues, allarga i arronsa el serpentí, que ara amb sa boca de drac oberta se llença sobre el cap dels balladors, eixordant-los amb sos udols, ara s'enretira, grunyint de gorja endintre com un gos desconfiat. En Pau Sabata, vestit de negre de cap a peus, la cara esgrogueïda. els cabells esblenats galtes avall, dret en el cadafalc, seriós, ombrívol, abraçant el seu contrabaix amb el posat tètric de qui dirigís conjurs a un sepulcre, arrenca unes notes tan fondes i sotraguejaires, que talment sembla que surtin de sota terra. En Lluc Moltó toca el cornetí. Tot ell s'infla, el coll se li enrogeix, les orelles se li tornen morades i se li ennegreixen al front les sinuoses venes; allò és bufar, allò és guanyar el jornal; i si el so agudíssim del seu instrument s'esquerda a voltes i no és mai d'una gran puresa, en canvi no deixa res que desitjar en quant a intensitat. Tots, tots els musics s'escarrassen, esmerçant les seves forces sense recança en aquell últim vals de la darrera enramada. Barregeu refiladissa d'aucells, bramuls de bous, glapits de gossos, udols de llops i ronques tronades; doneu al conjunt harmonia i airós compàs, feu-hi brillar de tant en tant la veu aguda i poderosa d'un gall de llavor, i tindreu una idea musical aproximada d'aquell vals memorable.

Els balladors hi estan entusiasmats. No voldrien que s'acabés mai. Per dues vegades els musics hi han posat fi i els picaments de mans de la gentada han obligat a repetir-lo. I el vals dura fins que en Lluc Moltó rebat, esbufegant, el cornetí sobre les taules del llagut i exclama amb un crit desesperat: —S'és acabat es bròquil. No puc dir fava—. Allavores la musica s'estronca, sona una gran riallada i la gent comença a disgregar-se.

—Gràcies a Déu! —mormola en Garet, aixecant-se de la cadira—. Ara podré parlar amb na Cinta... i li diré: Bona nit, Cinta... sí... Bona nit, Cinta... maca...—. Mes aquesta última paraula li ocasiona una emoció i una vergonya tan grans, que el minyó comprèn que no s'atrevirà pas a pronunciar-la davant de la seva estimada. Cal, doncs, cercar-ne una altra, una de ben agradosa, de ben dolça, però que no impressioni tant, perquè si l'emoció el traís s'exposaria a fer un paper ridícul. Cal trobar una paraula... sí... ¿quina?

Mentres la va cercant, els veïns despengen els llums de l'envelat, l'avi Pau Pere-Bo, estintolant-se en el seu gaiato, se retira xano-xano cap a sa cambra i compareixen la Cinta i els seus pares.

—Hola, Garet —li diu la seva tia, al reparar-lo—. ¿Què has fet? ¿Com has passat sa nit? ¿Posta va que no t'has mogut d'aquei racó d'entrada? I ès clar! Ja n'estic ben certa! Es caretó de Déu s'és estat aquí amagadet, perquè ses noes li fan por. Un paiardàs més alt que un abre de fragata! I doncs ¿per quan les gordes ses cames? Vatua es cap de treure! Avui ha ballat tothom: ses americanos veis amb ses seves senyores, jo i es teu onclo, sa vea Xaromba, s'avi Ranco... tothom, mencos tu, un minyó com unes roses, a sa flor des temps, un noi que podria esser es gallaret de ses festes. I doncs ¿que tires per frare? ¿D'a on l'has treta aquesta sang de lluç tan freda?

En Garet prova de contestar diferentes vegades i sempre el desconcerta el fluix de paraules de la seva tia; i quan aquest fluix s'estronca a la fi, les rialles de l'oncle Jan i de la Cinta acaben d'atarantar al pobre minyó, que es cuida morir de vergonya i no sap a on dirigir les seves mirades temorenques. Ja no pensa pas en parlar a la seva cosina: no pensa sinó en esmunyir-se, en fugir. Saluda amb la mà, perquè el nu dolorós que se li és posat al coll no li permetria dir un mot, i se'n va cap a la porta. Però la Cinta l'atura, agafant-lo per la munyeca. —Escolta, Garet, ¿a on vas? Ajuda'm que arraconarem aqueis testos. Vos?

En Garet i la Cinta queden sols a l'entrada i van traginant cap a dins els testos, que embarrassen el pas de la porta. A voltes, al deixar ambdós ensems la seva càrrega en un racó ombradís, llurs cabells s'entrefreguen. Puja-li allavors an en Garet una foguerada de sang al cap i l'escomet un desig vehement de parlar, de declarar el seu amor; i aquest impuls és tan viu, que arriba a estremir-li els llavis i la llengua, mes li manca la paraula i s'exhala en anguniosos sospirs.

Acabada la feina, el xicot no sap què dir, ni quina determinació pendre. S'eixuga la suor amb el mocador de butxaca, s'acosta al portal i s'atura a la llinda, no gosant pendre comiat de la seva cosina, ni quedar-se amb ella. La Cinta se li atansa tota manyaga, manyaga, se treu el clavell, que porta al pit, i diu, amb un somrís que fa blanquejar ses dentetes i posa al descobert ses genives de color de rosa: —L'hai gordat per tu, Garet: ¿el vos?—. En Garet queda astorat, no acaba d'entendre lo que li proposen, i amb els ulls oberts i la boca badada resta immòbil, encarat amb la xicota. Ella repeteix amb una veu tremolosa i baixeta com un sospir: —L'hai gordat per tu, Garet: ¿el vos?

—Conxos! —exclama el minyó, agafant el clavell. I ja no pot dir res més. No ha trobat cap altra paraula per a expressar la seva sorpresa, el seu agraïment, la seva felicitat i el seu amor. Ennuegat pel plor, besa el clavell i l'omple d'una rosada de llàgrimes. I mentrestant la Cinta. girant la cara i mirant-se'l a cua d'ull amb una satisfacció dissimulada, li dóna la bona nit i va tancant a poc a poc la porta, que grinyola, grinyola, grinyola...

Adéu-siau, enramades! Ja no hi ha un llum a l'envelat; ja són apagats els teiers, ja no hi ha quasi cap porta oberta. La lluna guaita per entre les veles. Els musics se'n són anats i el llagut que els hi serví de cadafalc, despullat de cobrellits i banderetes, mostra sa negra carena i ses posts mig desenquadernades. Un grupo de gent, que mou tabola, últim escamot del passat aplec, va allunyant-se i amb ell desapareix tot lo artificiós, tot lo grotesc, i la naturalesa rústiga, amiga de la soletat, va acostant-se al carrer i s'hi esmuny a pleret, a mida que el trepig i la bonior s'hi apaguen. S'hi esmuny a pleret, escampant-hi son alè bosquetà, sanitós, s'apodera del silenci i sigil·losament, com amoixant-lo, el va poblant de les seves veus somnioses: confosos sorolls de ressaga, sospirs de les arbredes, cantúria vaga dels herbeis habitats per un món d'insectes, passades llunyanes d'un rossinyol, que vetlla el niu dels seus amors a la claror de la lluna, remors de vida, llenguatge inarticulat i sugestiu, que parla de plers amagats i d'esperances indeterminades.

Que bé s'harmonitzen aquestes veus amb els sentiments d'en Garet! Agitat per una esperança verge i tímida, ha restat sol al carrer, al peu de la porta de la seva estimada, contemplant el clavell que ella li ha regalat. Aquell clavell a les seves mans no és una flor com les altres: és una vareta màgica, és el ceptre de la felicitat, és un nial d'il·lusions, que van alçant el seu vol com silfes invisibles, espargint un airet afalagador i mormolant amb una veu harmoniosa, que se n'entra al cor sense passar per les orelles: «Ets estimat!».

LA FINETA

La Fineta és sola a casa i la basarda no la deixa dormir. Son pare i sos germans sortiren a sardinals a mitja tarda i no tornaran fins l'endemà de bon sol, perquè volen aprofitar les calades de prima i de matinada. Sa mare, pobreta, algunes setmanes endarrera se negà en el gran mar negre que a la curta o a la llarga ha d'engolir-nos a tots. La Fineta és sola a casa i la basarda no la deixa dormir.

Així que veu blanquejar en els vidres entelats de sa finestra el primer llustre matinal, salta del llit, s'afanya a vestir-se i surt a fora el portal de sa casa solitària. La casa és lluny de poblat. S'alça en un pujol, vora la mar, entre figueres i sarments.

Encara és força fosc. Encara la llum del fanal, que crema a la cantonada de la casa davant d'una capelleta, és més potenta que la claror de l'auba i fa groguejar un bon tros de paret. Les figueres, les sarments i les garrotxes negregen per tot arreu. Els arbrets d'atzavara semblen grans canelobres apagats ans d'hora. Arrastellats a lo llarg de la mar ombradissa, van apareixent grisencs i calimosos els penyals de la costa, com una llarga professó de fantàstiques verges cobertes amb vels de nuviatge. A frec d'un dels més llunyans, que es destaca sobre el cel, brilla una estrella que es podria pendre per alguna joia d'aquell ressagat. És que encara regna la nit, i el dia pàl·lid no fa més que guaitar-la amb timidesa per entre les escletges de la negrenca nuvolada que amuralla el llevant.

La nina s'assenta en un pedrís i ulleja l'horitzó, cercant-hi la vela del seu pare, però no hi veu res, sinó el gran desert d'aigua. La vela que cerca deu ser lluny, lluny, part d'allà de la calitja.

Mentres està ullejant així, ou un estossec rogallós, se gira i repara a un home, que passa pel camí. El cor se li eixampla. Ja no està sola. El vianant és un home alt i ferreny, que va amb una camisa espitregada, sense gec, ni armilla, amb unes calces curtes plenes de pellingots, arregussat de braços i descalç i amb gaiató gruixut a la mà. La Fineta l'ha conegut de seguida i el saluda amb un ben agradós Déu-vos-guard; mes, així que és desaparegut costa avall, agafa por d'aquell home mateix, que l'havia animada amb sa presència, i corre tota tremolosa a tancar-se i barrar-se a casa seva.

Aquell vianant és un foraster, a qui ningú sap altre nom que el de l'Home del bosc. D'ençà que és vingut a l'encontrada viu a la boscúria en una barraca de feixina i gleva, sens altra companyia que la d'un gos de ramat. Fa de carboner i, quan li lleu, se dedica a la pesca, parant filats a les saupes encauades, perseguint als crancs per les crétues de les roques i fent caure amb esquer i grumeig als hams de ses canyes els bisos i les orades, que s'acosten a les marismes en les nits de lluna. A vegades baixa a la cala i ajuda a tirar l'art, però, enllestida la feina, no hi fa estaries; arreplega la part de peix que li toca, xiula al seu gos, que apartat de la gent el vigila des d'algun cap de roca, i ambdós se n'entren bosc endins o s'allunyen per les penyes. L'amo i el gos se donen més d'un esguard per lo sorruts, per lo roigs de pèl i per lo carnusos. De l'amo ningú en diu bé ni mal, però tothom se'n malfia. Certament a la Fineta no li fa goig.

Resta esporugida dintre sa cambra fins a sortida de sol. El sol li treu tots els temors. Ascendent, hermós, gallard, no sembla el mateix que decadent i tristoi se n'anà a la posta el dia abans. Ix de la mar dotat d'una frescor jovençana, com d'un bany sanitós i rejovenidor. El món s'alegra... els colors li tornen... Se diria que les plantes somriuen entre les llàgrimes que han plorades a la nit.

A la nina li sembla imposible que hagi tingut tanta de por. Surt de sa casa i, trescant d'una tira de sarments a l'altra, d'una feixa a la de més avall, arriba a la platgeta veïna. Allí saltirona alegrement a peu descalç per sobre les boves fresques de rosada. A cada salt hi descobreix una pila de preciositats: petxines, corns, branquetes de coral, pedres de Santa Llúcia i sabatetes de la Mare de Déu, desferres escopides per la ressaga, que són de qui primer les agafa. Per a arreplegar-les millor se posa de genollons, i de genollons va gambejant fins que la mullena de les boves li xopa els vestits i li penetra a la pell.

Allavores s'adona de que s'ha mullat de mala manera, s'aparta d'aquell lloc i, tremolant de fred, se'n va cap al net sorral. També el troba fred i humit. En canvi una onada, que per atzar li ha esbandit els peus, era temperada... calentona.

Quines ganes li entren de pendre un bany! La mar és bonança... Les ones se boteixen amb suavitat i amunt i avall del vessant de la platja se freguen i refreguen peresosament en la sorra, deixant-la llisa com una planxa de coure brunyida. Algunes seques, que morenegen en l'ensenada, tan aviat se somergeixen dintre l'aigua com ne reïxen, regalimant per tots els fils de la molsa verda, que creix en llurs asprositats. Talment sembla que es xalen en un bany de plaer. La cala és solitària, amagada entremig d'altes penyes clapejades de sol i d'ombres moradenques.

La nina pensa que tan matinet i en paratge tan escondit ningú la veurà. Fica ses petxines dintre d'una bauma, extén son davantal, son sac i ses faldilles en una roca assoleiada i, quan queda en camisa, guaita amb astorament a l'entorn i corre a amagarse dintre el mar. Allí sent una escalforeta agradosa, que es va emparant del seu cos. Tota esllanguida s'ajeu com en un llit, i amb el cap decantat a la dreta, amb una galta i una orella dins de l'aigua, els ulls mig clucs de galvana i una rialleta als llavis, se posa a bracejar i camejar amb dolç moviment. A pleret a pleret neda fins a les seques i, després d'haver pellucat en el banc de musclos, joquineja per les ones, tot esclofollant-los i menjant-se'ls. Allò és el seu esmorzar.

Al cap d'un ratet entra a l'ensenada la carretera de flames, que el sol extén per la mar. L'astre hi envia sos raigs de dret a dret. L'aigua llu com el llom d'un peix escatós i daurat. L'escuma es plateja i esquitxa espurnes de foc a l'esflorar-se en les roques i el sorral. Fa braumenta calor. Però la raconada de llevant no ha perdut encara sa ombra matinera, a on se barregen harmoniosament els besllums que l'aigua envia cap a les penyes, i les vibracions rossenques que les penyes dirigeixen al mar, que les emmiralla. La nedadora se n'hi va, després d'haver-se refrescat amb tres o quatre capbussades. Allí, vora la platja, s'ajaça sobre una roca fina. Tot just l'aigua li cobreix el cos, el seu cos molsudet, que, mal abrigat, quasi nu, se manifesta com a través d'un cristall pur i verdós. Mes la nina es figura estar ben tapada, perquè, tenint el rostre girat cap a la part assoleiada, veu al davant seu l'aigua llustrosa, impenetrable a tot aguait. No es figura que son propi cos esvaneixi darrera seu aquell efecte de llum.

Està bé. Descansa calentona i tranquila. No ha de passar maldecap per res, ni pel dinar, perquè no l'ha de coure fins que arribi amb el peix el llagut de son pare. Només l'amoïna el pensar que se n'haurà d'anar a casa sense camisa; però un cop porti les faldilles i el sac la falta no es coneixerà pas. Per a vestir-se s'haurà de ficar en algun amagatall, perquè com que no té llençol per abrigar-se podria veure's en una vergonya, si algú passés allavores per aquells voltants. Amagatalls rai!... Per altra part, en dies de bonança no sol acudir an aquell esperagol cap altra barca que la del seu pare... i veu-te-la allà que va venint a llargues bordades, a llargues bordades. La nina no pot confondre amb cap altra la vela que tantes voltes ha apedaçat. La obira amb alegria com si vegés l'ala d'un àngel familiar. Aquell llagut és la companyia, l'amor i tot lo que desitja. Aixís que atraqui, ella serà servida al seu pler, perquè un de sos germans anirà amb quatre gambades a buscar-li la roba que necessita. Que és hermosa quan s'acosta, lliscant per un mar tranquil, la barca que s'enyorava! La nina la va seguint amb la vista i, quan en una bordada la vela lluminosa se li amaga darrera les penyes, li sembla que s'és eclipsat un astre i que el mar s'ha entristit.

Mentrestant no li falta entreteniment. En tant que espera la barca, s'entreté contemplant com se retraten en el mirall tremolós de l'aigua els núvols i les gavines, que rumbegen pel cel. Plau-li també mirar-hi sa cara tendra i bonica de donzelleta de setze anys. No es recorda de quant temps fa que no se l'havia vista. Té tot el semblant d'una dona, però és més maca que abans... força més. Sa pell conserva la tendror d'abans, però més ufanosa. Les nines grosses i negres de sos ulls verament escampen claror per sota el vano de seda amb què les ombregen les pestanyes. Quan bada una mica la boca i entre sos llavis encesos llampega sa blanca dentadura, allavores... sobretot allavores... és quan son rostre resulta més bonicoi.

Tot emmirallant-se va fent postures. Ara mig acluca les parpelles, ara somriu, ho prova tot... fins fa llengotes. A lo millor del seu embadaliment se sent una xarpada al muscle, se decanta esglaiada i veu dintre l'aigua, a frec de les seves, les cames vestides d'un home. Lo primer que se li ocorre és que deu ser algun pescador, que haurà caigut daltabaix de la penya. —I ara! —exclama—, ¿què és això?—. I, girant-se més, descobreix la testa de l'intrús. És l'Home del bosc. Ella queda sense sang a les venes, freda i esblanqueïda. Els ulls de l'un se fiten en els de l'altra amb una fixesa d'estàtua. Ell està blincat endavant amb una de ses manasses arrapada al muscle rodó de la donzella. No es mou, però tremola de cap a peus. La gorra li ha caigut i sos cabells roigs, fustuts i aglutinats, com les fibres d'una closca de coco, pengen a manyocs sobre son front i ses orelles. Sa carassa bonyeguda, de pòmuls boteruts, queixos xuclats i llavis grossos, expressa un neguit estrany. Sos ulls, enclotats i d'un blau d'aigües fondes, tenen cert extrabisme de bogeria. L'alè s'escapa xiulant per sos llavis ressecs.

La immobilitat dura un moment. L'home sembla decidir-se. Una lleu estremitud circula per l'encordillada de músculs i tendons dels seus braços. La Fineta tracta de desviar aquell impuls temible i, somrient, amb un somrís tot desmaiat: —Sou un beneit del cabàs! —exclama—. Aneu, aneu—. Però notant que ell se li acosta encara més, s'embraveix de sobte, junta les celles i crida amb alarma i enuig: —Arri d'aquí, poca-vergonya!—. Ell s'immuta. Afluixa la mà, se redreça i escampa una mirada a l'entorn. La Fineta aprofita aquesta ocasió. S'acaba de desempallegar amb una estiregassada i pega bot cap a la mar fonda. Però de seguida retruny en ses orelles un bramul monstruós: —Ets peix meu, llissa borratxa!—. I al mateix temps sent la falconada del seu perseguidor, que la junyeix i l'arbora en sec, empudegant-la amb la bravada de salvatgina que s'exhala de ses robes i de ses carns. Un xiscle esgarrifós esqueixa l'aire quiet de l'ensenada.

En això un gos roig lladra desaforadament al cim d'un penyal, i les gavines, que peonaven per la platja, aixequen el seu vol alarmades. Els ecos contesten als lladrucs... L'Home del bosc, que havia començat a caminar amb sa càrrega, s'atura... escolta... —No hi ha ningú —mormola; i animat d'una feresa bestial estreny entre sos braços sa presa, que es blinca i reblinca cada vegada més desmaiadament, i es dirigeix amb aigua a genoll cap a les cavernes de la costa. Els peus li llisquen en els líquens del rocatam i no pot anar de pressa. Quan ha donat unes quantes passes, un llampec rossenc s'extén per l'aigua xarolada i en ombra. És el besllum d'una vela que acaba de sortir d'un freu i, ruixada de sol, s'esmuny ràpidament per dedins de l'ensenada. Els tripulants han llambregat l'espantosa escena. Muts d'indignació estan abocats a l'orla, brandant a tall d'armes sos rems llargs i feixucs.

El primer impuls del raptor és fugir amb sa presa. Després muda d'intent. Deixa a la nina, esllanguida i sense sentits, esternellada en una roca, i arruixat, ubriac d'ira s'encara amb la barca, que l'aborda com una gran au batalladora. Ha desclavat del sòl marí una feixuga pedra i armat amb ella se prepara a la lluita. Mes son coratge minva a mida que el llagut s'atansa, s'atansa i sembla créixer i es sent el soroll de l'aigua, que es rutlla roncant davant de la proa, i l'escalf del sol que vessa l'ampla vela, que tapa quasi tot el cel. Aleshores s'espanta i, groc, esborneiat, llença la pedra que enarborava, i fuig botant d'una penya a l'altra seguit del seu gos.

Mai més ha tornat a l'encontrada. Al cap d'alguns dies la gent no es recorden ni de que al món hagi estat. Sols la Fineta, que ha quedat malaltissa, hi pensa a voltes amb esborronament; hi pensa amb esborronament i... és extrany... amb certa mena de compassió i enyorança. A l'hora dels crepúsculs, quan està sola al portal de casa seva, s'apodera d'ella un decandiment d'esperit tot somniós i dolç, i li apar que l'ànima se li'n va amb la mirada, errant pels penyals de la costa. Pels penyals soletat, soletat per les cales, soletat arreu, no hi troba res més... i li acut una ombra d'idea de que quan l'Home del bosc feia ses aparicions, per allí no hi havia tanta desanimació. Pensa que és una llàstima que aquell home feréstec s'hagués tornat boig, pobret, i hagués fugit per a no tornar més, mai més, mai més... I aquest mai més se repeteix dintre el seu cor com aquells ecos que reborsen pels caires d'un congost i s'allunyen, sonant cada vegada més apagats i melangiosos. Enmig de ses tristeses, a voltes el perfil d'un arbre o d'unes garrotxes li sembla la figura del carboner desaparegut. Allavores se sobresalta, s'esborrona, corre a tancar-se a sa casa i se li seguen les cames i quasi no es pot tenir dreta.

EL REM DE TRENTA-QUATRE

I

Ja que sempre vols que et conti coses de marina —m'escrigué la senyora Mariana Saura—, t'explicaré amb tots els ets i uts un viatge, que vaig fer en barca de mitjana; un viatge de no res: no et facis il·lusions; però te'l vull servir tan a la menuda, seguint les notes que en tinc preses en un llibre de memòries, que ja serà prou que no te n'atipis. Així potser no et tornaràs a queixar de la meva eixutesa.

Tu ja saps que el pare era patró i que feia la carrera d'Alacant. Fill de Blanes, s'havia casat amb una granaire de Roses, que tenia una caseta al barri de mar i una vinya a la vora del poble. Aquestes dues finques varen motivar que el matrimoni s'establís a Roses, des d'a on el pare va seguir la seva navegació de cabotatge, eixamplant el comerç que havien començat els seus sogres. Ell era amo del carregament i de la barca i ell se la comandava; de manera que s'ho guanyava tot. Franc de nòlits en un temps en què el cabotatge produïa bastant, pots comptar si es va aprofitar. Això sí, els seus mariners havien de ser precisament blanencs, perquè no creia que enlloc del món nasquessen ni es formessen homes tan aptes per a les coses de mar com en el seu poble; i aquesta dèria, que el féu malveure amb la gent de Roses i que el portà a més d'una topatia amb patrons del Masnou, de Lloret i d'altres punts de la Costa, que pretenien igual honor per a llurs nadius, triomfà de totes les contradiccions i amb elles se féu més terca i exclusiva.

Els baixos de casa, al voltant del jardinet, eren magatzems: aquí arròs, allí garrofa, més enllà rodells de cèrcols, en un cantó blat, a l'altre userdes, terrissa de totes menes, fustatges... no estaven pas mai buits. Els negociants a l'engròs venien a comprar. A la llinda de la porta, a les envistes del mar se solien fer els tractes. El pare s'estava dret, recalcat al brancal, amb les mans a les butxaques, i escoltava pacientament, tot fumant i amb els ulls mig aclucats, la parola dels negociants. Ell no gastava gaire saliva; demanava preu i deixava dir. A la fi venien els oferiments.

—¿M'ho doneu per tant?

—Hissa!

—¿Ne voleu més-quant?

—Hissa, hissa!

—¿Posem-ho a tant-més-quant?

—Amarra.

Pronunciada la paraula «amarra», ja la venda estava feta i era tan sagrada i tan ferma com si n'hagués passat el notari.

El pare era un llop de mar, un home extranyot: més aviat baix que alt, ossut i magristó, de cap gros i de rostre brúfol i ferreny, solcat per fondes arrugues. Anava afaitat de cara i es deixava el pèl a sota les barres com una mena de collar. Tenia les celles grosses, ajuntades, negres com sutge, i solia guaitar de reüll amb un mirar que enfosquia l'aire. Posa-li una pipa a la boca, dóna-li una veu enrogallada, vesteix-lo amb una samarreta blava, unes calces amples de vellut de cotó i una gorra peluda amb una bola al bell mig del cocoronell i... ja el tens. Oidà, manca una circumstància remarcable: caminava eixancarrat, amb una fermesa i un aplom, posant els peus tan plans, que només de veure'l se comprenia que, encara que se li ventés una empenta de part darrera, no se'l faria caure sempre anava com qui se la tem. I això és propi de tots els mariners, avesats a guardar equilibri sobre el mòbil pont de les naus. Veuràs, para-t'hi.

Altrament ell no reia mai. La seva calma i el seu mal humor eren inalterables. Mes, per aspres que fossen les seves maneres, m'estimava tant que la seva voluntat era una joguina de la meva. No li quedava més família que jo; els altres fills i la dona se li havien mort, i en mi havia concentrat tot el seu afecte. Per a mi no tenia un no de durada. Amb una postureta, una rabiola o una llàgrima lograva d'ell qualsevulga cosa. Si m'hi hagués empenyat, fins s'hauria deixat afaitar les barballeres i s'haguera desavesat de fumar amb pipa; però ¿per què havia jo de contrariar les seves aficions? ¿No m'agradava per ventura que es respectessen les meves?

Me vaig criar com els arbres de la rambla. La meva educació se pot dir que la vaig emmenar jo mateixa. El pare només era bo per a esquitxar pessetes. —No miris preus... Vull els millors mestres—. De cosir, de planxar, de fer mitja i coixinet gairebé no en vaig apendre i, en canvi, de fer flors i brodats extranys, de tocar el piano i de pintar n'estic força ensinistrada. Si sé escriure regularment ho dec al gran nombre de noveles que vaig llegir. Dragava totes les que em venien a les mans; però les que varen deixar més llevat a la meva imaginació foren l'*Atala*, els *Viatges de Gulliver* i principalment la *Corina* de Madame de Staël. Jo mateixa em considerava una Corina, sinó que el meu art predilecte no era el de la musica, ni el de la poesia, sinó el de la pintura, en la que havia progressat bastant baix l'ensenyança d'un mestre vell, cabellut i missàntrop que, mal comprès dels seus contemporanis, se n'era vingut a Roses a remugar les seves glòries somniades i els seus desenganys reals.

La meva especialitat era la marina. M'embadalia contemplant la riquíssima coloració del mar, el seu moviment, les roques que s'hi banyen, l'horitzó desembarrassat, immens, les platges a on el sol vessa tot el seu or... Estudiar això, empapar-me'n, somniar-ho i estergir amb els pinzells el somni sobre la tela, oh delícia! Sempre m'hauries trobada per la costa amb el portaestudis i la ombrel·la, ja pintant, ja cercant punts de vista. En dies de temporal no hi havia qui em fes estar a casa. A pluja batent m'enfilava a les roques assorollades pel terrabastall tronador de l'onatge. A pluja batent i amb el paraigües inutilisat per la ventada, m'entretenia a voltes apuntant una nota, mentres el ruixat m'amarava de cap a peus. I no era pas solament l'interès de la nota desitjada lo que em portava a tals ardideses, sinó la creència de que les havia de fer per a respondre dignament al concepte d'artista genial que de mi mateixa tenia format. Jo era un esperit ardent, posseït d'entusiasme estètic i per lo tant... té, que troni, que llampi, que em mulli, que m'enfredori, jo no me n'he de sentir, no m'he de parar més que en la bellesa. De comèdies per aquest estil no se n'hi representen poques ni gaires en el cor de cada u! Ara que se m'és refredada la febre romàntica i que no pretenc ser més saberuda que qualsevol altra dona de sa casa, que ridícules me semblen aquelles fal·leres!

Però, per ridícules que fossen, eren aleshores el foc de la meva ànima i l'alè de la meva vida; an elles ho sacrificava tot i per elles fou que em vaig ficar al cap d'acompanyar al pare en un dels seus viatges. Un viatge en barca de mitjana! ¿Vols res més poètic? Extens la teva ala com un aucell i t'abandones al buf del vent per la planura del mar. Les ones gronxen el teu son i, quan te despertes, sents a sota el fustatge, a on descansa el teu coxí, l'harmoniós escorrement de les aigües. I quin espectacle de costa, d'horitzó, de mar!... Vaja, era lo que em convenia; m'aniria amarinant, amarinant de cos i d'ànima... I això m'era necessari. No es pot pintar bé sinó lo que s'ha sentit amb molta intensitat.

Estàvem en plena tardor. Érem a primers de novembre. La Santa Rita, ja carregada, estava a la fonda, balandreja que balandrejaràs, esperant l'hora de llevar àncores. Vaig veure que el pare prenia tranquil·lament el sol a la porta forana del jardí, tot carbonant la seva pipada inacabable i ventant ulladetes de satisfacció a la seva barca. Encara no li havia indicat el meu desig. Calia no trigar gaire a comunicar-l'hi o es perdia l'ocasió. Me vaig decidir de cop i volta. Vaig posar-me al seu costat, recalcant el cap a la seva espatlla, i, després d'una estona d'estar així, li vaig clavar un pessiguet a la galta i li vaig dir amb el graciós somrís d'un infant aviciat: —Mireu, tinc una falera... feu portar els meus entriquells a la Santa Rita, perquè demà m'embarco amb vós.

No he vist mai una expressió de cara com la que ell prengué al sentir aquesta proposta. Era un home molt senyor dels seus nirvis, però no en pogué ser tant que, amb la sorpresa, la pipa no se li esquitllés de les dents i li caigués a la pitrera. Me vaig mig espantar. —Calleu, calleu!... —vaig cridar, tapant-li la boca, temerosa de l'andanada que m'anava a descarregar—. ¿No veieu que us esteu cremant?—. Vaig descordar-li la samarreta, per a apagar l'escampall de foc, que li cremava la camisa, i espolsar-ne la cendra, que la recobria; i tot espolsant i agençant-lo, vaig tractar de persuadir-lo: —No vos hi oposeu pas, vaja... seria inútil... No us demano pas tant... només una vegada!... aquesta i prou. I no em parleu de perills, ni d'incomoditats... Ho tinc tot pensat i pamat i... estic ben decidida. Fa temps que no penso en res més. L'alegria que em donaríeu! I mireu, jo no sóc pas una senyoreta melindrosa: tinc sang de pare, ¿enteneu?... El meu cor és mariner com el vostre, i allà a on vós aneu puc anar jo, i... vaja, que no em vull quedar en terra.

—No? —va fer ell amb sorna, revestint-me de foscors amb una de les seves mirades més negres i malagradoses.

—No! —vaig respondre resoludament, picant de peus i acaronant-lo.

—Fuig, fuig, cap d'estornell! —exclamà, apartant-me d'una braçada—. ¿Que ens hem venut l'enteniment? Uix! Que totes les dones siguin llampades, totes!

Va girar l'esquena i se n'anà, rondinant, cap a la platja.

Aquell dia no vaig dinar. Tot el matí vaig fer el bot tancada a la meva cambra; després ne vaig sortir, vaig passar d'esquitllentes davant del pare, que estava sol a taula, vaig atravessar el jardinet i em vaig assentar al graó de la porta amb les cames al carrer. Vaig tapar-me la cara amb el davantal i vaig adoptar el posat d'un greu desconsol. No era tot comèdia, no. Me veia la partida perduda i el plor m'anava cara avall; però exagerava les mostres del meu dolor, perquè, prevalguda de lo molt que el pare m'estimava, comprenia que aixís el feia patir i em venjava d'ell. En aquells moments m'hauria agradat fins morirme per a què el molt tossut se desesperés. Si m'hagués sapigut fer venir una basca de debò, ben forta, ben forta...

Mentrestant ell, que havia dinat en quatre esgarrapades, se passejava amunt i avall del jardí sense dir una paraula, passeja que passejaràs. Al cap d'una estona va sortir de casa, passant pel meu costat, i vaig sentir que les seves petjades s'allunyaven. No obstant, vaig figurar-me que no em deixaria de vista. —D'a prop o de lluny ell me vigila —vaig pensar—. Que ho vegi que pateixo!—. I vaig seguir arraulida, embolicada, retorcent-me... Així vaig estar tota la tarda; i el bo de l'home, que devia patir més que jo, a la vesprada no pogué resistir més. Va tornar... el vaig conèixer en la remor dels peus, perquè no el podia pas veure abrigada com estava cap i tot amb el davantal... va tornar, se n'entrà cap al menjador i, pujant escales amunt, se posà a cridar fort, sens dubte a posta per a què jo el sentís: —Paula!... Joan!... ¿Que dormiu? Au, fora nyonya! Arreplegueu les maletes de la noia i cap a la platja. Que les portin a bordo. Vol venir-hi a menjar galeta la poca-solta. Déu estar-hi massa bé al món, mal llamp! Ànsia!... i que vingui el temporal i el quinòccius!... A veure si ens neguem tots i no en queda nissaga de can Saura!

Jo l'escoltava aturant l'alè. Per una part reia per sota el nas amb l'alegria d'haver lograt la meva dèria, i per altra part la tendresa de veure'm tan estimada m'estovava les entranyes i m'aigalia els ulls. Vaig sentir que el pare venia cap al jardí. —Ara m'hauria d'aixecar i fer-li una abraçada ben estreta —vaig pensar amb emoció; però estava morta de vergonya i no gosava a destapar-me la cara. Ell me la descotxà d'una manotada.

—¿Fins a quin dia hem de plorar? —va dir amb entonació reganyosa.

Aleshores me vaig alçar, plorant i rient, me vaig arrapar als pèls de les seves barballeres, estirant-loshi falaguerament... i una besada i dues i...

—Prou, prou —mormolà ell amb la seva serietat de sempre—. Eixuga't els degotalls i vés... que enllesteixin el sopar, que has de tenir gana, i avui ens hem de ficar al llit dejorn, perquè demà hi ha matines.

II

Al dia següent ens embarcàrem abans de fer-se clar. Llevàrem àncores a trenc d'alba i amb un oratge manyac, que prisava lleugerament les aigües del golf, vàrem extendre totes les veles. Marxàvem en popa sense balanceigs, ni capbussades. L'airet, que venia de terra, tot fresc i flairós com si acabés de llevar-se d'un jaç d'herbes humides, s'esmunyia per sobre meu amb un palp de carícia, i jo li deia, aplacant-me les faldilles estufadisses: —Vaja, prou... tafanerot!

Un dels mariners, que sentí aquestes paraules, va esclafir una rialleta i digué:

—Deixeu's fer alguns petons i abraçades, pubilla. Aquest ventet és ignoscent com una criatura i no crec que us encadarni. Deixeu-lo que us acaroni... Veieu que s'és llevat de matí per a dar-vos s'adéusiau, mentres a terra tothom dorm.

—Certament —vaig fer jo—, no li puc pas renyar, ja que de tots els fills de la terra és l'únic que s'ha llençat al mar per a saludar-nos.

—Àngela! —exclamà el mariner, aprovant-me; i, sentint que el pare pegava un cop de taló sobre el

pont, va córrer a fermar una corda, tot cridant:
—No me'n descuido, no.

Aquell mariner era fill de Blanes, com tots els de la tripulació. Vindria a tenir uns quaranta anys i era altet, escardalenc, cella-ros i de mirar garneu. Li deien en Vadó Set-Trossos, perquè semblava fet a peces malajuntades: quan caminava, els braços li penjaven balandrim-balandram, el cap se li tombava d'ací i d'allà i les sofragues se li doblegaven com xarneres que van massa fluixes. Talment se diria que era desconjuntat. Per falla de caderes la faixa se li solia escórrer en espiral fins a les cames. La visera de la gorra sempre li fugia del front, decantant-se-li cap a l'una o l'altra de les orelles. Allò, que t'he fet notar, de que els mariners eren per lo general gent ferma, de caminar segur, avesats a resistir qualsevulga balandrada, no va pas per en Vadó. Aquest era ben a l'enrevés: no resistia els cops de mar, sinó que s'hi doblegava, adaptant-se a totes les ondulacions, emmotllant-se a tots els moviments; però això no el privava de ser un bon treballador, entès en l'ofici, diligent en la maniobra i lleuger com pocs per a enfilar-se pels arbres i les antenes a tall d'esquirol.

Quan ell me deixà, vaig quedar sola prop de l'orla de babord. No m'hi podia estintolar perquè estava tota ella coberta d'una rosada menuda i atapeïda, que brillava enteladament amb un gris metàlic; mes, com que la marxa era tan suau, no hi havia pas perill de perdre l'equilibri. Mentrestant els galls cantaven, cantaven allà en el poble, que s'anava allunyant. Feien la il·lusió de que diguessen: «Adéu-siau... ¿quan tornareu?... ¿trigareu poc?...». Les cases s'esblanqueïen sobre el blau mort de les muntanyes amb una vagarosa agitació de llum i ombres, que les hi comunicava moviment. Algunes finestres, amb llurs vidrieres esbandides d'aurora, s'allumaven com ulls daurats, aclucadissos, massa ensonyats encara per a guaitar obertament. Totes les entonacions eren delicades, tendres, d'una fusió harmoniosa. Jo m'hi encantava. El pare es va plantar al meu costat, eixamparrellat i mirant-me de reüll a estones a estones.

—¿Què redimontri bades? —me va preguntar a la fi.

—Miro el païsatge—li vaig dir—, miro com se va despertant el poble... Que bonic!... oi?

—Uix! —va fer ell, tocant l'ase—. Vet aquí lo que ets tu: sempre vols lo que no tens. Ara t'encantes mirant el poble com si no te n'haguesses pogut afartar en tota la vida d'estar-hi. Doncs, ¿per què n'has volgut fugir, cap de pardalets?

—Oh! no me'n penedeixo pas, al contrari... estic més contenta! —vaig dir; i pegant-li uns quants copets a la galta amb el palmell de la mà: —Sou un bon pare —vàreig exclamar—. Valeu més or que no peseu.... Si sapiguésseu lo que us estimo, caret!

La cara se li estufà, la satisfacció li vessava dels ulls i s'insinuà un somrís en la seva bocassa feréstega, però el va dissimular amb una ganyota i, llençant una grossa escopinyada, barbollejà:

—Puà!... Maleït siga el suc de la pipa!... ¿Ja has vist la teva cambra?

—No, encara no m'ha llegut d'anar-hi.

—Ah, vatua! Com que has hagut de fer la maniobra... ¿No t'han pas sortit muletes al call de la mà?

—Apa, manxaire! Que en teniu de malícia sota el tel de llengua! Si no he ocupat les mans, he ocupades altres coses, ¿enteneu? Estava mirant...

—Sí que has d'haver suat! Ja veig que no estaràs mai en vaga, si Santa Llúcia et conserva les eines amb què treballes. I doncs ¿quan te lleurà de baixar a la cambra?

Ànsia, anem-hi tots dos, rondinairot... veniu —vaig dir; i mig abraçant-lo me l'enduia; però ell, després de donar tres o quatre camades amb precipitació, refrenà el meu impuls i s'aturà en sec.

—Au, au... no estic per galindaines. Aviat això seria un joc de criatures. Passa o passaré.

Altrament hauria sigut difícil que haguéssem pogut passar tots dos alhora, perquè el lloc a on ens havíem aturat estava embarrassat d'esparcines, cadenes i rodells que no deixaven més que estrets caminals. Quan se porta molta farda de coberta, se forma cobertada, que consisteix en una estiba tapada amb draps o estores, per damunt de la qual transiten els mariners, pujant-hi i baixant-ne per unes escales posades a cada testa d'ella; mes, com en aquell viatge la Santa Rita no duia fora de la bodega altra càrrega que una dotzena o una dotzena i mitja de rodells de cèrcols, no s'havien pogut estibar de la manera acostumada i s'eren jaquits ací i allà, en els punts en què menys destorb feien per a la maniobra.

D'aquí resultava que, si bé es podia anar de cap a cap del bastiment a peu pla, no es trobaven gaires places desembarrassades.

Vaig deixar, doncs, que el pare em precedís. Arribat que fou al bolou, que és una obra que s'aixeca en forma de caixa davant de l'arbre de mitjana, n'obrí la corredora i el portaló i davallà a dins en un santiamén. Jo, seguint-lo, em vaig ficar també en aquell cau. Anava baixant graó a graó, i ja només treia enfora el cap i els braços, quan vaig sentir una veu infantívola, que em saludava amb marcat accent blanenc:

—Bon dia, senyora Anneitta.

Vaig entregirar-me, i allà, sobre coberta, dintre un barracó arrambat a la banda d'estribord, vaig llambregar la cara emmascarada d'en Miquelet Cadernera, el noi d'a bordo, que estava pelant patates entremig de dos fogons ablamats, que li cairejaven de foc les fesomies.

—Hola, Cadernera... ¿ets tu? —vaig cridar—. ¿Què fas?

—Endego sa minestra... mireu... pelo patates.

—¿És a dir que ets cuiner d'a bordo?

—Carau!... no, no tant, mestressa. Sóc... sotacuiner, si voleu: encenc es foc, vento, escombro, poso es bacallà en remui... Cuinar, no; d'això se'n cuida en Pau Ternal, que hi té una grapa!

—Bona notícia! A veure com ens tractareu.

El xicot va obrir un armariet i en va treure un pollastre bo i plomat, ensenyant-me'l.

—¿Què me'n dieu d'això?

—Tiba! Si a bordo us tracteu així, qualsevol se quedi en terra. Jo que em pensava que no menjàveu sinó galeta i vianda salada!

—Galeta per a un viatge de dues setmanes o tres a tot estirar! Si haguéssem d'anar a ses Amèriques...

—Vaja, vaja, no ens aflaquirem pas. Ja em sembla que em tindreu sovint de parroquiana.

—Tant de bo de Déu!

—¿T'agradarà?

—Més que pa i mel.

—¿I per què?

—Perquè... net, mestressa... quan vós sou aquí, a sa cuina hi canten ses àngels en cos de camisa; amb sa flaire sola des armaris es més neulit s'hi retornaria, llampus!... I quan vós no hi sou, no diré pas que ballem es goigs de Sant Prim, perquè de brossa per atipar-se no en manca, però no és això d'ara, ca! Vós porteu es dijous gras.

Rient, rient vaig acabar de baixar l'escala. Al peu d'ella m'esperava el pare, que, així que em tingué al seu costat, m'indicà amb una braçada en rodó la petita peça, a on érem, i va dir entre majestuós i mofaire:

—La cambra capitana.

Figura't una lludriguera quadrada, tan baixa de sostre, que era impossible recórrer-la sense ajupir se o blincar el cos. L'única part a on una persona podia estar dreta i amb el cap alt era la de sota el bolou, el qual servia d'entrada i de lluerna. Amb dues passes i mitja hauries midat el pis de llarg a llarg. No obstant, com que ja la coneixia per haver-la visitada altres voltes, aquella cambra que tan pomposament m'acabaven de designar amb el nom de capitana, no me'n vaig pas agradar ni desagradar. Només vaig interessar-me pel moblatge. A l'un dels costats hi havia un coi molt ben paradet amb el seu cobrellit ramejat, el seu llençol net de bugada, el seu coxí amb puntes i la seva cortineta d'indiana. En un altre costat hi havia un rentamans de ferro, amb un càntir de llauna; un sofanet, que amagava sota el seu assentader enconxat aquell atuell que les persones fines usen i no anomenen; i, penjat a una llata amb un clau de ganxo, un mirall, que si per lo petit no et permetia que t'hi contemplesses la cara sinó a trossos, en compensació et multiplicava les fesomies, de manera que, segons com te posaves, t'hi veies dos nassos o tres ulls. A la banda de proa hi havia un penja-robes encortinat, i en la de popa, en una bauma que s'obria sobre una mena de sostremort, el meu equipatge: dues maletes, el portaestudis, l'ombrel·la, el tamboret de tres peus... No s'havien descuidat de res; fins hi havien posat la capsa de cartró del meu barret, un barret que el pare m'havia dut de Barcelona per Santa Anna, tan ple de flors i coloraines de mal gust, que encara no m'havia atrevit a estrenar-lo.

—Ja que no has volgut fer la pols a les senyores de Roses —mormolà el bon home, al notar que jo em mirava aquella capsa—, potser a València gastaràs més coratge. Allí no ho saben pas si sempre has dut mantellina i si ta mare no n'emprava sinó de blanca. Vull que donguis el cop. Vull que vegin que la pubilla Saura és una senyora amb tots els ets i uts... ¿m'entens?...

—Bé, bé..., ja en parlarem d'això.

—¿Com que en parlarem? Vuit duros que em costa, i no haver-te'l pogut veure posat!

—Doncs no patiu més... teniu.

Vaig agafar la capsa, en vàreig treure el barret, i allí mateix me'l vaig posar.

—Vaja... ¿què tal m'escau? —vaig dir, assentant-me al sofà.

El pare entrebadà la seva bocassa, encantant-se i manejant el cap amunt i avall com aquell qui no se sap acabar la seva admiració. Se coneixia que cercava un mot d'alabança i que no en trobava cap de prou granat; i després d'haver pres alè dues o tres vegades sens assolir la paraula a què l'havia d'aplicar, atalaià per la clariana del bolou la figura trencadella d'en Vadó Set-Trossos, i va cridar amb un clam de l'ànima:

—Veniu-me aquí, Vadó! Baixeu... Mireu's-em això! ¿Què us sembla?

En Vadó s'esmunyí ràpidament per l'escala, relliscant d'esquena pels llistons més que davallant-hi amb els peus, i jup i mig amagat darrera el pare, va visurar-me llamineraent amb els seus ulls garneus i va dir amb la seva veu més manyaga:

—¿Què voleu que em sembli, mestre Saura? Veig que ha vingut sa primavera i que aqueix plançó ha tretes ses flors que li pertocaven.

—Ben xerrat! —exclamà el pare—. Cap i barret semblen d'una peça. Arri allà les senyoretes de Roses amb les seves cares mústigues i els seus barrets rancis! —afegí, com escombrant a les aludides amb una mirada de menyspreu—. Arri allà! Això és llum de minyona! ¿Oi, Vadó? Si la porto un diumenge a missa amb aquest maig al cap i...

—¿Qui es miraria s'altar? —reparà en Set-Trossos amb to compungit.

Aleshores el pare encengué la pipa, pitjant el foc amb el seu dit gros recremat, sota el qual petejava l'aire a cada xuclada, i després, treient-se el broc de la boca i escopint, va sacsejar les espatlles i mormolà:

—La llàstima és que totes les dones tenen una corda fluixa... Un hom pensa que els hi endevinarà el gust i es gasta els quartos, però, ni als mils! No n'he pogut entendre mai cap. Anem, anem a la nostra feina. Els bastiments són de més bon governar, Vadó.

En Vadó Set-Trossos no va manifestar sobre aquest punt la seva opinió; però va amoixar-se entre dos dits les aletes del nas d'una manera que indicava una reserva plena de pensaments, i, tot seguint al pare, me va dirigir dues llargues mirades, l'una, decantant el cap sobre el muscle dret, i l'altra, decantant-lo sobre el muscle esquerre, mentre els braços li fugien en zigui-zaga per davant del cos, buscant l'escala, i les cames se li ressagaven amb fallanca.

Després d'haver desat el barret, amb el propòsit de no lluir-lo sinó en altres ocasions semblants, me vaig ajeure en el sofà. Que bé s'hi estava! Com que m'havia llevat tan de matí, la son m'aclucava els ulls. La barca marxava amb un moviment suau, que l'alçava i abatia lentament de popa a proa i la feia cruixir d'una manera quasi imperceptible, deixant sentir una nota fina, que amb la seva prolongació llarguíssima i el seu desmai peresós descrivia musicalment la bonança que ens acompanyava. La son m'anava invadint... Aquella cambreta petita i tranquila, que surava sobre les aigües, allunyant-se de la terra, tenia una mena de poesia, que lligava dolçament amb la de les imatges somnioses que començaven a flotar per la meva pensa. Insensiblement vaig esmunyirme de la realitat. Viatjava cap a un món desconegut, cap a un país fantàstic i... axís me vaig adormir. I no et creguis que hagués fet petar només una becaina, no: va ser una matinada de dues hores llargues.

Un cop desperta i ben esparvillada, me vaig rentar i tira cap a coberta. Ja havíem sortit del golf i navegàvem per enfora. El mar era d'un blau igual i hermosíssim, que contrastava simpàticament amb el ros daurat dels arenys i del roquer, d'a on ens anàvem apartant. El terral havia caigut i, en son lloc, regnava un garbí massa novell per a tenir gaires forces, però que les adquiria majors a mesura que desplegava per l'espai la seva volada serena. De moment en moment la nostra marxa s'apressava. El cap de Creus fugia, arronsant-se, arronsant-se... Les blavors puríssimes s'eixamplaven.

Vaig posar-me a cercar un recés i un sitial per a assentar-me i, havent-me adonat de que l'avi Mauva estava segut a sotavent, al peu de l'arbre mestre, vaig aclofar-me al seu costat sobre un pilot d'esparcines. El vell seia d'anques al pont amb les cames encreuades. Capjup, amb les ulleres escorregudes fins a la punta del nas, i la mà armada d'una agulla saquera i d'un didal de corona, que amb prou feines se li ficava al capciró del dit, estava apedaçant-se unes calces.

—Apa, sastre, aprofiteu el bon temps —li vaig dir—. La barca rumbeja com una oca per un estany, el mar només fa rum-rum com un gat que s'adorm, i el sol té una revifalla d'estiu. ¿Qui diria que fóssem a la tardor? Vaja que no us he pas portat malastrugança. Un temps així ni comprat.

Tot estirant el fil del seu cosit, m'esguardà per sobre les ulleres, acompanyant la seva mirada amb un somrís bondadós, que posà en descobert les seves genives blavenques, emmarletades amb dues o tres dents tinyoses i enderrocades, i contestà:

—Sí, bon temps per a una passejada.

—I millor encara per a un viatge —vaig fer jo.

—Si es viatger està de calma, no diré que no; però mira, noa, ton pare no les voldria mai unes tempures així. A sa sortida des golf hem estat encantats més d'una hora i mitja. Es vent que ara portem és eixeridet i va refrescant que és un gust, però ve de proa, ¿entens? Hem de navegar de volta i volta, parant ment de no caure a sa deriva i de no orsar tampoc massa per no perdre camí. Cada passa ens costa cent gambades.

—Vosaltres feu com els pagesos, que mai són contents del temps.

—No, a mi tant me fa. Encara que, contractat com estic a tant per viatge, sa durada m'escurça es jornal, no m'hi encaparro. D'ençà que es va morir sa de casa, que bé haju, tant me fa ser ric com pobre. ¿Per què els hai de voler es cortos?

Va callar amb aire trist, reprenent la seva feina. La costa s'allunyava. Les blavors puríssimes s'anaven extenent.

—¿No teniu fills?

—Una noa casada.

—¿I doncs?

—No és tot u. Es seu marit se'n cuida. Jo... més aviat li seria una nosa.

—¿Sou viudo de temps?

—Ara per sa diada de Sant Tomàs va fer vuit anys que vaig saber-ho al tornar de viatge.

—Ah vatua!

—Sí, va ser una cosa molt trista. Jo havia deixat a sa casa bona i eixerida. Estava molt contenta perquè amb es dinerets que havíem arreplegats, havíem comprat una caseta i un llagut i allavors jo feia es darrer viatge per a guanyar unes peces de sardinals. Ja mai més viatjar!... Viuríem junts. Jo seria pescador... patró de barcada... Un bon descans. Sa meva veieta em gomboldaria, sempre la tindria as meu costat com un àngel de sa gorda. Ella tot això m'ho deia amb es uis. Que me'n deien de coses ses uis d'aquella dona! A sa llinda de sa porta ens vàrem abraçar sense pensar mals averanys, i em va dir: —Porta'm melons d'Alacant. —Prou, dona, prou—. Sa sang de ses venes li hauria donat, si me l'hagués demanada!... Ja saps que sóc de Blanes, oi?... Sa nostra casa era a sa banda de mar, a un cap de sa platja, i aixís que vaig saltar en terra vaig fer via cap allà amb tot de bones notícies a sa punta de sa llengua per a alegrar es cor de sa bona veia. Portava es diners a sa pitrera per a ensenyar-los-hi de seguida: Mira lo que hai gonyat! A mig camí me varen escometre dues veïnes. No estava pas per elles. Al diable ses tafaneres! —Sa teva dona està malalta —me varen dir. Jo vinga apretar es pas... i ja no sé què més m'enraonaren, fins que, quan vaig agafar es picador de sa porta, me varen dir net i clar: —Hereu Mauva, sa teva dona s'és morta; la vàrem enterrar ans d'ahir—. I jo encara no m'ho creia. Me semblava que sentia es trepeig d'ella per dins... i pica que picaràs. Encara sento aquells trucs aquí, a sa boca des cor. Res... igual que picar a un sepulcre.

Quan l'avi acabà aquesta relacioneta, els ulls m'espurnejaven i, per a dissimular, vaig passejar-los pel mar i pel cel. Tot era blau... el veritable país blau, puríssim, immaculat.

—Però ¿per què no us esteu amb la vostra filla?

—Sa noa se'n cansaria de mi. No vui fer nosa. Amb sa dona era diferent. Mira, ella tenia set anys més que jo i era una mica geperuda, però no l'hauria baratada per sa més jove i maca des poble. Es seus uis d'aquella dona m'estimaven, ¿entens?... m'estimaven! D'ençà que és morta veig que sa meva vida és perduda sense profit. M'ho hai venut tot... sa casa, sa barca... i no tinc pas delit d'anar en terra.

Una llàgrima va rodolar pel seu nas, aturant-se en el ferro de les ulleres. Tot corrent a veles desplegades pel país blau i desert, l'enyorança d'amor d'aquell home desaferrat de la terra me va semblar tan santa, tan santa, que la nostra barca em féu pensar en la que ens pinten els místics carregada d'ànimes que van cap al Paradís. No vaig dir res més. El vell, també mut, clavava amb un repunt groller el pedaç de les seves calces, cus que cus.

Les nobles tristeses aporten al cor un dolç repòs, una mena d'aprovació celestial, de la que cal gaudir en silenci. La meva ànima va eixamplar-se per l'espai. Que bé em trobava entre aquelles blavors puríssimes! La brisa brunzia en l'aparell com en una gran arpa, espargint sordes harmonies. Les ones s'escorrien, garlant inarticuladament com infants que gatxegen. Enllà, enllà!... Tot era bell, però s'hi enyoraven encara certes belleses pressentides. Enllà, enllà...

En això va ressonar enlaire una cantarella, en la que vaig reconèixer la veu flautosa d'en Vadó Set-Trossos. No obstant, no veia a ningú enlloc.

—I ara! —vaig exclamar—. Sento la passada, i no veig l'aucell en part del món.

—És que sa vela el tapa —me va dir l'avi Mauva—. S'aucell és a dalt de tot de s'arbre mestre. Hi ha pujat a endegar no sé què d'una corona i treballa sota sa galcta, abraçat a s'espiga per damunt des calcés. Té, mira-te'l com baixa.

En aquell moment en Vadó Set-Trossos va davallar, com un pregadéu de rostolls, a lo llarg d'una corda.

—Hola, pubilla —cridà, aixís que va repararme—. Vinc de muntanya, a on ses airets són prims i desperten una gana d'allò més endiastrada. Si es camins fossen de més bon transitar, us diria que hi pugésseu... ¿Sabeu quina hora és?

—No: m'he deixat el rellotge a la cambra.

—Bé... no cal pas que l'aneu a cercar. De rellotges rai, no en manquen. Veureu que aviat n'hauré trobat un.

Va guaitar cap a la banda de terra i exclamà:

—Vatua! Tot just són dos quarts de dotze, i en Pau Ternal, que tot ho passa per ses busques minuteres, no ens darà sa minestra fins as bell toc de ses piadoses.

—¿I a on l'heu vista pintada l'hora?

—A s'ombra des turons, pubilla. Si vos estésseu enclavada com ells sense moure-us, ni posticar-vos, es vostre nas també la pintaria. Es sol no enganya mai; no fa com es mal de cor, que sempre va d'avançada.

A l'hora corresponent vàrem dinar. La taula consistia en un quarter de batiport, posat sobre un rodell de cèrcols; però un cop ben parada amb les seves estovalles, blanques com una tofa de neu, feia tan bon efecte com si l'hagués construïda un ebenista de ciutat. No hi havíem de menjar més que el pare i jo (perquè els mariners s'estimaven més fer-ho pels racons de la barca amb el plat a la mà), i ens hi col·locàrem, assentant-nos en els calaixos de popa, amb les cames de gairell per no poder ficar-les en cap entrepetge. Jo tenia un got a la vora del meu plat, i el pare un porró blau, lligat de gallet a tarot amb una cordella, que servia per a passar-lo de mà en mà. I vet allà que ve en Pau Ternal, caminant amb tota la majestat d'un personatge que coneix la seva importància, portant a pols entre grapa i grapa la gran olla de l'estofat; la deixa sobre els estalvis i la destapa amb un ampli moviment de braç, que sembla dir: Proveu això, llepeu-vos-en els llambrocs i digueu-me si no hi trobeu la quinta essència de la meva saviesa.

El pare se féu la part, omplint-se el plat a curull, provà una trumfa, enguerxí la boca, arrufà el nas i, entregirant-se i mirant an en Pau amb ulls entravessats, rondínà, tot mastegant, mastegant:

—És fumat com una xemeneia.

Al sentir aquestes paraules, en Pau, que s'esperava un compliment, va tornar-se més groc que una metzina; va abocar-se a l'olla i, ventant amb la mà el fum que en sortia, se l'acarrerà al rostre i l'aspirà d'una nassada.

—Cull... eres!—exclamà, extrafent a mitja naixença la mala expressió que se li havia començat a escórrer dels llavis.

Jo m'esqueixava de riure; l'avi Mauva, que era a la canya del timó, va esclafir també la mitja rialla; i en Vadó Set-Trossos, si no hagués sigut tan desconjuntat, s'hauria desllorigades les conjuntures, perquè reia i tornava a riure cent vegades i cada volta amb més extraordinàries contorsions. En Pau Ternal estava consternat. El pare, seriós com sempre, passejava sobre nosaltres la seva negra mirada, com fastiguejat de la nostra ximpleria.

—Vaja, no n'hi ha per tant —digué a la fi—. Una cosa és riure i l'altra és beneitejar. Prou, Vadó, prou!

¿Ara no ho coneixeu, pastanaga, que és un gran rebaix per a un home això de que el vegin esvoletegar com un pollastre que vol rompre un quicaraquic? Quin cap de casa, vatua el món!

Però en Vadó Set-Trossos no era pas senyor de si mateix; suava d'angúnia, s'inflava de venes, cloïa la boca i prenia per un moment un aire compungit, mes de seguida la ratxa riallera li botia les galtes i havia d'engegar-la, mal que li pesés, sotraguejant de cap a peus. A l'últim va aixecar-se, fugí tintinejant per entre la farda i deixà sentir-hi al darrera, per llarga estona, un glo-glo semblant al d'una ampolla que es vessa borbollejant.

Aleshores el pare s'encarà amb en Pau Ternal.

—Pau, vós teniu un defecte molt gros... i pareu ment, pareu ment... Ja sabeu lo que us vaig dir: entre homes no es mira prim, però hi ha una senyora a bordo i vull que es respectin les seves faldilles. Poc parlar, ¿enteneu? A la vostra llengua s'hi crien els renecs com les orellanes en els polls. Feu's-hi un nus. Mireu, no heu dit sinó una paraula i de per poc... si no la vireu a temps... hauríeu ben negat l'alioli.

En Pau Ternal era un home massís, encirat, ancaboterut, ample de cos, ferm de cames i amb les espatlles tirades a escaire d'un coll sempre aplombat. Tenia els ulls molt separats, esparveradissos i blaus, la pell encesa i les celles roges. Usava un bigoti també roig, espuntat, aspre com fils d'espart i retallat arran de boca en forma de dos raspallets. De lo restant de cara anava afaitat. En la seva testa es reparava certa partió característica: el front abombat a banda i banda formava al mig un clotarell vertical, que, prolongant-se, davallava, quasi esborrat, per la carena assaplanada del nas, saltava a la canal del llavi superior, molt marcada entre les dues meitats bessones del bigoti, i s'enfonsava en l'ampla barba, arreguerada com un albercoc; i, per la part de darrera, el bescoll dividit en dues besses robustes i rodones, i la clenxa, que ratllava els foscos cabells aplacats a cada costat de clatell a còpies de bandolina, completaven la remarcable vedruna. Al primer cop d'ull se coneixia que havia de ser presumit. Gastava gorreta de setí negre, ja vella i deslluïda, però doblegada sobre el front amb cuidadós entonament; mocador de seda esfilagarsat, cenyit al coll amb un nus de carreter; armilla de quadrets virolats descordada, deixant veure la faixa blava, que abrigava el cos fins a dalt de tot del ventrell, i amb l'ala esquerra ornamentada per una verdelosa cadena de rellotge, en la qual dringaven penjarelles de medalles i altres foteses; calces de vellut, color de molsa seca, pelades i esgrogueïdes a clapes pel fregadís, amb una gireta als garrons, que indicava el mirament amb què eren encara tractades; i, finalment, botes de cuiro fort, grossasses, feixugues, de doble sola clavetejada, i enllustrades polidament. No portava gec i, a pesar de la frescor del temps, duia les mànigues de la camisa atrossades als colzes, reganyant uns braços revinguts, colorits de vermellós pelussam.

En aquella ocasió se veia que la vanitat se li era

ben emmusteïda; però va aguantar el xàfec a cara d'aigua, sense moure's, ni badar boca.

Jo vaig tractar d'aconsolar-lo en lo que més el corferia.

—Pau —li vaig dir entre queixalada i queixalada—, aquest estofat és de primera. Si no fos estat el fumall, que el dimoni ha ficat en el vostre fogó per a fer-vos quedar malament, jo us prometo que hauria sigut cosa llaminera i que tothom us haguera fet justícia. Mes, no tingueu por que l'haguem de llençar. No en quedarà gota, no. El fum no s'hi sent sinó a la primera engolida; després el paladar va trobant-hi les fineses... i com més se'n menja, més bo sap. Les fulletes de llor hi són a la bona mida, el vi ranci ben mesurat i la sal ensapegada. Quin estofat! Jo voldria per casa una coquesa que el fes aixís, baldament me'l fumés cada dia.

Aquestes paraules varen animar-lo en gran manera.

—No, pubilla, no me'l vulgueu alabar. Precisament tot es mèrit de s'estofat consisteix en s'aroma, ¿enteneu? Poseu-hi una mala flaire qualsevulga i vatua... dallonses!... ja el podeu donar an es gossos. Si no fos estada aquesta desgràcia, sí que hi hauríeu trobat es compte. Però sa culpa no és meva. Hi ha certes feines que s'han d'encarregar an es marrec. Li hai de llevar ses oreies, llamp me matu! I ara vui que tasteu unes sardines a sa marinesca... veureu... i ja caigu aquí mort en sec i amb s'ànima condemnada...

—Prou, prou! —va saltar, interrompent-lo, el pare—. Ja us esllavisseu, Pau... val més que digueu «culleres». Però lo millor serà que porteu les sardines i que elles parlin per vós.

Mentrestant vaig fer plat per a l'avi Mauva i per a en Vadó Set-Trossos i els hi vaig portar allà on eren. —Déu t'ho pac —me va dir el primer; i l'altre em va tirar floreta:

—De mans tan boniques mai era estat servit, pubilla... any de bé sia.

Quan vaig tornar a taula vaig sentir un gran terrabastall cap a l'indret del barracot que servia de cuina; i, ans d'haver pogut preguntar res, vaig veure sortir, per entre l'arbre de mitjana i una cimbellada de rodells, un peuàs calçat amb bota clavetejada, i al capdavall d'aquell peuàs en pobre Miquelet Cadernera, que, botent com una pilota, vingué a caure de boca terrosa a dos pams de mi.

—Fort! —rondinà el pare—. Axís se fa amb els nois que baden. Que aprengui a sirgar dret.

—Vaja, això és massa! —vaig replicar jo, acudint a l'ajuda del xicot, que s'aixecava adolorit, palpantse les macadures—. ¿A on has rebut, caret?

—De primer a s'os Bertran, ¿sabeu?... i després aquí, a ses canyelles i es genolls... i en es colzes i... Llamp de Pau! És una mala bèstia. Se preval de que sóc petit, perquè si no...

—Anem, anem, no gastis quimera. Vine, seuràs al meu costat. Avui seràs el meu nuvi, vols?

—Es Caderneres no són per vós, mestressa.

—¿I per què no?

—Perquè vós sou rica i a casa no hi ha un pa a sa post.

—Mireu si barrina aquest infant! Però ca!, ja t'entenc, herbeta, que et dius moraduix: no em vols perquè no et faig goig per massa vella.

—Veia no! —va dir, tornant-se vermell i abaixant els ulls—. Avui per avui encara sou ben fresqueta i... Déu n'hi doret.

—Bé... ja ho veig... tens por de que m'envelleixi aviat; però per una diada ja em pots pendre... sobretot si et tracto bé. ¿Què me'n dius d'aquesta ració d'estofat?

Va esclafir una mitja rialla i es posà a menjar, arreplegant la vianda amb els dits.

—Té, garrí, no facis córrer les forquilles d'en Salgueda—li digué el pare, allargant-n'hi una de boix.

Després va venir en Vadó Set-Trossos, i en Pau Ternal va portar les sardines, que foren molt celebrades. Tothom se va ben atipar. El porró va passar de mà en mà quatre voltes en rodó amb les seves corresponents marxes cap a l'avi Mauva, que no desemparava la canya timonera. Els bevedors tenien punt en fer durar la xerricada i en dir algunes xanxetes entre glop i glop, mentres el vi se'ls hi anava embassant a la boca.

—Es vi és sang —va dir en Vadó Set-Trossos, bevent entrepernat d'una manera extranya—; però si no és sang batejada, se pot beure sense por de pecar.

—No tinguis escrúpol, sant cristià —saltà en Pau—. Jo et responc de que cap taverner hi ha fetes trafiques. És bon vi de Llançà.

—No pas jo que en llenci una gota —respongué de seguida el bevedor, jugant amb la paraula.

—No el llences per a tu, però sí per a nosaltres. Vatua s'ànima d'un penjat, no en coles poc de mam! —observà en Pau Ternal.

—Encara no en beuré tant com en pot veure un pollastre —replicà en Vadó.

De dites enganyoses per aquest estil n'anaren i en vingueren moltes. L'únic que bevia seriosament i respectat de tothom era el pare, que aprofità tots els torns que li tocaren i, quan estigué saciat, s'aixecà, encengué la pipa i va dir:

—Jo ja estic complert. Ara per a vosaltres mig porró més i prou. Avui us deixo fer barrila.

I se n'anà xano-xano cap a proa amb la pipa a la boca i les mans ficades dintre les butxaques de les calces.

La seva ausència i la tornada del porró varen augmentar l'alegria. El porró passà d'en Pau an en Vadó i d'en Vadó a l'avi Mauva, que el deixaren braument escolat. Després havia d'anar an en Miquelet Cadernera, que se l'esperava encantat, mirant-se'l sense parpellejar amb els seus ullassos rodons com botons i plens d'un desig que llustrejava en les seves nines d'una foscor envellutada, semblant a la de la pelfa negra, posada sota un vidre; però en Pau procurà agafar la cordella quan el broc va passar a frec del nassiró camuset del xicot, i fent saltar el porró i eixamparrellant-se, va posar-se en actitud de xerricar.

—Ai mare, mare!—exclamà en Cadernera amb desesper—. Això és una injustícia! ¿I vós ho permeteu, mestressa?

—Calla, mala eruga! —replicà en Pau—. Voldria veure't esquerdat de set i no et donaria una salut d'aigua, grandíssim fumacassoles!

—¿Encara no m'heu estovat prou, botxí de criatures?

—Vatua sa... sa!...

—Ajudeu-me, mestressa. Sóc es vostre nuvi!

—Tu, bordissot escarransit!

—Sí —vaig dir—; és un tracte que hem fet suara suara.

—Essent així —argüí en Vadó Set-Trossos, rient i fent cortesies exagerades—, es noi d'a bordo se'ns ha passat mestre i tots l'havem de respectar. Pau, ajupir-se i fora! A qui no té costats sa roba li cau; però amb uns costats tan bons en Cadernera pot posar-se totes ses calces d'a bordo. Pau, dóna-li es porró per a refrescar a sa salut de sa núvia.

—Està bé —va respondre en Pau Ternal, transigint—. Maleïda sigu sa meva sang, si no sé respectar a sa gent que s'ho mereixen, enc que sigu en sa persona d'un poiós i malparit com aqueix ventafocs; però ens ha de divertir una mica. Que begu de fantasma!

—Bona, bona! —va cridar en Cadernera, pegant un bot—. Jo faré sa fantasma i em beuré tot es vi d'una tirada. Podeu xerrar per ses butxaques... Però, ei!, no val a tocar-me! Si en vesso una gota, mateu-me!

Pujà de peus sobre els galliners, se tombà en un moment a l'enrevés les parpelles, girà els ulls en blanc i, tirant el cap endarrera, agafà d'esma el porró, l'aixecà enlaire i, trabucant-lo de gallet a poc a poc, se deixà caure el rajolí al bell mig del front. El vi se va partir en dues reguerетes, que s'apartaven a cella i cella, baixaven pels llagrimals i eren absorbides per la boca llargament entrebadada, amb el llavi superior aplacat a les dents i l'inferior sortit en relleix un través de dit. La figura del xicot no podia resultar més llòbrega i extranya. Amb els seus ulls d'estàtua, que es diria que ploressen sang, la seva cara descolorida i la seva immobilitat quasi absoluta, no semblava un ser humà. A mi em feia més pena que goig, i les gràcies que deien en Pau i en Vadó, per a fer-lo riure i engargussar-lo, no m'han deixat més record que el d'una cosa enfadosa. Aquell pobre noi de deu anys, groc, flac i altonet, amb les robes que li curtejaven en braços i cames, indicant la seva misèria, criat entre llops de mar, creixent entre renecs i mals tractes, m'inspirava una greu compassió. No vaig estar atenta més que a defensar-lo, si de cas, per vessar-se-li alguna gota de vi, el maltractaven els dos galifardeus, que extenien al seu darrera llurs manasses, preparats a descarregar-li clatellada. Però en Cadernera tenia tanta seguretat en el paper que desempenyava, que no hagué pas de menester la meva intervenció. Va escopsar el raig fins a les acaballes i després alçà la mà esquerra, l'esmunyí pel broc i en tapà el forat amb el dit gros, evitant així que alguna gota ressagada es pogués escórrer impensadament; va adreçar a pleret el cap, acarrerant cap a la boca amb estudiats decantaments la mullena vermellosa que li llagrimejava per les galtes i, un cop l'hagué ben xarrupada, llençà un sospir i somrigué.

—N'hi havia poc! —exclamà—. Aquests mosquits de bóta se n'havien fet un bon panxó i amb una mica més que s'hi haguessen adobat no en quedava per sa fantasma.

—Calla, maleït de Déu —va dir en Pau, rient—. Ets es rei de ses fantasmes, ets un embut de taverna, ets sa glòria des nostre celler. Vine... m'has guanyat es cor... fem ses paus.

Va abraçar al bordegàs, se'l carregà a coll-i-be, i se l'emportà saltant, saltant.

En Vadó Set-Trossos se fregà el clatell a mà revessa, tot mirant-me amb els seus ulleta de verd d'olivera i, torcent el cos, me tocà el muscle amb el colze del braç que li quedava en vaga.

—Pubilla, certes bromes no me les gasteu mai més, ¿enteneu? —va dir baixet, baixet—. Són dolentes pes ventrell. Un hom cria salivera i... vaja, no dóna.

—I ara!, ¿de què vos les haveu?

—¿De què voleu que me les haju sinó des vostre nuviatge, que m'ha donat goig sense alegria? No en parleu d'aquestes coses fins que vàjun de bo. I quan es casori sigu cert i passat per mà de rector, heu d'endegar aquesta barca que sembli sa vila de Menjidorm. Jo us tallaré patró de com ha d'estar... veureu. Totes ses banderes i gallarets que flamejun as vent... un ram de flors a sa galeta i un altre as cap de mort per a taparli sa calbura... Aneu escoltant... A cada botafió una llangonissa penjada, ses soles curulles de torrons fins, es cenals guarnits amb neules, a cada bitó un cabridet rostit, un gall dindi enastat a cada bitxoc, ses arbres rempeuats amb carretells de vi blanc, ses am...

Un xiulet, que sonà, va tallar-li la paraula a flor dels llavis, i el bon home corré a la maniobra, no sense indicar-me amb un anguileig de braços i una extesa de mans que es reservava la continuació del seu projecte per a una altra estona.

Aleshores les veles foren canviades de posició. De primer quedaren fluixes i el vent hi espetegava; però la barca anà virant i tornaren a omplir-se, impulsant la nau cap a terra, així com fins allavors l'havien empesa mar enfora.

Vaig anar a proa per a guaitar. La terra semblava una llarga broma ajaçada sobre el mar, amb els contorns superiors d'un blau fluït i clar que es migfonia en les espessors de l'aire i es barrejava amb les calitges, tacada més avall d'esfumades rossors i ombres moradenques. Les sinuositats de la costa s'eren arrasades. El cap de Creus i el golf de Roses no es distingien per cap entrada, ni relleu. Els Pirineus amb sos vessants ennuvolats eren de mal obirar i sols brollava netament la cima del Canigó, que blanquejava en la serena del cel com un astre naixent, deslluït per la llum del dia. Cap a ponent cendrejaven algunes muntanyes i més enllà s'extenia l'horitzó buit.

Com que probablement no havia de tornar a veure mai més aquell paisatge en circumstàncies iguals, en volguí treure un bosqueig. Vaig agafar el portaestudis i vinga cercar colors. Com més pintava més m'enamorava d'aquells tons febles delicadíssims, però, que difícils eren d'ensopegar amb justesa! Els ocres terrejaven massa, totes les pintures resultaven massa grolleres... Si detallava, perdia la fluïdesa; si pintava a grans taques, no em sortia sinó un núvol, en què ningú hauria endevinat una costa. Vaig suar de valent. I no obstant, allò era bonic: les fondàries d'aire, la llunyania, la blavor del mar escampant-se vibradora per l'ambient... Tenir-ho al davant dels ulls i no sapiguer-ho arreplegar! I no en vaig sapiguer. Vaig haver de plegar convençuda de la meva impotència.

El pare, recolzat a l'orla de proa, llençava un xiulet de tant en tant i cridava: —Orsa, orsa!—. La barca va arrumbar força cap a migdia, cap a l'horitzó buit, per l'indret de les últimes terres obiradores.

—¿Què hi ha per allí?—vaig preguntar-li.

—¿Per a on? Allà hi ha Palamós —va dir, senyalant amb el dit una clapa rossenca—. Més enllà les muntanyes de Tossa, les serres de Bandina i altres.

—Vaja, d'aquesta bordada ens plantem a Blanes.

—Uix! —exclamà, girant-se d'esquena.

—I bé, ¿què vol dir «uix»? Sou més malagradosot!

—Doncs ¿com t'he de contestar, si dius uns disbarats tan grossos? ¿Que et creus que això és una bala que va dretament allà a on s'és apuntada l'escopeta? A Blanes!

—Però ¿què hi sap una?

—Sabesses callar al mencos! —barbotejà entre dents; i afegí, recalcant molt les paraules, com el mestre que es veu obligat a explicar a un deixeble estult una lliçó que de tan clara és enfadosa: —Amb el vent de proa no es va allà a on se vol, sinó allà a on se pot. Anem de gairell, de gairell, com els crancs. Apuntem a Blanes i bon goig de tocar a Palamós. ¿Entens, marinera de terres endins? Si aquesta nit pots dormir en aigües de Palamós, dóna't per ben contenta i digues que la Santa Rita és la barca més fina de la mar.

—És que en té fama de fina.

—Doncs, si serva malament, serà per culpa del patró, oi?

—No, cristià de Déu, això no. Cap patró ni pilot us passa la mà per la cara en aquestes mars. Els Saures en vénen de nissaga de mariners... s'ho porten a la sang.

—¿Fins tu?

—¿Per què no? Si no fos per això de ser dona, no em veuríeu pintar mars i barquetes, sinó comandarne una de ben eixerida i, apa!... lluny... eixampla't, espai. M'agradaria barallar-me amb el vent i les ones...

—I guanyar-los amb el dit xic. Que en tens de terres a l'Havana! No sé com redimontri m'he deixat entabanar d'embarcar-te!... Però ja hi som pel tros. Déu vulgui que s'aguanti el bon temps.

Va posar-se a examinar les bromes de l'horitzó de fora, com si n'hagués volgut desentranyar algun averany, i jo vaig tornar a contemplar aquella costa llunyana, que suara s'havia burlat del meu art. Encara presentava el mateix aspecte vaporós. Que immensa és la mar i que amagades ses descobertes distàncies! Bé havíem corregut i corríem... Els borrallons d'escuma, que aixecava la roda al partir l'aigua, fugien pels costats de la barca de pressa, de pressa... I no obstant, se diria que de mitja hora ençà no ens havíem mogut del mateix lloc.

Al cap d'una estona va comparèixer l'avi Mauva.

—Saura —va dir—, hai vist que no m'avisàveu i vinc per sebre es vostres intents. Si voleu que a sa nit pugu vetllar, serà des cas que vaju a dormir unes contes hores. Són ja dos corts de tres ben caiguts...

—Teniu raó; me n'havia distret —respongué el pare—. Sí, Mauva, a la nit no vull que ningú toqui la canya sinó vós o jo. En Pau i en Vadó són massa dormilencs. Aneu, aneu... ¿Qui governa ara?

—En Pau Ternal, però renega com un oriol, perquè diu que ha d'endegar es fanals i coure es sopar.

—Està bé. Cada u a la seva feina. El timó va a càrrec meu. Aneu, aneu a dormir.

Bona part de la tarda va passar sense incident remembrable. Com més el sol baixava, més el vent perdia la seva força; això és que la barca d'hora en hora s'emperesia. Un ramat de dofins va venir a saltar al nostre voltant. Quan me'n vaig adonar vaig arreglar-me un sitial a prop de l'orla, i aquells peixassos de morro de porc varen ser la meva distracció. Me plavia veure'ls jugar pegant bots ací i allà amb una agilitat que tenia quelcom de ridícula. Algunes vegades alzinaven més de mig cos sobre la mar, drets, encirats; altres vegades hi ondulaven graciosament, descriguent, al saltar, airoses curves i capbussant-se sense quasi aixecar ruixims; i a voltes debategaven, fent espantosos refolls. I quan nedaven submergits portaven tanta velocitat que les clapes grogues de son llom afusat s'allargaven com a franges, i les aletes i serres deixaven l'aigua ratllada com un vidre pel qual s'hi haguessen passat diamants. La nostra barca no els hi feia cap por; ans al contrari, semblava que l'haguessen presa per objecte de diversió i que, voltant-la i revoltant-la, s'engresquessen a fer mofa de que un ser tan grossàs se mogués amb tanta pesadesa.

En Vadó Set-Trossos vingué, tot fregant la sola de l'orla amb una capçana, que xopava de tant en tant en una galleda, i, al trobar-me, s'aturà i em dirigí la paraula.

—¿Us agrada aquesta comèdia, mestressa?

—Més que no puc dir. No em cansaria mai de contemplar els capbussons d'aqueixes bèsties joguineres. Greu me sabria que s'esquivessen de per aquí.

No tingucu por, no s'apartaran gaire. Estem en ses afraus de ses seues pastures i a més a més ses escombraries que llença sa barca les enllepoleixen també.

—¿Voleu dir? ¿I si els hi tirés pa?

—Se'l menjarien; però no us vulgueu carregar sa consciència, pubilla. Es pa, que Déu n'hi do, no és per a aquestes males pues.

—Sempre he sentit a dir que els dofins no feien mal a ningú.

—Es dofins potser no, però això no són dofins, sinó roasses de ses més grosses, sa pesta de ses mars costaneres... es càstig des pescadors. Se tiren a ses xarxes per a menjar-s'hi sa sardina i, embornada per aquí, estrebada per allà, hi obren uns esvorancs que a terra costen sa mar de llàgrimes. Mireu: si ara jo amb una bufada podia matar totes aquestes roasses i ses seues companyes de llevant i de ponent fins a sa fi des mons, cregueu que bufaria de gust fins a corsecar-me.

—Encara bo que no teniu aquesta virtut. Seria de doldre... pobretes! Semblen un estol de criatures... tenen les gràcies ignocentes de la mainada. Matar-les d'un buf!

—Ja que vós les empareu, podeu estar descansada, que jo m'aturaré s'alè per si tenia sa virtut de matar-les; emprò, ep, només me l'aturaré fins as dia que vós sigueu sardinalera, que allavors mudareu d'intents.

Seguí fregant la sola i allunyant-se, i ja havia gairebé donat la volta a la barca i es trobava en el costat oposat al meu, quan, deixant de sobte la galleda i el drap, corré cap a mi a llargues gambades, estisorejant l'aire amb els seus braços de balders llorigadors.

—Allò és cosa bona, pubilla. Mireu com bolla sa sardina —va dir, senyalant un punt del mar.

Vaig mirar cap allà a on m'indicava, i quin espectacle més hermós! Una gran mola de sardina guspirejava a flor d'aigua, cobrint-la en una bella extensió. Formava una mena de seca escatosa i vivent, que brollava de les ones bellugadissa, aixecant esquitxos de plata ràpids i espessos, tots llençats en una mateixa direcció. Marxava cap a garbí. A lo millor se submergia per complert, deixant un rastre ombrívol i com enerisat, i després ressortia a llarga distància. Així seguí marxant igual que una agulla que cosís la mar a grosses embastes, ara reapareixent resplendenta com una boireta lluminosa, ara fosca com un ruixim obac, segons com la feria la llum, i hala, hala... cada vegada més lleu, més confosa, fins que els ulls dubtaren de si era una realitat o una il·lusió i es desengayaren de seguir-la en les ones llunyanes. Però altres moles no menys atapeïdes i grosses brollaven per altres indrets. Sembla mentida que, després de tan perseguida i pescada, quedi encara tanta sardina per a brodar així d'argent l'ample teler de la mar.

Mentrestant ens anàvem atansant a la costa, que creixia per moments, esbadellant-se en escanyalls, per a on s'obiraven verdes fondalades. Els penyals avançats se destacaven, creixent també, mostrant-nos ses figures rústegues, adornades amb figuerasses i atzavares. Se diria que eren una colla de vells gegantins i malgirbats, que s'havien posat corones i rams, per a celebrar de peus en l'aigua una festa marinera. Un estol de veles blanquejava al davant d'ells com ales de coloms, que ens haguessen tirats per a festejar la nostra arribada. —Hola, hola! —cridava la nostra gent; i anomenava amb to de salutacions les cales i pobles que s'anaven descobrint. Begur apareixia com una blanquíssima garlandela de margaridoies posada a mig front sobre una testa calba i punxeguda. Les Medes, tres barcasses desarborades, reposaven a la fonda vora vora de la riba protectora. Sant Antoni de Calonge treia el cap per darrera el roquer, i amb ses cases baixes simulava un aplec de nenes vestides de blanc i encaputxades de vermell, que s'haguessen arrastellat per a ballar un contrapàs. De Palamós no se n'atalaiaven sinó alguns edificis, amagats els altres per la muntanyola rocosa que l'abriga per la banda de llevant. I darrera de tot això negrejava per una part la gran selva surera, i per altra part, obiradors sols a petits verals, verdejaven pàl·lidament els olivets de l'Empordà.

El sol era força baix. El vent anava mancant, mancant... Les nostres veles queien esllanguides sobre els arbres, sacsejades de tant en tant per un estuf moridor. Els sardinalers encara no plegaven pas les seves, però ja no els hi servien més que d'una petita ajuda i es veien obligats a vogar. Anaven a prima i passaven pel nostre costat, saludats a crits per en Pau Ternal i en Miquelet Cadernera, que s'eren abocats a la borda.

—Adéu-siau i bona sort!

—Sa sardina corre cap a garbí. N'hajareu a coves; però pareu ment amb ses roasses.

—Hola, lleig; no vogus tan de fort que vas a riscos d'esmalucar-te.

—Alerta, que us cau sa barretina, l'avi.

—Vatua es gaiató de Sant Cristòfol nano! Mireu que és una mort això de deixatar s'aigua... tanta que n'hi ha!

—Us cansareu molt, manejant aquestes cueres tan grosses.

—¿Per què no endegueu en es llaguts una màquina de foc com sa des Marsellès, que té pacte amb es dimoni i va contra es vent i es corrent sense cansar a ningú? Adéu, escamarlat! Adéu, tu, també... i no em mirus malament, guenyo.

—Adéééu!...

Els remaires contestaven en el mateix to, i uns i altres reien xaladament de les seves pròpies gràcies sense agraviar-se dels retrets que es feien i dels mals noms amb què es motejaven. I després d'un llagut en venien un parell, o bé sis o set de plegats i, apa, tornem-hi. S'armava una xarima-xarama!... De cada ona en sortia una rialla o un crit de tabola, i en Pau i en Cadernera s'esfreixuraven per a contestar a tot arreu. En Vadó Set-Trossos, encamellat al batiol, remenava en l'aire el mocador de butxaca i de tant en tant llençava un espinguet que espantava a les gavines, fent-les-hi apressar el vol.

Quan tots els sardinalers hagueren passat, la calma era completa. El mar era un mirall de lluna tèrbola, en el qual les nostres veles extenien llargues taques blanques i tremoloses. I quina quietud a l'entorn! No hi ha quietud com la del mar en ses grans bonances. Els borms, com grosses flors de cristall arrencades d'un arbre meravellós, badaven llurs coroles gelatinoses, flotant entre dues aigües, quasi surant sobre la oliosa planura. N'hi havien tot un jardí. Tenien tons de glaç més o menys desllustrat i a l'ombra de la barca se revestien d'encantadores fosforescències. ¿Estàvem sobre un regne de fades i allò eren salamons, que s'encendrien per a algun fantàstic ball submarí?...

El sol s'entristia, davallant cap a les fosques serres de Bandina. S'amagà amb sobtat aclucament darrera d'un nuvolet i després s'hi reobrí al dessota, fulgurant amb roges i boiroses flamarades, que espargiren pel mar, amb la rapidesa amb què passa per la pell una esgarrifança, uns besllums daurats, vermellencs i frissosos, d'una finesa ideal. L'aire s'enflairava d'aquella olor de marisc, que sap tan bona de respirar, exhalació suau de les aigües costaneres. La barca estava immòbil, com fondejada. Pels plecs desmaiats de les veles, desemparades del vent, s'escorria, joguinejant, la resplendor girasolada del crepúscul. El cel més fondo, més pur, més pàl·lid a cada instant, se preparava a rebre la mirada de les càndies estrelles.

El sopar va ser deliciós: una sopa de rap i un plat de pollastre amb pebrots i tomàtecs; però no fou el menjar, per més que s'hi hagués lluït el cuiner, lo millor de l'àpat, sinó les circumstàncies, l'hora quieta, la llum encantada i fonedissa i... ¿què sé jo?... per a mi els plers d'un món nou, que em comunicava les seves belleses. Gairebé no es va enraonar i, si alguna cosa es va dir, no vaig parar-hi esment. Després del llevant de taula, que consistí en algunes galetes i confitures, tots anàrem a dar un volt per la coberta. Jo vaig emparellar amb el pare i, arribats que fórem a una raconadeta amagada, vaig abraçar-lo pel clatell i li vaig besar la galta.

—M'heu feta feliç —li vaig dir, guardant-me'l al braç i sense apartar la meva cara de la seva—. Fins ara no sabia lo que era la mar i avui la he coneguda. Portant-me amb vós, m'heu proporcionat el dia més hermós de la meva vida.

Ell va entregirar una mica el seu caparràs, apretant més sa galta a la meva, i m'esguardà amb satisfacció. Estic certa de que anava a dir-me algun mot agradós; però en Vadó Set-Trossos, que allavors s'ensopegà a sortir d'una ombra, va estossegar amb cert aire de malícia i adéu-siau les bones disposicions. El pare, adonant-se de que era observat, va transmudar en un moment el seu visatge.

—Vés, vés... no em rebreguis, no em destorbis la pipada —va dir, agafant-me per la munyeca i despassant del seu clatell el meu braç—. Guarda les caranques per a quan tinguis criatures. El meu pèl no vol raspalls.

Ara veges de què es donava vergonya aquell home! Però, per més que m'amagués el seu cor, que segura estava jo de ser-ne la regina i com ho comprenia tothom així!

En aquell temps la vetlla era llarga i ens aplegàrem a popa a conversar. Ens hi havíem acoblat en Vadó Set-Trossos, el pare, l'avi Mauva i jo, i al cap d'una estona en Pau Ternal i en Miquelet Cadernera compareguerenamb l'olla del lleixiu i la bujola de rentar els plats.

—Nosaltres també volem ser-hi a sa garola —va dir en Pau—. Vatua ses tripes de Judes, aquí podem rentar millor que enlloc. Ses aigües brutes ja correran cap an es embons. Farem una mica de soroll, però... paciència.

—Els plats rai! —va fer el pare—. Encara que n'hi hagi algun que parli en castellà no ens matarà el cuc de la orella. Més por me fa la vostra llengua.

—Home, no tant! —replicà en Pau, tot arregussant-se les mànigues de la camisa—. Avisat... avisat. No crec que fins ara sa meva llengua haju desdit de sa des senyor més puntimirat. Hi tinc timó, mestre Saura, i quan se diu a servar, servo, mal llamp m'esberlu.

—Veus?... Ja t'has tirat una maledicció —reparà en Set-Trossos tot garneu garneu—. Això no és pas de boques polides, caret.

L'altre se'l va mirar de cap a peus per sobre l'espatlla i, després d'un llarg visurament, li va dir amb menyspreu: —Sacristà!

—Deixeu-lo —va saltar en Cadernera, desvergonyint-se al sentir les nostres rialles—. ¿No veieu que a ses males no sabríeu quin os deslloriga-li?

An en Vadó aquesta sortida el ferí vistosament; però procurà pendre-s'ho a la serena.

—¿Tu també, nap boal? Ja t'atraparé sense córrer. Avui no em vui enfadar perquè totes ses alegries me ballen dintre es cos. A veure qui m'encerta aquesta endevinalla... escolteu. ¿Què és una cosa?... Panxa a darrera, esquena a davant, cames són oreies d'ase, llondro serà qui no ho endevinarà.

En Ternal i en Cadernera varen fer moltes dites. A l'últim intervengué l'avi Mauva:

—Sou uns mussols, no us hi cremeu gota. Ell

mateix vos ho ha xerrat: cames són, oreies d'ase. Són ses cames. ¿Encara no ho enteneu? Ses oreies d'ase són ses vostres.

En Pau va quedar astorat.

—¿Encara no hi caieu? —li preguntà en Cadernera.

—No, a fe de recristià, no puc pescar-ho. ¿I tu ho tens?

—Sí, home, sí.

Ambdós estaven ajupits a prop de la bujola; i en Cadernera, deixant el plat que rentava, s'eixugà amb quatre grapades mal donades a una capçana i, palpant de llarg a llarg una de les canyelles d'en Pau, li va dir:

—Pareu ment... ¿veieu? S'esquena a davant... això és s'esquena. Ara es ventre...

—Calla! —exclamà en Ternal amb un gran crit; i ventant-se manotada al front amb el palmell moll de lleixiu, afegí entusiàsticament: —Maleït sigu es gipó de santa... barjaula! Cosa més bonica! Aquesta sí que me la vui apendre de cor! Manoi, que n'hem sigut d'oreiuts!

Amb aquests i altres enraonaments per l'estil la vetllada se'ns féu curta i entretinguda. El vespre era fredot; però com que no hi havia vent, semblava que fóssem dintre una casa. A manera que la claror difusa de l'aire s'extingia, un fanal, penjat a l'arbre de mitjana a l'alçada d'un home, extenia i refermava la grogor dels seus raigs per tota la popa fins a les orles, sense transpassar-les, deturada, com per una tanca, per la fosca, que s'espesseïa entorn de la barca.

Als volts de nou hores vàrem sentir xopolleig de rems. Eren els sardinalers, que tornaven de la seva pesca. Pel xivarri que movien se podia compendre que estaven contents. De les foscors del mar s'aixecà una veu clara, que va cridar: —Visca sa Santa Rita!—. Aleshores el pare es posà dret, i, enrotllant les mans al voltant de la boca, va respondre amb un bruel retrunyidor: —Visquen els sardinalers!—. Això no és res, ¿veritat? I no obstant, no puc recordar-ho sense emoció.

Després el pare s'encarà amb en Vadó Set-Trossos.

—Avui el rellotge del cel deu haver-se aturat, oi?

En Vadó acotà el cap, gratant-se el clatell, i contestà amb veu entelada:

—Bé massa que camina, mestre Saura. Ja hi ha estona que ses Cabrelles m'avisen que me'n vaju as llit; però em recava sa bona conversa i hai volgut estisorar un bocí des son a honor de sa vostra pubilla.

—Està bé, però ja n'hi ha prou.

Ningú replicà. En Pau Ternal i en Cadernera varen anar-se'n sense donar la bona nit. En Vadó, que estava aclofat en terra, maldà una llarga estona, ara estintolant-se d'un costat, ara de l'altre, mal servit pels propis membres, que amb la peresa s'eren tornats més doblegadissos que mai; a l'últim s'aixecà i, tot estirant-se del braç esquerre i senyant-se amb la mà dreta un incommensurable badall, s'atansà a l'avi Mauva, tintinejant.

—Deixeu-me guaitar per sa borda, que vui veure es temps, avi. Encara que no sigu tan ric com vós, voldria que s'oratge no matinegés massa, que Sant Martí encalmés es vents des seu estiuet i que aquest viatge fos de força durada. Mai me l'havia passada tan bé.

—Doncs demà t'hauràs d'espolsar sa peresa —va dir l'avi Mauva—. Es senyals són de llevant o de tramuntana.

—Sí —mormolà el pare—, demà correrem de valent.

En Vadó va examinar el cel i digué:

—Núvols en creu, vent a sa porta. Vaja, doncs, aprofitem sa calma per a descansar. Bona nit que Déu nos do.

Jo també vaig pendre comiat del pare i de l'avi Mauva i em vàreig encaminar a la meva cambra. Ans de baixar-hi em vaig assentar un moment en el bolou. Allí no hi havia cap fanal que destorbés la visió de la nit. La costa negrejava com una solidificació d'ombres entre l'ombra fluïda i transparent. Una rosada de gotetes d'or lluminoses indicava el punt a on reposava la vila de Begur, aquell enfilall de blanques margaridoies que havia figurat mentres m'ho permeté la claror del dia. El cel, netament desplegat entorn de l'horitzó, era una cúpula sense fons, dintre la qual resplendien serenes llànties penjades a incalculables alçàries. La Via Làctea em va fer pensar en la franja de lluna que, a l'atravessar l'atmòsfera ombrívola d'un temple, enllumena una munió de volvetes. Però, que grandiós tot allò! Vaig creure que enlloc millor que allí podia resar les meves oracions. I, després d'haver-les resades, me vaig tancar a la cambra i em vaig ficar al llit satisfeta de trobar-me tan bé i amb tantes comoditats en el mar, amb una pila de braces d'aigua sota la meva caseta.

III

L'endemà em vaig llevar tard. Vaig obrir una mica el portaló per a què entrés aire i llum, i posant-me davant d'aquell mirall que multiplicava les fesomies, vaig començar a pentinar-me. L'aire humit m'havia desencaragolat els rulls. Els cabells se m'havien tornat flonjos i pastosos. Vaig lligar-me'ls, part, en dues castanyetes a cada cantó de cap i de la mata més grossa en vaig fer una trena, que em penjava per darrera, adornada al capdavall amb un llacet. Me vaig posar a la curra un mocador de seda llampant i vet aquí una testa original, de les que agradaven a Madame de Staël. Ne vaig quedar contenta: poca feina i una cosa elegant. M'estava endegant la llaçada del front, que formava dues banyetes gracioses com les d'una papallona, quan, faltant-me de cop i volta la claror, vaig girar-me i vegí el caparràs del pare en el portaló del bolou.

—Ànsia, Mariagna, quina matinada has feta petar! —exclamà el bon home—. Quants ne criaria una mare!

—Bon dia, patró —li vaig dir—. El llit és una mica dur, però la vostra passatgera hi ha trobat el jaent. Ja devem ser qui sap a on, oi?

—No ho cregues. L'oratge s'ha passat gavatx i el vent, que no ha entrat fins ara mateix, salta més que una daina. No hi ha mitja hora que hem fet vela i ja estem cansats de bracejar. Posa't la capa, sents?

Vaig fer-ho i vaig pujar a coberta. Ens havíem forejat, però gairebé érem pels mateixos indrets del vespre anterior. Feia fred. El mar estava mogut i sombrívol. Les aigües, tan clares el dia abans, havien pres una obagor desagradosa, que em féu pensar en la dels ulls d'un hipòcrit ensombrits per tenebroses maquinacions. El cel estava cobert d'una nuvolada prima, que clarejava en alguns punts formant escateta rossa; i en una d'aquestes clarianes llumenava apagadament un parraquet d'arc de Sant Martí.

Vaig assentar-me a pendre xacolata i, mentres en Pau me l'abocava a la xicra, vaig dir-li:

—Avui el dia no és pas gaire bonic, però em sembla que el temps s'aixecarà. Els núvols són prims, l'arc de Sant Martí apunta...

—Això no és s'arc de Sant Martí, ni Déu. Això, mal com no s'ensorra, és sa bandera flamenca des vent —retopà en Pau, interrompent-me—. Es cel està cremat de vent. Mal temps, mestressa.

—¿Voleu dir, Pau? No us en aneu encara. Parlem un xic, home. M'agrada sebre la vostra opinió, perquè em sembla que en coses de mar sou una àliga.

S'engallà una mica, joiós de la meva alabança, s'adobà la gorreta al front i, tot clenxinant-se amb les mans els cabells del clatell, va dir amb l'estudi d'un orador que, tot protestant de la seva insuficiència, vol donar-nos una mostra del seu valer:

—Com que un hom no té lletra... anem a cercar... no sap explicar-se amb aquell escolliment i aquelles matràfugues a què vós esteu acostumada. Vui dir que perdoneu i... però, ep!, tampoc no só tan llop com me vol fer es vostro pare, que em té privat s'articulejar amb vós. No, llamp! Lo que es diu avergonyir-me, no m'avergonyiria de tractar morro a morro amb es mateix rei. Sé lo que és sa gent d'upa, ¿enteneu? I si algun renec se m'escorre de sa llenga, efecte de sa vida arrastrada que un hom porta, jo sé dar-li de seguida carrera cap a sa part de sa bona criança, ¿enteneu?, i sé respectar. ¿No ho heu reparat, pubilla?

—Ja ho crec, home; d'altra manera no m'enraonaria amb vós amb aquesta confiança. I també he conegut que sou entès en les coses de mar. Doncs, tornant-hi: ¿voleu dir que tenim mal temps?

—Temps de ratxes. No es pot desplegar drap. Tan aviat tenim vent des car de terra, com des car de fora. Ara bufa sa tramuntana de Roses i mireu... cap allà es mar negreja amb sa vinguda des garbí, que vol entrar si us plau per força, a empentes i rodolons... i receleu se des llevant que tot avui que ensenya ses seues creueres. Sempre que vegeu en es cel aquest parrac virolat, senyeu's amb sa mà dreta. Això és bandera de batalla. S'infern l'ha inventada per a fo... fut... fúmere's de Sant Martí i de tots es sants de bon genial. S'ha de patir, vatua... dallonses! Quin ofici es nostre més reconsagrat! Valdria més...

anem a cercar... que es gastessen ses prenyades ans de parir un mariner!

—Bah! Vós no sou tan covard com voleu pintar. Si sempre fos bonança, ¿quin mèrit tindria el vostre ofici?

—Jo, covard! No em coneixeu pas. Sinó que un hom s'esbrava, ¿sabeu? Lo que rebenta és sa maniobra. Però, jo covard! Maleïda sigu sa meva ànima si ses calmes no em reconsumeixen ses sangs. A mi doneu-me tràmpol fort i aigua a dalt i a baix, i aquell huuu... de vent, que sembla que tot renega.

—Maria Santíssima, no digueu això, no crideu el mal temps.

—No el crido pas... i em sembla que si es Mestre de dalt té modos...

—I ara, Pau!

—Bé, valga'm sa vara florida de Sant Josep, és clar que en deu tenir de modos un senyoràs tan gros; però, anem, pubilla, si s'ha de filar tan prim, plego perquè jo no hai estudiat es missals... i, sigu com vulgu, lo que anava a dir no era res dolent. Veureu: a mi em sembla... sense trencar es respecte a ses persones celestials... me sembla, anem a cercar, que Déu hi ha de tenir un mirament amb una senyora de ses vostres circumstàncies i que veient que sou a bordo es guardarà ses turbonades a sa butxaca. Àngela! Aquest era es meu pensament. ¿Hi trobeu res d'higonau? ¿Ho voleu més ben xerrat?

Vaig somriure i em vàreig aixecar de taula. Ell, agafant el plat, la xicra i la xacolatera, se n'anà encirat com sempre, i, ans d'arribar a la cuina, se topà amb el pare i vaig sentir que li deia:

—No em mal mireu, mestre Saura. M'han tocat es botet, i... no só cap ànec mut; però... ja ho podeu preguntar a sa vostra pubilla... hi hai parlat que ni un llibre de màximes—. Va baixar la veu i afegí: —M'ha fet suar de valent... Redéu, que fila prim! Tots es meus nervis llavoren. La teniu ensenyada d'allò de l'u. Fins us vaig a dir que un pèl massa, perquè un hom s'hi veu negat i no té maneres d'esbravar ses tempèries de sa persona.

El pare va girar la cara sense tornar-li contesta. En Vadó Set-Trossos s'aixecà en aquell moment de dins del batiport i prengué cartes en el joc:

—I doncs, rei des festejaires, ¿a on gordes sa mel que enllepoleix a ses miones? ¿No deies que ses noes eren es teu fort?

—I ho són, llamp m'estabellu! —va respondre en Pau—. Però hi han noes i noes. Cerqueu-me un ram de terrassanes o pescadores naturals i sense falòrnies d'arbanitat, i Pau no em dic si no els hi trobo de seguida ses pessigolles. Ara, això de senyores, que priven sa llibertat de s'esbravament, m'esguerra sa galanesa. Vaja, no fan per mi... ni per tu tampoc, gata moixa. Això es gorda per a aquells mosquits, que semblen figures de cera i que passen ses retòliques per set alambins. Arri a fregar soles, cap de lluç, mestre sentències... ¿Què t'has figurat?

En Vadó reia, aclucant els seus ulls menuts, i, ficat de peus dintre el batiport amb els genolls arran dels paraescuts, se remenava com un follador en el cup. El pare va engegar un regany.

—Prou n'hi ha de bestieses! Vós, Pau, esteu de moltes orgues i jo de molt poques. Apa, a desar aqueixa vaixella i trompades a la maniobra! A veure si la garbinada ens estripa el drap o ens tira de pernes enlaire. Aferrarem la major i anirem amb el menjavents i la mitjana.

—Ben pensat —va dir en Vadó—. Havent-hi revoltura s'ha de fer així, perquè sa major és massa de mal manejar.

Els mariners se posaren a la feina i no vaig trigar a compendre la oportunitat amb què s'era feta. La tramuntana havia caigut, i el garbí, que havia agomblat ses forces per a domenyar-la, entrà d'estropada, sacsejant les veles i arrossegant a la nau de costat, fins que aquesta adquirí bona marxa i s'esquitllà a l'esbiaixada del vent, deixant en les aigües un solc descompartit en llargues arrugues, que imitaven el tirat de les arestes d'una espiga. Si la ratxa ens hagués trobat amb el drap extès, no sé pas si l'hauríem aguantada. Jo era prop de l'avi Mauva, i li vaig dir:

—Ara sí que guanyarem camí, l'avi. Correm com trenta dimonis.

—No durarà gaire —va fer ell—. Si bé ho repares, ja es cap de vent va desmaiant i es foreja. Es temps és boig i li hem de seguir es tarannà. Farem moltes esses, pubilla. I de contra, com que hem aferrat sa major per a estalviar feina, ens manca s'ala grossa.

L'avi Mauva estava segut en un banquet al peu de l'arbre de mitjana, amb la canya a la mà. Vaig mirar-me'l atentament. Noi, quina testa d'estudi! Per la riquesa de coloram i pel relleu podia comparar-se a un paisatge. I quins detalls més interessants! Aquelles orellasses d'un vermell fi, amatades de pèls blancs, que eixien de llurs caus com una xarabotada d'escuma per una crétua de roques marines; aquelles arrugues sacsoneres del front, colrades i grosses en la part baixa i més petites i esblanqueïdes cap amunt fins a esvair-se en la polidesa ivorenca de la volta superior, que el barret de feltre, tirat endarrera, permetia llambregar; aquell nas llarg, encavallat de sécs i tavelles, molsudet i vermellós de la punta, esvorancat de badius i discretament decantat sobre la boca; aquells ulls negats d'aigua, per a on les nines flotaven dolçament com una clariana de cel blavissa pel mirall tremolós d'un xopoll, voltats d'unes parpelles pansides i emporxats per unes celles aspres i voladisses; aquelles galtes esllanguides, lleument enconcades sota els pòmuls i caient en desmaiats plecs sobre els queixos com veles arrugades per falla de vent; aquella boca entrebadada per un somrís melangiós, mostrant dos o tres caps de dentarra verdelosos; tots aquells detalls i molts d'altres, que sols se poden explicar amb els pinzells, noi, que bonics me varen semblar! Bonics i de fàcil execució. Eren d'allò que diu: Arreplega'm, que em dono. A bé que aquesta aparent facilitat, que és un dels primers estímuls de l'art, m'havia enganyat moltes vegades. Però no, ara no m'enganyaria. Vaig veure ja les pintures exteses i pastades sobre la meva paleta: la llum, l'ombra, els tons de la carn... Seria un estudi deliciós. Procediria per parts, amb calma, amb sinceritat... i el tipu general ja resultaria, perquè la suma de veritats és la veritat total; i tindria sobre la tela aquella estampa d'home fort i bondadós, rebregat pels anys i endolcit per les penes. La barca no balandrejava gaire i la marxa era tardana.

—Si no us moveu d'aquí, us retrataré —vaig dir al vell.

—I ara, pubilla! ¿Vols treure sa meva mapa?

—Oi.

—¿Per què no treus sa de sa gent jove, que són més bonics de pell?

—Jo m'entenc i ballo sola. Si us vegésseu tan bonic com jo us veig ara, caret, no us cansaríeu d'emmirallar-vos. Ep!, no res d'allò que agrada a les noies... és una altra cosa que vós no enteneu.

—Ja, ja; no et cregus que se m'estufu sa vanitat, pubilla: conec es meu cuiro. Me vols agafar per sa part de riure, per a entreteniment de badocs; però tira pes cap que vulgus, que estic curat d'espants. Fes es teu gust.

—No vaig per lo que dieu. Sou un vell bonic... cregueu-me... ja ho veureu. No us moureu pas, oi?

—No tingus por. Sa canya i jo estem casats fins a migdia. Tira.

I vaig tirar. En un instant vaig tenir preparats els meus entriquells. Poques vegades he pintat amb més gust i més delit; i no és que no hagués trobades dificultats imprevistes: sempre se'n presenten en el moment de l'execució. Per de prompte vaig compendre que no podia procedir per detalls com m'havia proposat. A plena claror de cel i sobre el pont d'una barca, que navega de volta i volta a petites bordades, que la obliguen a virar a cada moment, les ombres són fugitives i canviants. Era precís, doncs, apuntar-les en una situació determinada, lo qual exigia que es fes de primer anduvi la traça general. Calia també atendre a un conjunt de circumstàncies que realçaven la bellesa de la figura: el fons del mar, a on els contorns se diluïen i mullaven, l'atmòsfera d'aquell dia cendrós, que harmonitzava totes les entonacions dintre una gamma freda... I això era precisament lo que més engrescava la meva imaginació, lo que havia de donar a la meva tela cert caràcter original, que la distingiria dels treballs gastats de taller. Vaig posar-me a la tasca. No m'adonava del balandreig, ni de les mars que navegàvem. Passàrem Sant Feliu de Guíxols, una de les viles més importants de la costa, i ni ho vaig saber fins després d'haver enllestit el meu bosqueig, quan ja l'havíem deixada molt endarrera. Ah!, el sentiment de la bellesa proporciona un noble embriac. Els meus sentits i les meves facultats absorbien assedegadament la llum i els colors e hi gaudien una quinta essència misteriosa, una mena d'alcohol excitador de l'esperit... no sé com explicar-ho. Els grans artistes podran no ser compresos, podran ser befats, escarnits i sofrir els més grans dolors; però en canvi, ningú ha fruït com ells, no, ningú. S'acosten a la divinitat. Un déu els invadeix com a les sibiles, però és un déu creador. La paraula inspiració no s'és inventada sense més ni més; és l'única que es pot aplicar a aquell estat. L'artista queda convertit en una mena de sonàmbul irresistiblement impulsat a produir. El treball se converteix en una delícia, les dificultats s'aplanen meravellosament, tot és fàcil i es senten les harmonies d'una creació que neix i palpita i s'eixampla i... Bé, vaja, no ens emboliquem. T'he volgut fer saber que n'he tastats alguns esquitxos del nèctar diví; mes no per això estic menys convençuda de que sóc una pintora de tot a tretze. I... ¿qui sap? Tal vegada els grans artistes, visquent en una esfera més serena i enlairada que nosaltres, no les experimenten aquestes ubriagueses, que ens fan ser desiguals en les nostres obres, o potser l'embriac és en ells un estat habitual; vés a esbrinar-ho. Lo que puc dir és que vaig pintar la testa de l'avi Mauva amb la major il·lusió i que quan li vaig donar els últims tocs vaig quedar tan satisfeta que no sabia amagar el meu goig. Vai aixecar-me per a examinar la meva obra des de diferentes distàncies i aleshores me vaig adonar de que el pare, en Vadó, en Pau i en Cadernera se la contemplaven calladament, formant arc al meu darrera.

—Tafoi! ¿Vosaltres aquí?

—És ell mateix —exclamà el pare amb la seva veuassa cavernosa, com deixondant-se d'un somni—. No pot pas estar millor. A fe no hi estalviaré les dobletes per a comprar-li un marc daurat. El vull posar a la sala de casa, que tothom el vegi.

Els altres seguien enfavats. A l'últim, en Vadó Set-Trossos, després de remenar el cap decantant-lo successivament a tots els punts cardinals, va extendre la mà cap a la tela i va dir:

—Això és lo millor: aqueixa mullena des uis, que fa venir ganes de treure's es mocador per a eixugar-la... i aqueix posat de boca. Mireu que parla! Sembla que digu: Sa de casa, que bé haju...

—Cert! —exclamà en Pau Ternal, rient i descarregant-se un cop de puny a la cuixa—. I ses oreies, vatua es darrer llengot de Judes, ¿no sembla que un hom les pugu palpar amb es dits? I ses dents amb ses seues osques i es seu engrut com pedres tinyoses! Per Maria Santíssima! I ses arrugues de sa frontalera!

—I aqueixes escaroles des cabeis, que voleien i es destrien fil a fil com si es vent les aixequés! —va afegir en Cadernera, ajuntant les seves manetes amb admiració.

—Teniu, avi: mireu-se —va dir el pare, presentant el portaestudis a l'avi Mauva—. ¿No sou vós mateix?

El vell va deixar caure sobre la tela una mirada indiferent, que poc a poc s'anà tornant atenta, trista i compassiva.

—Està bé... sí, és sa meva vitola —mormolà; i després de palpar-se les arrugues del front, com si volgués comprovar la seva realitat, girà la cara, espargint la vista al lluny amb un posat melangiós—. Ses anys ho trasmuden tot —va dir com parlant per a si mateix— però ¿què se me'n dóna?

—Si sa vostra costella tornés de s'atro món, potser no us coneixeria —observà en Vadó.

—No tornarà —va respondre el vell amb veu sorda.

En això en Cadernera, que no havia desemparat el quadret, contemplant-se'l llaminerament, estirà a l'avi Mauva d'una màniga i li preguntà:

—¿És gaire car això?

—¿Què vols dir, marrec?

—Si us ha costats gaires cortos això de fer-vos tirar aqueixa estampa.

—Ui! —exclamà en Vadó Set-Trossos, fent l'ullet a l'avi Mauva per a què callés—. Aqueixes pintures vénen de París de França i es paguen a pes d'or, sense comptar les mans de plata que les manegen i que no es lloguen a preu de grapa de manobre. Però no tingus por: s'avi té un roc a sa faixa i no haurà d'anar a manlleu.

—Oh, ell rai! —va fer en Cadernera, gratant-se el clatell—. Però jo també tinc alguna cosa... tres pessetes i cinc cortos a sa guardiola... i guanys que van venint.

—¿I t'agradaria que et retratés?—vaig preguntar-li.

—Si m'agradaria! —contestà tot decidit—. Jo sóc un pobre i a sa bestreta ja sabeu lo que us puc donar; però no perdreu res, mestressa, llamp me matu... Des meus estalvis us aniré refent fins a compliment de tot lo que sigu. Jo gonyo a cada viatge, ¿enteneu?, i com més gran me faig, més. En Pau i en Vadó poden ser bons testimonis, i aquesta creu des meus dits, que beso, me faju sa llei, amén, si falto a sa paraula.

—Vaja, mestressa, que això gairebé val tant com una escriptura de notari —va dir en Vadó Set-Trossos, encreuant cames i braços amb un aire que volia semblar seriós—. Podeu cloure es tracte sense por; i més que un minyó tan guapet i carafí ha de donar bo de pintar i no heu de mirar prim en sa mà d'obra.

—Jo no regatejo —reparà en Cadernera amb dignitat.

—Que és cas de regatejar, hereu Escampa de Mas Perdut —exclamà en Pau Ternal, pegant-li manotada al muscle—. A tu no et ve d'una doble de quatre.

—Anem a pams —va saltar en Vadó—. Ara m'atalaio d'una dificultat. Tu, marrec, deus voler quedar-te s'estampa, oi?

—Home, ¿que som nens? És clar que la vui.

—Així són figues d'altre paner —vaig dir jo com sobtada—. L'avi Mauva m'ha cedit la seva i...

—Llampus! —mormolà el xicot tot amoïnat—. Això de paga i no en tocs... Ja és prou que savi Mauva, que està fet a córrer món, s'haju deixat caure as cove. ¿Quants rals li heu esquilat?

—Parla bé, gamarús! —rondinà el pare, picant-li la orella amb l'índex llençat a tall de desparador des del plec del dit gros—. Les senyores no esquilen a ningú.

—Però... —retopà el xicot— es tracte net i es cap dret... i...

Vaig témer que les tossuderies del minyó i les aspreses del pare portessen la broma per mals camins i em vaig determinar a tancar-la de cop.

—No, Cardernera, no t'enfilis —vaig dir—. Jo no li he cobrat res a l'avi Mauva. Encara bon goig que s'hagi deixat retratar. Sóc jo la que li dec albrícies; i que les hi pagaré: un paquet per a la pipa.

—Car... cargols! —exclamà, tartamudejant, en Pau Ternal, que a la traça s'havia mamat lo de la venda del retrato—. Vatua es vell reconsumit, mal cranc se'l menju, sempre ha de tenir sort! Jo em deixaria mapar de cap a peus i encara donaria es paquet i alguna cosa de bo al damunt, i té, fes-te fo... Sant Escany me valgu!

La conversa acabà a pler comprometent-me a retratar-los a tots, si teníem lleure, bon temps i humor durant el viatge.

Amb això era arribada l'hora de dinar i el pare i jo ens assentàrem al banc galliner davant de la taula parada i férem honor a les viandes, que ens serví en Pau amb la seva acostumada serietat. En Cadernera no es presentà fins a última hora. Estava moix i preocupat i, quan vaig quedar sola amb ell, se m'acostà i em va dir falaguerament:

—Si sabésseu lo que us estimo, mestressa! Jo per vós tiraria gats en mar.

—¿De veres?

—És tant cert!... Però, vaja m'heu de fer content. ¿Com ho arreglem això des retratament que jo em pugu quedar sa mapa per memòria vostra? Ja em faig compte de que ses manifatures són cares i no vull pas que perdeu res per culpa meva. A enraonat no hi ha qui em gonyu i...

—Mira, caret, jo et regalaré lo que desitges; però ni una paraula a ningú, sents?

—De franc!

—De franc, però a tu sol i que ningú ho sàpiga.

—Visqueu molts anys. No tingueu por, ningú haurà esment des nostre tracte. Sóc reservat com sa mort. Oh! i que em sabria greu que en Pau pogués goldir-se'n!

—Ai ai, ¿per què?

—Perquè és una mala pua. Si el sentíssiu com xarnega pes fogons! Maleeix cel i terra i malparla des vostro pare, i fins de vós!

—¿De mi?

—Ui, ui!...

—¿I què en diu?

—Llamp! Si sospités que us ho reporto, m'estavellava.

—Però m'ho pots xerrar a cau d'orella.

—¿I què en treureu? Malaguanyada quimera que podeu agafar-hi!

—Ca, home! Jo tot m'ho prenc amb aire.

—Bé, doncs, si us cou poseu's-hi fues... perquè jo no hi entrevinc sinó per servir-vos. Mireu: diu que sou un poll reviscolat... un bastiment amb més gallarets que veles... una senyora només que de pell enfora... que per pomades que us poseu no ofegareu es tuf de quitrà que us han deixat ses mans des vostro pare... que sembleu sa Majestat de Caldes... i ai!, no tireu cap gra de sutge a sa xemeneia que es podria engargussar i ai!, que n'és de neta sa barra des galliner!... i alerta, no embruteu es drap de sa cuina... i... vaja, que jo ara no n'atrapo més; però, hi fa unes lletanies!...

Vaig esclatar en una grossa riallada; però en veritat... a tu ja t'ho puc confessar... cada un d'aqueixos ultratges queia com un perdigó roent a dins del meu cor. I amb la coïssor que m'hi feren vaig concebre una rancúnia i uns pensaments de venjança! ¿De què es podia queixar de mi en Pau? I ¿per què jo no era tan senyora com les que en venien de llarga nissaga? ¿Per ventura no sabia portar els meus drapets tan bé com elles? ¿I no era més ben criada que més de quatre, i més instruïda que la major part, i amb més cap i més geni que les més saberudes? Vaig passar una mala estona; però no vaig trigar a tirar-m'ho tot a l'esquena. Al cap i a la fi, ¿qui era en Pau per a judicar-me? I per altra part, un home com ell ¿podia parlar d'altra manera? Aquestes consideracions varen amorosir les llagues de la meva vanitat ferida, i me les acabà gairebé de guarir el propòsit cristià, que vaig fer, de tractar amb la mateixa bondat de sempre al poca-solta que m'havia ocasionat aquell enuig.

Havíem entrat en una ensenadeta formada per dos promontoris de roca. El vent ens havia deixat, però la ressaga era grossa i anava de creixença. El cel estava més cobert que mai d'una nuvolada fosca i espessa, que s'esblenava esbulladament cap a la banda de llevant, a on el vel cendrós de la pluja esfumava el mar i esborrava l'horitzó. Allí les aigües estaven clapejades de colors desiguals, presentant, entremig de faixes d'una lluïssor crua i blanquinosa, altres faixes sombrívoles i com enerisades. Aquell lluny tenia l'aspecte d'un gran drap pelut, raspallat a repèl a trossos a trossos. Més ençà s'extenia una mena de riuada d'un negre quitranós, i després, cap a primer terme, la foscor de les ones blavejava i acabava per agafar un verd blavís d'atzavara tot al voltant de la costa. En conjunt era un quadro admirable de sombrívoles grisalles. —N'hauria de pendre nota —vaig dir-me. No tenia pas ganes de treballar; aquell temps carregós m'emperesia; però la idea de que havia emprès el viatge per a estudiar la marina i de que, no obstant, encara no me n'havia aprofitat, mogué en la meva consciència el malestar d'una obligació incomplerta. —Fora mandra! —vaig mormolar; i vaig encaminar-me cap a la meva cambra a cercar el portaestudis. Mes, pel camí, a l'embocar un passadís que s'obria entre dos munts de rodells, me cridaren l'atenció algunes paraules que vaig sentir a poques passes. Havia conegut la veu del pare i la de l'avi Mauva i vaig voler sebre lo que deien. M'interessava perquè parlaven amb cert misteri. Així, doncs, romanguí amagada i em vaig tornar tota orelles.

—Sí, sí: el temps té mal carés, l'avi —va dir el pare, apagant amb pena la seva veu enrogallada, que al baixar de to eixamplava les seves fosques vibracions i sonava com una corda fluixa de contrabaix—. Però en altres ocasions no m'hi encaparraria gaire. Lo que em fa la llesca és això de tenir la noia a bordo. Amb homes sols se pot embestir tot; però amb dones!... Aneu, que a lo millor se'ls hi revolten les set branques de l'esteri... Una basca, un accident... Un hom perd la xaveta, vaja.

—Sí, sí—va respondre l'avi Mauva—. Prou que

us entenc, prou; ja sé lo que és estimar, Saura. Un hom se juga sa vida cent vegades sense parar-hi ment i, de contra, s'esborrona només de pensar que es pot esqueixar un cap d'ungla d'aqueixes criatures tan caretes i delicades.

—La sang mai se torna aigua —va fer el pare amb aquell to de grollera indiferència que solia afectar—. Ditxós qui no s'embolica mai amb femellam! Oh! Si no fos aquest llamp de noia, rai! Ella m'embarrassa, ella. Per això beneitejo... ¿I què us en sembla a vós de la gropada?

—Li costa tant de parir, que és de creure que vingu molt prenyada —contestà l'avi Mauva—. Es vent queda enllà, aturat per s'escombrada de núvols que li barra es pas, però ell la rebentarà més tard o més d'hora i... aneu a sebre... D'aigua en caurà a barralons. Ara, per lo que toca as tràmpol, podria ser cosa de quatre ratxades o podria portar ròssec. Això només ho sap Es de dalt.

—¿I si fondegéssem aquí?

—Estem a recés; emprò mireu, una de dues: o ve temporal o no en ve. Si no en ve, aquí haureu perdut es temps tontament; i si en ve, s'onatge es rebatrà com trenta dimonis per aquesta olla. Ja amb sa ressaga d'ara fa de mal habitar-hi. Figureu's, doncs!... És fàcil que ses àncores amollun i llavors trebais per a sortir amb es vent de reborsada, i, si voleu desembarcar amb es bot, us en gordaran sa revoltura des rompents i ses seques, que puntegen per davant de sa cala. Mal que mal, Déu me do un bon tou d'aigua per córrer. En mar me fan més por es ossos que es suc. Podríem arribar a Tossa... o bé, si voleu desembarcar aquí a sa pubilla, i que se'n vaju a Sant Feliu...

—¿Tota sola?

—Caret, portem sa gent tan justa per sa maniobra!...

—Potser que desembarquéssem tots i deixéssem el bastiment fondejat a la bona de Déu.

—Esteu mort de por! Abandonar sa Santa Rita!

—Oh! Si no fos aquest llamp de noia! Quantes vegades l'hauria comprat jo un temps així! Vent i mar en popa.

—Si es vent fos franc i llarg...

—Ell ratxejarà, l'avi; però deixeu que pugui ben desbotar, veureu si en serà de valent! ¿D'a on ve aquesta mar de fons? ¿Què pot ser sinó un cop de cua del golf de Lió? Pareu ment amb aquella faixa torrada, que s'extén pel mig del mar. Allò és un rem fort de la correntada que entra. El vent que el mena no serà un bufarut, no.

—¿Per què em pregunteu res, si sabeu més que el que va inventar ses cartes marines? ¿Què fem, doncs?

—¿Què fem?... Aquesta és la negra! Si el vent entrés aviat... Tossa no és gaire lluny... La noia m'embolica, la noia!

Ambdós interlocutors seguiren parlant tan baix que no se'ls entenia. Va pujar-me una foguerada al cap. Quina opinió s'havien format de mi! Que poc coneixien el tremp de la meva ànima! I ara! Ja els hi explicaria jo...

Anava a sortir quan vaig sentir que el pare em cridava.

—Sóc aquí —vaig dir, posant-me-li al davant—. ¿Què voleu?

—Compareixes com les bruixes—barbotejà ell, mirant-me de reüll amb esguard recelós. Buidà la pipa, picant amb ella sobre un fustatge, la bufà pel broc i per la boca i, tot escurant-la amb un ganivetet, maldant per a rompre l'engrut, com si no el preocupés altra dèria, tartamudejà:

—Jo pensava... Com que el temps...

—No us amoïneu a explicar-m'ho. He sentit tota la vostra conversa —vaig declarar resoludament.

—Ens escoltaves! —exclamà, entre consternat i reganyós—. Ja no hauries de ser dona... Tafanera com totes! Però millor, no estic pas per misteris. A veure, doncs, ¿quin és el teu pit?

—Proa enfora i a fer camí! —vaig contestar—. No us manxarien poc ni gaire els mariners de Roses, si sabessen que vós i els vostres blanencs heu desemparat la barca per por de no mullar les faldilles d'una minyona! Si estés espantada, em deixaria desembarcar i me n'aniria a casa tota sola, que no necessito pas caminadors; però ni n'estic, ni em vull separar de vosaltres. Sí que la faríem bona que no poguéssem marxar sinó amb oratges i brisetes! ¿Quan arribaríem a port? M'he posat a les mans de Déu i no me n'esquitllo. Si algú és covard que no s'escusi amb mi. Feu's compte que no en sóc de dona!

A tot això el pare anava maldant per a escrostonar l'engrut enterc de la seva pipa. L'avi Mauva exclamà:

—Visca sa noa valenta! No temeu, Saura, tot anirà bé. Barca aturada no guanya nòlits. I què, ¿no es moren també en terra ses persones estimades? ¿No és millor al mencos tenir-les as costat i que afinun en es nostros braços? Si sa de casa m'hagués pogut seguir, tal volta encara viuria com jo mateix i... ¿veieu?... en terra va perdre fons i avall! i li va mancar es conhort de sa meua besada.

—Bé, bé... —va rondinar el pare, ficant-se la pipa a la butxaca; i, redreçant-se de sobte, me mirà de fit a fit tot arruixat.

—Som al ball i vols ballar, sí? Procura posar els peus plans. Per què hi venies a bordo! Ja t'ho vaig avisar.

I se'n va anar cridant:

—Arrissa la mitjana! Au, a la feina tothom!

—Ell és mal carat i reganyós —reparà l'avi Mauva—, però sigu com sigu, t'estima per sobre ses nines des seus uis. De part de fora és fel i de dins és mel. Gorda'l, pubilla, cuida'l, perquè es fa vell. Té es pèl de cara negre, però ja es cabeis li borregen. Quan l'hauràs perdut coneixeràs tot lo que val.

Jo vaig quedar molt satisfeta, creient-me haver desempenyat un paper de lluïment, dels que m'entusiasmaven en les noveles. En aquells moments no m'afigurava pas la vera realitat de les coses.

Al cap d'una estona vaig veure que en Pau i en Vadó arboraven uns rems molt llargs i els armaven a estribord, posant-se a vogar per a fer virar la nau, que estava encallada per manca de vent. Me'ls hi vaig acostar amb ganes de broma i vaig tocar el botet an en Pau.

—Hola, Pau, hola, ¿i això?... Podeu ben tirar xanxes als sardinalers. Sembla que si ells deixaten l'aigua, a casa no ens en safem pas i lo que allí són culleres aquí es tornen llosses.

—Oidà, mestressa, però ells han de remenar es brou gairebé cada dia i nosatros només de lluny en lluny i poc.

—Déu nos en gord de gaire, Pau maco —va saltar en Vadó Set-Trossos—. Quan sa galiassa ha de peonar, un hom deixa d'ésser persona per a convertir-se en un nirvi de ses sues cames. Apa, estira i arronsa! Sinó que et veig sa clenxa tan ben partida des clatell, te pendria per una molla blincadissa més aviat que per un engrescamiones.

—Sa meua clenxa no et deu res, ni s'és pentinada per a goig teu, primer se m'endugu es dimoni! —replicà en Pau—. I pes demés, si jo menjo boga, tu no menges pas vaga.

—¿Pesen molt aqueixos rems?—vaig preguntar—. ¿Quants pams fan?

—Fan quatre vegades sa meua alçada i cinc vegades la d'en Cadernera; compteu —respongué en Vadó—. Són rems de trenta-quatre. Pesen com un ase mort; però no els emprem mai sinó per a entrades o sortides de port o per a guanyar s'afrau des vent. És joc de poca estona.

Axís que la barca estigué de proa enfora, el pare i en Cadernera varen armar un altre rem a la banda de babord. L'avi Mauva em féu senyal de que me li atansés.

—¿Què voleu?

—Vine, bona miona, escolta. Es teu pare i en Cadernera no poden vogar més que un rem. Si jo n'armés un altre, aniríem a parell per banda i gonyaríem molt, però sa canya des timó no pot quedar desemparada. Hai pensat que tu podries encarregar-te'n, ¿oi que sí, noa valenta? Mira, l'aguantes aixís, que no es mogu. Un cop haguem remuntat sa punta, jo tornaré; no t'hi enlleiràs gaire.

Vaig agafar la canya de la manera indicada i romanguí dreta al peu de l'arbre de mitjana. Els rems batien l'aigua acompassadament. La barca es movia amb una lentitud penosa. A cada moment me semblava que el mar se tornés més negre i que el cel s'entristís. No sé si succeïa realment aixís o si era efecte de la meva aprensió. Aquell mar i aquell cel me feien pensar en dos enemics, que s'esguarden rancuniosos i les cares se'ls hi van ensombrint, ensombrint... Me va venir cobriment de cor. ¿A on anàvem, pobres volvetes, a ficar-nos entremig d'aquelles dues immensitats amenaçadores? Vaig compendre de cop i volta la lleugeresa de les meves bravates de poc abans. M'havia deixat portar d'una falòrnia; i em va semblar que tota la meva existència era estada una mena de representació teatral, en la qual havia pres per realitat lo que no era més que un treball del meu magí. Vaig sentir una veu íntima, que em deia: «No, això no és una farsa, desperta't, palpa... ets tu, tu mateixa que et jugues la vida». I el sentiment del meu jo esfereït m'invadí fins al moll dels ossos. El meu terror va ser tan intens com repentí: no es diria sinó que en la meva ànima s'havia obert un ull, que s'abeurava de les foscors de la mort. Vaig estar a punt de cridar al pare i fer-lo tornar enrera: però encara l'orgull me'n deturà, representant-me el desconcepte que de l'avi Mauva mereixeria per la meva covarda acció. Aquell home havia sigut testimoni del meu arruixament; me tindria per beneita. «¿I bé? ¿I què? —vaig pensar—. ¿Aquesta consideració no és també una falòrnia?». No obstant, la falòrnia surava i em detenia. Vaig passar una angúnia que no es pot dir. Una suor freda em regalava galtes avall. Vaig girar la vista cap a terra, cercant distracció. No hi havia ni una casa, ni un camp conreuat: res que indiqués treball o presència de l'home; només penyals i muntanyes emboscades i la platgeta solitària. També hi regnava la tristor. Els dos promontoris extenien son roquer nu per dins del mar. Ah!, semblava que aquella terra, bona mare, allargués sos braços descarnats per a retenir-nos, desolada de la nostra partença. I nosaltres ne fugíem. Els rems anaven batent l'aigua i la barca sortia poc a poc de l'ensenada i es forejava ardidament.

Quan l'avi Mauva va tornar al timó, degué reparar que estava descolorida i em preguntà si em marejava.

—No: és que tinc un doloret... res.

Me'n vaig anar a popa, i em deixí caure damunt del banc galliner amb el major abatement. L'aire no es movia. La calma era fonda i pesada. Vaig veure que el vel blanquinós de la pluja es dilatava de llevant a migdia per l'horitzó, com una cortina que s'extén per una balconada. En tota la mar no es descobria una vela. Estàvem sols. Vaig acriminar al pare interiorment. Ah!, si jo hagués tingut mare no m'hauria vist en aquell perill. Ella no les hauria escoltades les meves ardideses i fantasies de criatura, m'hauria abrigada amb el seu amor i m'haguera protegida contra mi mateixa. Les llàgrimes me saltaven dels ulls. ¿Què fer?... ¿Crido que em desembarquin?... Vaig plorar el meu desemparament, la meva humiliació... I tot plorant, plorant vaig assolir un raig d'esperança. Me vaig recordar de que s'havia parlat d'entrar a Tossa. Tossa no era pas gaire lluny; amb el primer cop de vent hi podíem arribar i, una vegada fondejats en aquella badieta, el perill personal desapareixia del tot i fins, si era precís, el poble ens ajudaria a salvar el carregament i la barca. És clar... ara veges si el pare, que m'estimava tant, s'hauria volgut exposar... ca!... Que tonta! Una ona de consol i d'alegria se m'estufà dintre el pit. Vaig sentir que un escalf de vida s'expandia pels meus membres i em pujava a les galtes. No, no passaria res i... qui sap si ni temporal hi hauria. Per entesos que fossen els vells mariners, n'erraven molts de pronòstics; i després sortien amb l'excusa de si el vent s'és canviat, de si el ruixat l'ha mort, de si el grop, de si la correntada... Mai volen quedar malament, això pla, els grans sàtrapes. Ah!, quin esbronc els hi havia de clavar! Se'm va escórrer una rialleta pels llavis. I mig rient, amb els ulls encara engotellats de llàgrimes, vaig mirar a l'entorn, escutiant que algú no hagués presenciat la meva feblesa. M'hauria sapigut greu. Tant que em tenien per valenta! No faltaria sinó que m'haguessen vist a plorar! Vaig córrer a un amagatall per a eixugar-me la cara i allí, frega que fregaràs amb el mocador de butxaca, me vaig ben resseguir tots els regaranys; i, un cop eixuta i escarabitllada, vaig sortir zumzunejant a boca closa l'aire d'una cançó.

En aquell moment va sonar la veu aspra del pare.

—Pareu ment, l'avi. Aquí ve l'esborneiat.

I de seguida es desplegà una ratxa violenta, que assorollà la nau, brogint esgarrifosament en els arbres i les antenes. Les ones s'ajegueren com blat en herba que s'aterra a gavells sota un fort ruixat. La barca arrencà mig tombada.

—I ara, l'avi! —vaig exclamar—. ¿Per què arrumbeu per enfora?

—Convé salvar ses puntes —me contestà.

La mar, de primer arrasada i atuïda, se revenia, crestejant i enflocant-se, i apareixien en ella grosses depressions fugidores. Per dues o tres vegades el vent mancà i tornà a bufar. Vaig veure que la nuvolada de sol ixent se caragolava, esbadellant-se a grans esquerdes, per on s'atalaiava un cel verdelós. Aleshores entrà la llevantada amb totes les seves forces, acompanyada de boires rossegadisses, que es rebatien per la immensa planura d'aigua, passant com a fumarades de colossals xemeneies. I l'horitzó tornà a cloure les seves crétues i a ennegrir-se; i la pluja l'esvaní sota el seu vel gris i ratllat.

—En popa, l'avi, en popa! Ja ens hem forejat prou. No perdem temps. Provem la derrota de Tossa —va dir el pare.

—Provem—mormolà el vell timoner.

Arrumbàrem paralelament a la costa. Quin ventarràs, Déu meu! A cada moment la nau trobava en el seu camí alts i baixos més accentuats. L'aigua s'encongia i se reinflava aquí, allà, per onsevulla, sense norma ni concert; les eminències se convertien en fondals i els fondals en eminències amb un bellugueig desordenat, que la vista no podia seguir. Per tot arreu la fluctuació, el daltabaix de la massa líquida desnivellada. Les ones eren aparicions d'un moment, aturonades, fonedisses, seguidament xuclades i substituïdes. Sols cap a terra prenien certa individualitat i consistència, marxant asserralades i compactes, formant tot a la vora de la costa uns arrufats comparables a una farbalanada al capdavall d'un vestit.

La maror anava creixent per graus, però de pressa, de pressa, eixamplant ses pantejades a cada instant; i la Santa Rita, pujant, baixant, reblinconant, perdia ses forces, s'enlleïa a l'enclotarar-se i els xarabots l'assaltaven per la popa, precipitant-se amb patacs secs sobre coberta, on bullien i bombollejaven remorosament com la plorima dels tions verds sobre la llar.

L'avi Mauva va cridar al pare:

—Saura, Saura, portem poc drap! Amb sa correntada tan forta fa de mal governar: ens cossa i ens venç, sa condemnada! Drap, drap, mal que s'estripu! No hi podem anar amb s'abre mestre despuiat. Jo hi endegaria una pollacra a sa bouera.

—No, millor serà un treu —replicà el pare—. Vaig, vaig, avi... prengueu paciència. Això és una ventarrada maleïda, que no dóna temps de res; però al mencos serà ferma. La hem de seguir de llarg, ja ho veig... no hi ha remei. Aguanta i fora, l'avi. Ohè, ohè!... Pau... Vadó... ànsia, a la maniobra! Ohè, ohè!...

Se n'anà corrent; i durant molta estona el vaig sentir a intervals maleir i reganyar. El treu no devia ser de tan bon armar com ell desitjava.

Però tu ara no saps de què et parlo i serà precís que t'ho expliqui. El treu consisteix en una lona que, amarrada a l'arbre mestre, s'extén a tall d'ala de teulat en davallada cap a proa, on se lliga per dos caps a borda i borda.

Mentres el desplegaven, el vent li pegà una sacsejada tan forta que es petà una de les amarres, i el drap ample i feixuc quedà lliure d'un cap, aletejant com una au enorme que, ferida i ventreaterrada, se defensa dels llebrers. Amb una de ses ventallades haguera pogut matar un home. Tots fugien del seu dessota. No sé pas de quin enginy se valgueren per a subjectar-lo, perquè amb tot i presenciar l'operació no me'n vaig fer càrrec. Crec que l'anaren eixalant, cobrant-lo de mica en mica des d'un dels extrems fermats; però no n'estic pas segura. No m'ha quedat d'aquella escena més que un record mal conjuminat i confós com el que sol deixar una visió de desvari. Me represento uns homes que floten entremig de ruixims, anguilejant entre cordatges, com les orugues en una teranyina, quan el torb esbulla la capçada del pi, en el qual filaren el seu niu en hores de bonança. Bracegen, treballen... Però de la seva maniobra no trobo en la meva pensa sinó impressions deslligades. Ni pot ser d'altra manera. Amb el moviment esbojarrador de la barca i amb l'aire espès i grosser, que em maurava violentament, empenyent-me, rebregant-me, tirant-me a la cara el mocador i obligant-me sovint a tancar els ulls, no era pas possible seguir cap observació. Pobres mariners! No sé com podien arribar a treballar; però lo cert és que ells se sortiren amb la seva i que el treu quedà fermat, comunicant més vigorós impuls a la nostra marxa.

Volàvem. El vent aixollava els rompents de les ones i se'ls enduia pulveritzats, convertits en bromes sombrívoles, que s'acorruaven com mals esperits en fantàstica desfilada. Passaven a escamots amb un silenci sinistre; mes, a voltes, la imaginació els hi atribuïa la udoladissa que sonava, i llavors no semblava sinó que aquells fills del mal temps xisclaven amb feréstega alegria, tot corrent cap allà, a on el mar i el cel barrejaven les seves tempestes. I nosaltres hi corríem també, mig de tomballons per les aigües negrenques i revoltes.

En un moment vàrem assolir la punta de Tossa. Un bram espantós i creixent omplia l'aire a mesura que ens hi acostàvem. Lo que vaig veure no sé com explicar-ho... M'hauré de valdre de lo petit per a donar idea de lo gran. Tu posa-hi les dimensions. Tal com l'oli roent, al tirar-hi certes viandes sucoses, se foragita de la paella amb baladrera remor, així el mar fugia del seu llit i es llençava bramulant a les penyes.

De seguida vaig compendre que era impossible

abordar terra. Allí el perill era més gros que enlloc. A la boca de la badia les ones s'agegantaven a l'engolar-se, cabdellant l'aigua com grans torns i emportant-se-la de tal manera, que llurs faldes se perdien en veritables abismes. Al davant de Tossa hi ha un niell en el qual s'estavellaven en bona part i, a l'esqueixar-se en ses aspreses, s'alçaven formant una garba de brins de cristall, que s'allargaven en arc i queien a feixucs borrallons a la banda oposada. Per a un esperit tranquil certament aquell espectacle hauria sigut hermós; però ja pots comptar que jo no estava per gormanderies. No desitjava sinó allunyar-me d'aquells paratges, que solament amb llurs sorolls ja m'estemordien.

L'atmòsfera, empolsinada de ruixims fins a una gran alçària, no permetia veure l'escarpat païsatge sinó com a través d'un vidre cobert de rosada. En aquell ambient tèrbol Vila-Vella destacava en ombra sobre el cel ses cases i muralles vetustes, engrandides per la refracció, tremoloses, esbalandrades, estremint-se a cada cop de mar, que assotava la cinglera on estan encimbellades; i una campana, vogada sens dubte pel temporal, deixava sentir la seva veueta clara i plantívola entremig del tro inacabable de la ressaga.

A l'apartar-nos d'aquells llocs me va semblar que la tempesta amainava; no que fos realment aixís, però es trobava mar enfora una tranquilitat relativa i el cor s'esperançava instintivament. Ja m'havia fet compte de que no quedava més remei que seguir la marxa sense pensar en desembarcs. La sort estava jugada.

Començava a ploure d'una manera extranya. De tant en tant queia una xafegada de gotarrasses semblant a la que deixa anar sobtadament un arbre fullós, carregat de mullena, quan algú el somou de la soca.

El pare va venir cap a mi.

—Au, Mariagna, ja n'hi ha prou de badar. Tenim pluja llarga. Fica't a la cambra.

Vaig fer que no amb el cap.

—¿Que no?... Bé, això sí que és bonic!

—No; vull veure lo que passa; no em vull encauar —vaig dir amb angoixa—. Ah, si sabésseu lo que patiria! No vos ho poseu al cap, home de Déu... tingueu pietat de mi!

—Fora, fora... Estaries millor... Però, tu mateixa. Per ara no t'ho mano. Ja et porto un vestit d'aigua... té, posa-te'l, marinera, i cala't bé la caputxa.

Se tregué de sota l'aixella un capot que tenia un pes de plom: enquitranat per defora i, per dedins, d'un teixit més raspós que una rusca. A l'agafar-lo, se m'esquitllà de la mà, cuidant pelar-me els dits. El pare l'arreplegà ans que la ventada se l'emportés i ell mateix me'l va posar després d'haver-me tret la capeta de llana, que estava ja com un xop.

—Volcu fcr com cls homcs i no sou més que un envà de canyes —rondinà—. Vaja, té, ja estàs gomboldada. Ara al mencos vés-te'n a sota el treu.

I veient que jo no gosava separar-me del caçaescota, al qual m'era arrapada temerosa de caure, enrotllà el seu braç a la meva cintura i m'anà conduint amb pas estudiat i segur.

—El treu és una canal de vent, però sempre et guardarà un xic de la pluja —va dir-me—. Mira, assenta't ací.

En el punt que m'indicava, al peu d'un munt de cordes, veles i altre patifell en vaga, hi havia un pallet d'espart. Vaig ajocar-m'hi amb les cames encreuades. El piloc de farda em resguardava del vent i em servia de respatller.

Vaig reparar que el pare estava més pàl·lid que d'ordinari, que el cap li tremolava sobre el coll i que sa bocassa closa i els plecs de ses galtes tenien aquella contracció que solen afectar quan s'ha paladejat alguna beguda amarganta. Els seus ulls fugien de trobar-se amb els meus. Va llucar-me d'escallimpantes i se n'anà.

De seguida va comparèixer l'avi Mauva.

—Hola, noa valenta —exclamà esforçant la veu per a què no la ofegués el brogit de la maror, i usant, sens dubte per animar-me, un to més gai que el que tenia per costum—. Es mestre s'és encarregat de sa canya i un hom aprofitarà sa vaga per a trencar una becaina. Si no et sap greu, m'endegaré es llit aquí, as teu davant. Avui rai, encara que ronxu no em sentiràs pas. Com ballem, noa! És allò de sa dansa de Lloret: toquen a córrer, toquen a córrer... saps? No estàs pas espantada, oi?

—Jo... tant com espantada... però...

—¿Però què?

—No estic pas ben tranquila. ¿Sabeu lo que penso? Que això pot anar molt llarg... tant, que no sé com s'acabarà, perquè... veureu... nosaltres caminem amb el vent; i com que el vent porta el temporal, l'anirem seguint, seguint...

—Ui, ui, pubilla, quins comptes treus! A sa teua manera fins a sa fi des món no acabaríem sa mala andança. No tingus por, careta; es vent corre trenta vegades més de pressa que nosatros i no pot trigar a deixar-nos endarrera. Ell calmarà, pubilla, ell calmarà.

—¿Vos hi heu trobat altres vegades amb un temps aixís?

—Unes contes. Això no és res. Sa barca és forta i, mentres que no topu en sec, ella reeixirà de tot, per sots i tosses que hi hàjun en es nostro camí. I mira, potser demà ja tindrem es temps canviat... no t'hi encaparrus. Sa turbonada ve des golf de Lió i agafa un rem. Tal volta part d'allà de Barcelona s'afrau sigu més serena.

Mentres parlava havia agafat d'entremig de la farda un sarrió buit, l'havia extès a la vora dels meus peus i s'hi havia ajegut.

—Ara provaré d'enganxar es son —va dir, tot acotxant-se amb el tapaboques—. Quan passem per Blanes, desperta'm, ¿sents, bona miona? Vui veure sa vila. Me gorda tants records! És una fal·lera que un hom té... Encara que dormu, tinc s'esperit som; toca'm amb sa punta des peuet i de seguida estaré en doina.

Va callar i no sé si s'adormí; però en l'abandó de sos membres, en la quietud de ses parpelles aclucades i en la dolcesa de son respir hi havia un descans tan placèvol, una tranquilitat tan vera... Déu meu, qui pogués tenir una calma com aquella en mig de les tempestes! Allò arribava a fer malícia.

Com roncava la mar! I quin cruixir la barca, quin balandreig, quin desllorigament de totes les coses! Sens dubte la revoltura augmentava. A cada davallada semblava que ens anàvem a enfonsar per sempre més. Baixàvem, baixàvem... Per entre el treu i les bordes no es veia més que el negre-verd de la ona jaspiat de vetes blanques. I avall! El ventrell s'encongia amb una sensació de buidor, com sol succeir quan en un somni pesat ens figurem caure daltabaix d'una timba. Tal volta un cop de mar descarregava sobre coberta i la barca s'aclofava amb l'excés de pes i es decantava perillosament sota la riuada, que s'agombolava a la banda tot vora vora de l'una o l'altra de les orles; i es sentia el borbolleig dels escorredors, el colpejar dels bossells en els arbres, l'escatainet d'alguna xarnera que s'obria o plegava, la cantadissa grinyolenca de les cadenes del batiol remogudes per l'onatge: un cor indescriptible de sorolls gemegosos. Per fi passava una estremitud de revifament de llarg a llarg de la nau, i la nau s'alçava com un pit al qual torna el respir perdut i... amunt, amunt... El ventarràs ens arreplegava, arborant-nos amb nova força... Se diria que l'ascensió anés a convertir-se en un vol... i reeixíem arruixats, lleugers, botant per damunt de les encrestades aigües. Aleshores veia la grisor del cel ratllada per la pluja i llambregava algun detall mig confós de la costa.

Amb les balançades alguns pilots de rodells s'eren deslligats i es desencastellaven, caient a peces, que rodolaven per la coberta. Ja feia estona que en Vadó Set-Trossos, en Pau Ternal i en Cadernera, regalimant per tots els plecs de la roba d'aigua amb què anaven vestits, se movien enmig d'aquell desordre, maldant per recompondre les estibes; però no en podien sortir, perquè, quan les fermaven d'un cap, se'ls hi afluixaven d'un altre, i quan acabaven d'assegurar la d'ací, ja la d'allí s'assorollava i la de més enllà es començava d'esgavellar.

El pare va cridar des de la canya: —Fora! Via, rodells a mar! Coberta neta!—. I, notant que no el creien a l'acte, repetí el manament.

—Malaguanyat bé de Déu! —vaig sentir que exclamava en Pau.

—No llencem res nostre —reparà filosòficament en Vadó, posant-se a la tasca.

Els altres dos el secundaren, i en poca estona quedà la coberta desembarrassada.

Vaig aixecar-me per a seguir amb la vista aquells feixos de cèrcols de castanyer, que suraven en les revoltes aigües. ¿A on anirien a parar? Segurament serien escopits a la costa i tal vegada servirien a un terrassanet per a reforçar son pobre botam esventat. Era una almoina ben involuntària per la nostra part, però la volguí acompanyar amb un sentiment de caritat, besant de cor la mà que ens prenia aquelles coses, i desitjant que fossen de bon profit a qui les rebés.

Érem davant per davant de Lloret, la hermosa vila que ha pres son nom del llor que enflaira ses hortes i jardins. Tota molla, blanquejava amb sordes lluïssors d'argent i son vidrim perlejava. Com una joia en un estoig obert, presentalla de nuviatge que la terra sembla oferir al mar, descansa en una fresca i arramada vall, que les penyes de la costa deixen obirar, entrebadant llur cortina feréstega. Lo mal és que de tant en tant el nuvi es desvetlla i, rebolcant-se en son llit immens, allarga la barroera grapa per a cerciorar-se de que el joiell no s'aparta de son capçal; i aquesta és la pena dels lloretencs, que a voltes han vist amenaçada alguna de llurs cases. Que Déu els hi do bonança i els hi multipliqui les hores de primavera, que són les que més escauen a son bell sojorn.

Tota la platja estava coberta de rompents, que pel cantó de garbí s'extenien fins al carrer. Les barques negrejaven agombolades a la raconada de llevant, en la part més alta, al peu mateix de les parets. La pluja es menjava quasi tota la vila i el paisatge. De la costa no es descobrien sinó els roquers de més a prop, unes masses informes, desperfilades. Però hi hagué un moment en què l'espessor del ruixat s'aclarí una mica, i aleshores s'acoloriren feblement en la grisor alguns pujols i tosses llunyans, que semblaven flotar en l'aire amb un efecte d'acostament, banyats d'una flamarola de sol esmortuïda: allà el ros promotori de Fanals amb son quarter de torre prim i dentellut... més enllà, com una blanca magnòlia al cim d'una toia verda, el santuari de Santa Cristina damunt de sa muntanyola revestida d'aulets i pinedes... Era una nota ben simpàtica, mes no vaig pas tenir temps d'encantar-m'hi. A la manera dels colors d'un arc de Sant Martí que s'apaga, va esblaimar-se ràpidament en el cel i la trista grisor s'atapeí per tot arreu.

Jo coneixia aquells paratges per haver-los recorreguts en la meva infantesa, quan passava temporadetes a Blanes, a ca les meves ties. Ne conservava un record amarat de sol i de bones flaires. En quines circumstàncies els tornava a veure! Un món d'imatges llarg temps oblidades, impressions d'un passat ple de vida i esperança, se revifà de sobte en la meva pensa. Les cares eixerides de mes companyones blanenques, els rostolls a on cercàvem cosconies i màstecs, la fontanella del torrent tan fresca i cantadora, el caminal del bosc, a on el rossinyol com únic amo ens dava la benvinguda amb una refilada, la capella dintre la qual tiràvem ramells de mata i romaní, per a calcular pels trets errats els anys que trigaríem a casar-nos, la platgeta enflorada de lliris blancs, les tardes llargues i placèvoles, els vespres daurats... tot me venia al pensament: Records de pau i ventura, com contrastaven amb la meva present situació! Com gemegava la meva ànima! Ja en seria de llestgu qui em donés entenent d'embarcar-me mai més de la vida.

Hauria volgut reveure el temple de Santa Cristina, pendre'n comiat... En va el cercaren els meus ulls a través de la pluja cendrosa que entelava l'espai.

La massa obaga d'una ona s'aixecà per davant del meu mirador i una forta balançada me féu caure de bocaterrosa sobre el munt de farda en el qual m'estintolava. Vaig restar immòbil, esternellada, amb els ulls clucs, sense gosar obrir-los per por de presenciar una catàstrofe. En canvi escoltava amb tota la potència de la meva audició. Vaig sentir carriqueig de fustatges que es rompien, el ronc de l'aigua brava, que corria per damunt de la barca, i un crit de dolor... un crit bramulós... ¿Qui l'hauria llençat? Les palpitacions del meu cor m'assorollaren de tal manera, que s'enterboliren i apagaren en les meves orelles les sensacions de l'exterior. I, sorda i anguniosa, tota jo vaig tornar-me palp. A través del piloc de cordes molles, al qual s'emmotllava el meu cos amb estreta abraçada, la meva sensibilitat s'extenia a tot el bastiment i jo el sentia fluctuar i somoure's com si fos un membre viu del meu cos. Ara s'enclota, ara s'encalla, ara es redreça... pega espolsada, borneja, s'emmandreix, s'aixeca, puja, bota... Me vaig girar i vaig obrir els ulls.

L'avi Mauva estava dret al davant meu.

—¿Què ha succeït? —vaig preguntar-li.

—No ho sé —va respondre—. Es barracot d'en Pau se n'és anat en orris, però...

—Algú ha d'haver pres mal... Jo he sentit... ¿I el pare? ¿A on és el pare?

—No, pes teu pare no t'apurus. No és ell qui ha carinat.

—¿Voleu dir?

—El veig a sa canya que governa i... vaja... està sencer com una poma sense corc.

Aquesta resposta m'alleujà del pes que m'oprimia el pit. Vaig fer un gran respir i la gargamella se m'omplí de sanglots, que esclataren a borbolls.

—I ara! —exclamà el vell—. ¿Què tens? T'hai donat una bona notícia i te'm trastornes!...

Jo plora que ploraràs.

—Vull el pare, vull que el pare vingui.

—Però, santa cristiana, si t'asseguro que...

—Jo el vull, el vull aquí, aquí!... el vull tocar. Vull el pare, vull el meu pare!

El bon mariner no sabia què fer-se. Ajupí el cap, se gratà el clatell, brandà de dalt a baix l'extesa manassa, amb un aire que volia ser un recomanament de calma, i obrí la boca com per a dir-me algun mot aconhortador; però, veient que el meu desfici creixia i que els meus crits eren encara més forts, renuncià de cop i volta a persuadir-me.

—Anem, calla, ja vaig a cercar-lo —mormolà, posant-se en marxa.

Al cap de poc va comparèixer el pare i em vaig abraçar a ses cames i li vaig besar els genolls. Estava com boja. Li vaig dir que no permetria que es separés de mi; que jo no tenia més emparança que la seva; que mai s'afiguraria l'ànsia que jo passava per ell; que allò no era viure; que, ja que ens havíem de perdre, no em negués almenys el consol del seu amor i de la seva abraçada; que, si ell m'hagués estimat, no m'hauria abandonada com m'abandonava; que era un pare sense entranyes; que... Què sé jo lo que li vaig dir enmig d'un devessall de gemecs i de llàgrimes! Coses que jo mateixa coneixia que eren injustes, però la rauxa me les gitava a la boca i... vés, atura-les!

Ell a cada una de les meves paraulades me passava sa mà pel cap, amanyagant-me'l, i mormolava amb sa veu fosca: —Vatua, vatua, vatua!...—. I jo, tornem-hi cop i recop. Vinga estrènyer ses cames contra el meu pit i plora que plora i debatega que debategaràs desficiosament, picant de front sobre els seus genolls. —Anem prou... anem no... —anava dient ell, amoixant-me; i de tant en tant taconejava impacientat. Per últim, quan reparà que m'assossegava una mica, s'inclinà sobre meu i rondinà asprament a la meva orella: —¿A on som, Mariagna? ¿Que ha de durar molt això?—. I, trencant-se-li la veu, afegí baix, molt baix: —¿A qui vols que estimi jo, sinó a tu que ets el meu Déu?

M'aixecà suaument, me tombà sobre el pallet d'espart i es plantà dret al meu davant, amb els braços plegats i les cames eixancarrades.

—Vaja, s'ha acabat! —exclamà—. Si fem el plaga, això se'n va al botavant! Ja em sembla que sento la ressaga. No m'extranyaria que l'avi Mauva s'hagués deixat caure a la deriva. Ell no hi veu massa, ni és fi d'orella, i amb aquest temps tan assarreït... llamp, llamp!... i tan a la vora com passem de la costa! Mariagna, ja ho veus, no m'hi puc estar amb tu. Tingues enteniment, no sigues rampelluda... aplaca els teus nirvis: fes llei de la necessitat. Plorant i espeternegant no s'adoba el temps. La llevantada és forta... Oh! i encara pot ser que es desplegui més, perquè ara el ruixat l'aixafa una mica; però, eu!, res de negar-nos, ni morir, ni tots aqueixos disbarats que barrines. La Santa Rita n'ha aguantats de més forts de tràmpols. Deixa-la per mi, que jo li conec el geni.

Negar-nos! Encara que haguéssem de navegar a capbussons, entre dues aigües, arribaríem a port: n'estic tan segur! Això sí, jo m'he de menar la canya; no em fio de ningú més. Jo sé lo que tinc entre dits, ho sé, Mariagna. Tu aquí, paciència i... moixoni! Si et mous, te faig lligar i a baix a la cambra com un farcell! Aquí no en seré de pare pedaç, no, no t'ho pensis. Aquí, Déu i jo!, no hi ha més amos. I si el mar apreta, no t'hi voldré pas a coberta. Mira, en Pau ja s'és esguerrat d'un braç: vet aquí lo que s'hi guanya. Au, ara ja ho saps. Escabella't i rebequeja i fes lo que vulguis; però recela't... Me'n vaig a la meva, a salvar-ho tot. Responc de sis vides.

La remor del mar i del vent enfosquia o emborbollava moltes d'aquestes paraules, massa rogalloses per a no confondre's amb ella, mes jo les entenguí totes per malament que les sentís. No se'm va ocórrer pas contradir-les. Començava de compendre que la meva fal·lera de suara no era sinó una bogería ben inconvenient, filla de la tensió del meu esperit. Al principi anava somicant. Després ja no: escoltava enfavada, amb la boca oberta, i experimentava aquell consol que solen trobar els malalts en l'enraonament d'un metge que sap animar-los. Aquella seguretat, aquella energia amb què s'expressava el pare, exercien una influència sanitosa en els meus nirvis. La seva fortalesa obrava com un tònic sobre el meu cor. Quina fe posava l'home en el seu art! I que es veia que no eren comèdies, no. Inspirava confiança perquè en tenia. Tot escoltant-lo, la meva pensa descansava en ell amb un repòs!... I, quan donà per acabat el seu parlament i em deixà, vaig sentir, sí, la pena sorda que l'apartament d'una influència beneficiosa produeix sempre, però ja sense neguit. Vaig restar enfavada, amb el cap tot buit, i amb una gran lentitud cerebral vaig pensar que era bo que el pare treballés per a salvar-nos i no que s'engorronís al meu costat, amoixant els meus rampells.

Se sentia una remor fonda, que creixia i decreixia a estones, estones. No es veia res. La pluja, esparpallada pel vent, formava arreu una espessa polseguera, en la qual amb prou feines s'obirava l'estuf de l'onatge amb sos llengots d'escuma voleiadors.

L'avi Mauva va tornar, moix i preocupat, acompanyat d'en Cadernera, que venia tremolant de fred i bategant de dents. El vell s'ajegué en el sarrió i el xicot s'agemolí en un panyet que en sobrava, recalcant-se d'esquena a les cuixes del jaio, tot mirantme desoladament amb l'aire confidencial de qui espera trobar la simpatia d'un dolor semblant al seu.

—¿Què ha passat? —vaig preguntar—. ¿A on són en Pau i en Vadó?

—Són a sa teua cambra —contestà l'avi—. Hi han baixat perquè allà hi ha sa bitàcola, saps?... es rebost, que diguéssem. En Pau ha rebut d'un braç i necessitaven draps i benam. A sa bitàcola hi ha de tot.

Va callar, enrotllà una mà entorn del pàmpol de la orella i escoltà cap a estribord. La remor creixia.

—Pobre Pau! —va fer en Cadernera, sospirant.

—¿Ha pres molt mal?

—S'onada furienta li ha tombat s'armariet sobre un braç contra sa borda. Podeu comptar... Té es braç aixafat.

—¿Què saps tu, llengut? —saltà l'avi Mauva, incorporant-se sobre un colze.

—Sí, sí —barbotejà el xicot, abaixant el cap—. Vós també ho sabeu. No hi remenarà més cassoles.

—Aviat que et vento un revés! —digué el vell—. I ara! No el cregus, pubilla; aquest marrec avui ho veu tot amb vidres de multiplicar. Més valdria que callesses i dormisses, castanyola: has perdut s'oremus. Mira, aquí ve en Pau. No deu pas estar tan mal parat com això.

La remor anava en augment.

En Pau duia el braç en suport dintre un mocador, del qual li sortia un tros de mà embenada. Caminava poc a poc i procurava escapolir-se d'en Vadó Set-Trossos, que el seguia amatent, com per a ajudar-lo, i que, en realitat, no li causava sinó molèsties amb les topades que li donava amb sos membres esgarriadissos i son cos esbalandrat.

Ambdós s'assentaren a prop meu. En Pau estava groc i embotornat i no podia arribar a obrir els ulls, de la pruïtja que li feien al caure en ells les gotes de la gran suor que li amarava la cara.

—Vés-te'n a jeure as sollau, home —li va dir en Vadó.

—No —contestà en Pau amb un ronc.

—I bé, ¿què és això? —preguntà l'avi Mauva.

—No res —va respondre en Vadó Set-Trossos—: carn esqueixada i nirvis agraviats; sinó que en Pau és un delicat d'en Tendre i per res carina que ni un gos quan li escapcen sa cua.

—Jo! —exclamà en Pau; i pruint de dents amb escarritx i aixecant un puny clos, que tremolava, afegí: —Només voldria regalar-te sa meitat des meu mal i ja et sentiríem, gran lladre. Afigureu-vos que m'ha pastat sa llaga viva, resseguint-me sa ossada de nu en nu, a veure si emmetja, a veure si no emmetja... puny... alada!

Unes quantes capbussades violentes, que ens obligaren a cuidar de que els nostres jaços i seients no fugissen de lloc i se'ns emportessen, trencaren l'enraonament.

El soroll era paorós. La pluja s'havia aclarit. Vaig llambregar una extensió de mar tota revolta i escumosa. Allí les ones s'alzinaven a tall de brolladors, arramant-se en l'aire i blanquejant a la manera d'un ametllar florit. Entremig torrejaven altes penyes i al darrera d'elles una costa cavernosa bramava per totes ses goles, deixant sentir aspre trontoll de pedregalum rossegadís i, de vegades, uns esclats com de barrinades subterrànies.

L'avi Mauva s'esverà.

—Per Maria Santíssima, sembla que sa terra ens cossa. ¿A on som?

—¿No li coneixeu es rumbai? —va cridar en Vadó Set-Trossos—. És sa Forcanera, que no sap de lladrar sense arrossegar per sa boca se seua llengua de trucs.

—Llampus! —exclamà el vell, alçant-se esborneitat—. Això sí que no m'agrada! Déu ens ajut, encara embarrancarem! I jo en tinc sa culpa: m'hai deixat caure a sa deriva i estem engolfats... En Saura amb es treu... Alerta, alerta! ¿A on és sa punta de Santa Anna? Ai, Maria Santíssima!

Encara no havia acabat de parlar que corria adelerat cap a la borda. Tots el seguírem. No sé pas com fou possible que jo que, serena, no hauria donat quatre passes sense perdre l'equilibri, hagués, amb l'alarma, creuat la coberta sense ni sols trampalejar; no m'ho explico; però lo cert és que ni em vaig adonar de que no trepitgés pis ferm i, corrent com els mariners, vaig arribar juntament amb ells a l'escollat de proa i em vaig arrapar als bitons, al costat de l'avi Mauva.

El perill no era gaire lluny. Dues tosses, semblants a dos punxeguts edificis gòtics, mal esbrollats de llurs agulles i torricel·les, desgastats i malmesos, se destacaven de la costa, quasi dret a dret de la nostra derrota. Eren les penyes de Santa Agna, a les quals les ones s'enfilaven a escarpir esbojarradament llurs cabelleres de Fúria. Malaurada la nau que hagués sigut llençada contra aquells caires i esgardissos. Difícilment cap tripulant n'haguera escapat amb vida.

Al primer cop de vista creguérem anar per bon camí; però el nostre goig no fou de durada. Amb el refluix l'aigua s'enfonsà entorn dels penyals amb furgador esgarrapament i enconcant-se, enconcant-se, ens xuclà cap a sa bauma, modificant la nostra situació i acostant-nos al perill. Aleshores, per una il·lusió d'òptica, semblà que els dos monstres de pedra creixien brollant de la mar, sollevant-ne ses culasses arrosegallades. Se diria que tenien ànima i desig i que ens abordaven, somoguts per una fonda i trontollosa respiració. Per ses crestes, que es despullaven d'escuma, anava davallant la negror i l'aire s'enfosquia sobre els nostres caps. Quasi no vaig tenir temps d'emocionar-me, ni de pensar en res. La màquina del meu cervell s'havia aturat. Talment me sentia atreta pels dos monstres amb una aspiració d'engoliment. Per a mi eren sers vius, ferotges... Ja el nas percebia llur aspra tufarada semblant a la d'un vell crustaci. No sé quin malefici, que ullprèn i paralitza, s'exhala de les coses terribles. Tots estàvem inactius i encantats.

El pare, no obstant, va governar resoludament. A riscos de bolcar la barca, que amb el treu no és manejable sinó vent en popa, va orsar a la desesperada. Sofrírem tan fort recalcament, que la banda on estàvem arrambats se submergí per complert i els xarabots me cegaren. Quan vàrem redreçar-nos, notí que corríem de dret vers un niell, que runyia basardosament a curta distància. Sens dubte ens hi anàvem a esbardellar. Vaig flectar les cames i la cintura amb un moviment instinctiu... Però no... L'evolució havia sigut ben calculada pel timoner. Revingué el fluix, una ona muntanyosa, que corria cap a la costa, ens empenyé i aixecà, i en un obrir i tancar d'ulls ens esmunyírem per sa tempestejada carena, salvant el freu, que s'obria entre el niell i la punta de Santa Agna.

Així passàrem; i, quan un xàfec de ruixims i un tro eixordador ens enteraren de que la onada es rebentava en el roquer, ja nosaltres la faldejàvem en plena mar i no logrà sinó engolfar-nos amb sa moridora empenta unes quantes braces endins de l'ensenada de Blanes.

Allí un espectacle interessant ens retingué abocats a la borda. Entremig dels cabdells més revolts de la ressaga, una barca de mitjana, sorpresa a la fonda pel mal temps, rompudes les cadenes de les àncores, mig tombada i de través, era empesa pels rompents cap a les roques de garbí. Mes no estava pas desemparada. Uns quants braus li havien portat un cap, que la unia ja amb la terra. El llagut de què s'eren servits reganyava son negre costellam desfolrat entre les escumes, llençat d'ací d'allà per les ones, que l'alzinaven i se'l prenien com ubriaga soldadesca que juga amb una senyera de l'enemic. Les campanes tocaven a sometent: nang, nang, nang... De tots els carrers sortia gent a glopades.

—Si no s'afanyen no la salven —va dir en Vadó—. És sa Llarga.

L'avi Mauva va fer que sí amb el cap. Tant ell com els seus companys estaven seriosos i miraven sense parpellejar.

Una gernació immensa omplia la platja. Hi havia acudit tot el poble, rics i pobres, tombant el ruixat. Tothom s'havia llençat fora de casa, com una sola ànima, a l'avís de les campanes. Nang, nang, nang... El formiguer humà vibrava i ondulava sota la veu del bronze sagrat i... au, al treball!... Cent tràmecs caven el sorral, obrint-hi un ample solc per a fer l'escar. Si un braç se llassa o és maimó, deu s'allarguen a reclamar-li l'eina. I mentrestant hi ha un estol que enseua pals, i un estol que en tragina. Nang, nang, nang... Els caps de colla s'improvisen, l'ordre s'estableix per si sol, les obres se realisen amb la rapidesa del pensament.

Els desvagats, homes i dones, ansiosos d'atansar-se al lloc de la feina per a pendre-hi part, cercaven pas pel trencall mateix de l'aigua, ficant-s'hi, a voltes, de peus sense mirament. Tots desitjaven ser útils. I, quan el cap de treure els hi fou cedit, s'hi enforcà de seguida una munió de persones de tots estaments, que s'extengué en tirallonga cap a la boca d'un carrer.

—Hi són tots, mares i cries, tots fora es que venten ses campanes! —exclamà en Vadó Set-Trossos amb emoció.

En Pau se va descuidar d'estrafer els seus renecs.

—Recarai, quin poble! Axís no es necessiten argues. Una muntanya arrossegarien!

—Au, aquí, gent de bé, au! —cridà l'avi Mauva tot traspostat—. Poble de bona nissaga! Beneïdes ses mares que ens hi varen infantar! Au aquí, a sa lluita, as jornal de sa paga de Déu!

A manera que el cap de treure anava sortint del mar, més i més gent s'hi aferrava. Allò era un deliri. A un senyor de casaca i trona (aquestes dues peces en aquell temps eren d'ús quotidià entre persones de certa posicioneta) el vent se li endugué el barret, però el bon senyor no desemparà la corda... seguí tirant amb la pluja sobre la testa nua.

A pesar de la fressa atabaladora del temporal, se

sentia el crit de «hissa, hissa», perquè no el proferien solament els que treballaven, sinó ademés tot el poble ensamble, que, no podent contribuir d'altra manera al salvament, l'estimulava i s'hi afegia almenys amb la seva veu. I l'«hissa, hissa, hissa!...» sonava més fort a manera que la barca, objecte dels generals esforços, s'acostava a la riba; i quan, a l'atracar, la quilla prengué els primers pals i els tripulants brandaren enlaire llurs gorres en senyal de xardorós regraciament... Reina del cel!... aleshores aquell crit de treball, aquell «hissa, hissa» fou repetit amb un accent de victòria que s'emportava l'ànima. Era un himne grandiós, corprenedor. Els elements l'orquestraven amb ses trompes i baixons de gegant. Pujava, creixia... fonia la música terrible de la naturalesa dintre un sentiment excels. Jo m'havia oblidat de mi mateixa. Els cabells se m'enerisaven...

—Visca! —clamà l'avi Mauva, pàl·lid com un mort i amb un reguerany de llàgrimes a cada galta.

I tots agitàrem els braços i esclatàrem en una salutació, que en la meva boca no fou sinó un aliret histèric, agut, inarticulat. Ah!, segurament la nostra veu no pogué pas arribar a la bona gent a qui anava endreçada, ni, anc que l'haguessen sentida, podien ells figurar-se que els hi vinguessen aplaudiments d'uns mísers navegants mig perduts en la revoltura; però, sigui com vulgui, mai un poble ha sigut saludat amb més ver i generós entusiasme.

Mentrestant, Blanes fugia, fugia...

—Si ara atraquéssem, no ens mancaria pas ajuda —insinuà en Pau.

—¿I com ho voldries fer? —replicà en Vadó—. Si a sa boja et tiresses a embarrancar, potser no ho contaries, caret. Si de cas t'haurien de portar un cap i preparar...

—I ara! —saltà l'avi Mauva—. Gràcies a Déu no tenim necessitat de que ningú exposu sa seua vida per nosatros. És pecat abusar de sa caritat des proïsme.

El pare devia ser de la mateixa opinió. Blanes fugia, fugia... La pluja i la distància anaven emboirant la gernació que tant ens havia interessat. Les siluetes de les persones se fongueren en una sola taca negrenca, el conjunt s'esfumà... Després gent i platja desaparegueren darrera la blanquinosa fumarada que aixecaven els rompents. La vila, anierada en un clotarell de muntanyes, presentava un aspecte fatídic. El campanar de sa encimbellada iglésia, capçat d'una corona estranya, amb son cos bru i encirat i el seu rellotjàs a tall de medalla pectoral, prenia la figura d'un augur ciclòpic, dret al costat de l'ara, amb tot el poble agenollat als seus peus. La Palomera, revestida d'aigua xarabatosa com un ronc perol que bull i s'estufa i es vessa a dojo, passava fantàsticament. Arreu bromes, pluja, udoladissa... El païsatge fluïdificant-se en l'ambent tèrbol i ombradís... un païsatge de somni pesat... La imaginació creia presenciar aquella obra sense nom de què parla el Macbeth.

—Blanes, Blanes, terra de s'alegria —exclamà en Vadó—, avui entristeixes es cor des teus fills. Es dimonis ballen pes teus turons i s'infern ronca sobre tes platges.

IV

Ens havíem engolfat massa i amb el treu no era possible remuntar la punta de la Tordera; fou precís arriar-lo i pegar una bordada enfora amb la pollacra i la mitjana. Jo, en això, vaig romandre aferrada als bitons. A l'agafar el vent pel car, la barca es decantà de la meva banda. Sovint, sovint l'aigua pujava fins a banyar-me els colzes i a voltes m'assotava el pit i la cara i tot; i després de l'estuf queia de cop, espellongant-se cap a garbí, presentant una superfície negra i arrugada com la crosta que forma el quitrà quan se pren de sobte sota una airada freda i violenta. Al costat de barlovent batia l'onatge furiós. Adéu, terra! Ja les muntanyes no s'obiraven sinó com a parraquets blavissos enmig de la nuvolada. El terrabastall havia cessat i la orella trobava certa pau. El nostre bastiment me feia l'efecte d'un ser desesperat, que corrés gemegant roncament per un desert.

Adéu, terra! ¿Quan i a on la tornaríem a atènyer? ¿Què seria de nosaltres? Els llocs propis de la vida humana se'ns tancaven, n'érem exil·lats per un temps incert... Aquest pensament m'oprimia el cor; i no obstant, me sentia més animada que al principi del temporal, tenia fiances. Després de tants sustos i emocions i d'haver salvat tants perills, començava a refiar-me de que ens sortiríem de tot. —Quan no hi hem quedat fins ara —vaig pensar—, ¿què ha de venir que ens tombi?—. Lo únic que em donava ànsia era la nit; però en fi... la Santa Rita era valenta i el timoner entès... que molt seria!...

Un cop lluny de terra, viràrem en popa i s'armà de nou el treu.

—¿Que t'has ensopit, pubilla? —em digué l'avi Mauva, esbufegant, cansat de la maniobra—. Apa, ja podem tornar as nostro jaç.

—Atureu's, l'avi —féu en Pau—. Des d'aquí s'ha de veure es turó des Vilar i...

—No el cercus, caret —saltà en Vadó—. Sa pluja se'l menja. Emprò sa Verge té s'uis més clars que nosatros i prou ens deu filar.

—Que no ens deixu de sa seua mà! —exclamà en Pau—. Li haurem de dir una salve, no?

—Esta bé; però ella ens sentirà d'onsevulla —contestà l'avi Mauva—. Aquí ens mullem massa. Anem a sopluig. Repenja't as meu braç, pubilla.

Així que vaig desemparar la borda, m'adoní del meu gran defalliment. Els ulls me feien pampallugues, el cap m'anava en roda, les cames quasi no em podien sostenir... Sort del braç del meu acompanyant. Gairebé esbalaïda, me vaig deixar caure sobre el pallet, amb el ventrell adolorit i la gola contreta. Estava tan llassada que ni habilior vaig tenir d'agenollar-me per a resar la salve.

L'avi Mauva s'havia tret de l'infern del gec uns

goigs de la Mare de Déu del Vilar i els havia apuntats amb quatre agulles al piloc de farda, en una baumeta arrecerada del vent, endegant-los de manera que se'n vegés l'estampa de la Verge. Davant d'aquella humil estampa els mariners, de genollons i a cap descobert, varen aixecar en veu alta i a l'unissò la seva pregària; i vaig reparar que el que l'acompanyava amb més sospirs i girades d'ull en blanc era en Pau. Pobre Pau, que descolorit estava! «Déu vos salve, reina i mare de misericòrdia...». El brogit matava les veus. Els bossells repicaven tristament com les matraques en Dijous Sant: trac, trac, trac...

Acabada la oració, en Vadó i en Pau varen portar galetes i vi ranci.

—Una mica de reixupó, pubilla —em va dir l'avi Mauva—. No manca pas tot: encara sa guingueta està ben proveïda: demana, no et deixus enfredolir es cor.

Tal vegada el decandiment era la causa de l'angúnia, que s'havia apoderat de mi. Vaig posar-me a menjar amb la bona voluntat del que cerca curar-se; però la galeta se'm desfeia per la boca en una serradina eixuta, que se m'aferrava a les genives i a la volta del paladar, i sols a còpies de beure podia empassar-me-la. El meu cos no estava per viandes. En canvi, el vi m'anava d'allò més bé; despertava en el meu ventrell una caloreta suau, difonia pels meus membres una rampa agradosa i m'emboirava el cap dolçament. Vaig escurar el meu vas fins a les escorries. Després me vaig allargassar i trobí una positura comodosa. Sentia cert estoïcisme. Que passés lo que passés, ¿podia adobar-hi res jo? ¿Per què preocupar-se i perdre el repòs? En últim cas morir... psè!, ¿i què? M'acodormia.

Els mariners s'havien animat amb la beguda i conversaven ells amb ells; mes la seva parola m'inspirava una indiferència supina, per lo qual no hi parava atenció i no en recollia sinó frases voladisses. —Tanmateix, d'ençà que hai afegit oli a sa llàntia, es ble de sa meva ànima fa tota una altra faró—digué en Vadó Set-Trossos; i el vaig veure gambejar de quatre grapes, igual que una escamarlada aranyassa, per damunt del piloc i entaforar-se d'anques, cuixes i esquena fins a sotaaixelles dintre un dujat d'esparcines. En Pau va mormolar una llarga explicació, de la qual no vaig entendre sinó alguna que altra paraula exclamatòria i la frase «això no s'enfonsa», que acompanyà d'un enèrgic cop de peu. Més tard l'avi Mauva s'aixecà amb el tapaboques a coll. —Adéu-siau... Si convé ja avisareu... Per ara sa cosa marxa—. I desaparegué cap a proa. Encara la seva imatge ballà pel meu cervell una bella estona... amunt i avall, amb el tapaboques convertit en unes alasses vaporoses... Vaig adormir-me del tot.

No crec que dormís un quart. Vaig despertar-me en el moment d'un fort capbusseig de la barca, amb una aprensió penosa: la de que m'havien doblegat pel mig del cos i la cintura se'm segava. I realment tenia la boca del cor esllanguida i macada. El cap me dolia, la cara se m'enrosava de freda suor i l'aire s'enraria davant dels meus llavis... M'entrà un gran desfici. Queia un devessall de pluja. El treu abombat pel vent, en forma de volta, rebia amb ronca remor el xàfec furient i vessava a dolls per totes les vores. La meva neguitosa activitat cerebral no trobà millor manera d'exercitar-se que seguint i comptant aquells dolls esbulladissos i variables, que s'estroncaven i rebrollaven per tot arreu, ara rajant en gruixuda trena, ara desfent-se en uns rosaris de gotarrasses, ara desfilant-se en voleiadors regalims d'argent. Els vaig comptar i recomptar una pila de vegades. Quin paletrís hi tenia! Hala, tornem-hi... cerquem el terme mig dels resultats obtinguts... no, no: deixem-lo a mig sumar... i vinga anar se-me'n els ulls a comptar de nou... Una feina de boig! Ja procurava distreure-me'n; però allò era com un vici... m'hi entregava sense adonar-me'n.

Mentrestant en Cadernera s'havia anat acostant cap a mi, assentant-se gairebé sobre la meva roba. Cercava la meva companyia; però el pobrissó no deia res. De tant en tant fitava en els meus ulls les seves nines plenes de condol i brandava el cap en silenci o sospirava fondament. La meva mà se va trobar amb una de les seves i encaixàrem.

—Fill meu, quina mà més freda que tens!

—Oh, això rai! —va fer ell, regraciant-me amb una apretadeta. Jo li vaig tornar aquella mostra de bon afecte i romanguérem agafats. De vegades, amb el moviment de la barca, la farda, que ens servia de respatller, se n'anava de gairell o s'esllengava endavant, molestant-nos, i havíem d'arreglar-la. Aleshores, naturalment, les nostres mans se desjunyien; mes així que, enllestida la feina, ens ajèiem de nou, elles se cercaven d'esma i es tornaven a enllaçar. Aquest contacte era per a ambdós un consol, un remei contra la por. Les nostres ànimes porugues s'animaven acostant-se, així com en una gàbia dos aucells malalts s'escalfen mútuament estarrufats i ajuntadets en una mateixa barrella.

D'aquesta manera estiguérem temps i més temps. En Pau i en Vadó no es movien ni es posticaven; testos en llurs seients, muts, girats de cara a estribord, donant-nos l'esquena. Jo seguia comptant els regalims que vessaven del treu; i era tan impertinent la meva dèria, que, quan fatigada d'aquell morbós treball tancava les parpelles per a desmerèixer-me'n, la mà se me n'anava a comptar els nusos dels dits d'en Cadernera.

L'espès ruixat reduïa la visió a un cèrcol limitadíssim. Tot just s'obiraven les ones que botaven frec a frec de la barca. Aquella revoltura me recordava la que es mou en un pou a l'entorn d'una galleda sacsejada per les primeres estrebades del que la vol hissar. I sempre igual, sempre la mateixa fluctuació, sempre enclosos dintre el mateix circuït gris perlejat.

En Cadernera brandava el cap apesaradament.

—Això és temps de bruixes —mormolà.

—¿Per què?

—No sé... sempre ho hai sentit a dir. Ses barques van Ramonet, Ramonet quina paret toques. Si les encamina s'àngel bo, no es perden, però... És quan hi ha més desgràcies.

Cap a la fi de la tarda la ventada refermà, s'obriren esvorancs en la polseguera del ruixat i es descobriren grans clapes de mar d'un verd rogenc. Aquella coloració era deguda a l'aigua terrosa de les rieres i torrents. El nas percebia el tuf fat característic de l'argila. Vaig judicar que no devíem ser gaire lluny de la costa; i efectivament, una mica més tard la pluja va minvar, s'eixamplà l'espai, i vaig llambregar una platja llarguíssima, coberta d'un bellugós ramat de moltons, que corrien cap a garbí en inacabable desfilada. Enlloc se veia cap pastor. Les masses llanudes marxaven soles, saltant, saltant... Però no... no eren moltons: vaig reparar que algunes voleiaven; no eren sinó borrallons de bromera, que l'escuma grassa deixava al fondre's en el sorral i que el vent s'emportava, fent-los córrer de tomballons per la riba deserta. La campanya estava inundada. Alguns sàlics podats arran de besses s'aixecaven en actituds de desesper sobre el xopoll, mostrant al cel llurs braços bonyeguts i mutilats. I en el mar aquells capgirells de la ressaga, aquell brogit... i banques perilloses, que sobreeixien aixaragallades en el refluix i que, quan el fluix les assaltava, escopien a través dels rompents violentes sorrades. Anava vesprejant.

El pare devia haver-se aproximat a la costa per a fer un reconeixement. De seguida se n'allunyà a tota la orsada que li permetia el treu.

—Ja es dia no ensenya sinó sa punta morada de ses seues ales —va dir en Cadernera—, sa nit ve a més córrer.

—Sí, caret. ¿Has conegut la riba?

—Era sa punta des Besòs.

En Pau i en Vadó se n'anaren a encendre els fanals. El ruixat, que s'era enretirat cap a llevant, tornava altra vegada a rems, desprenent-se dels núvols a llargs serrells.

Quasi no hi hagué vespre. La nit va entrar amb la revinguda de la pluja. En Pau i en Vadó varen cridar a l'avi Mauva, que dormia en el sollau, i tots tres plegats, fent-se llum amb un fanalet, se reuniren amb nosaltres per a sopar.

—Sa pau de Déu sigu amb vosatros —va dir l'avi Mauva, saludant-nos.

En Vadó ens donà un plat de terrissa a cada u.

—Avui lo més calent és a s'aiguera —advertí en Pau—. Amb aquest tràmpol no es pot cuinar; però, gana hi haju. Hai encetat una llauna de sardines as brou i una atra de botifarres. ¿Per quina voleu començar?

Ningú tornà contesta. L'avi s'acostà a l'orla.

—Quin ploure! —exclamà, estremint-se amb la sobtada tremolor d'una esgarrifança.

—És sa mar de dalt que cau sobre sa de baix —va dir en Vadó.

—Que caigu, que gitu d'un cop Satanàs tota sa sua verinada, mal com no es rebenta! —saltà en Pau—. Aixís s'ofega es vent i s'aplaca sa maror. Es temps ha de desbotar d'una manera o atra. Ara és quan anem a sa bonança: es capbusseig no és tan fort i de mitja hora ençà no hem embarcat una gota d'aigua salada.

—Jhem, jheem... —va fer en Vadó, abaixant el cap.

L'avi Mauva tornà a esgarrifar-se.

—Quina negror! Sembla que estem dintre una ampolla de tinta.

En aquestes, vaig sentir una gran fressa... un bleixar monstruós, una alenada rufladora, que ens invadia. No esclata, creix, atabala i retruny més de pressa en el cervell la roncadera d'una tora esborneiada, que ve a topar amb la nostra orella. Ni temps vaig tenir de pensar: ¿Què és, això?

Vaig rebre una forta commoció, vaig botar enlaire i vaig caure d'esquena, mig esbalaïda. D'una llambregada, en el curt espai que mitjançà entre el bot i la caiguda, recordo que vaig reparar una pila de coses: unes roentors que ratllaven la fosca de la nit; en Vadó Set-Trossos llençat contra una escala de corda, amb els braços i les cames esparrancats; un fanal esbardellat, amb el ble encara encès, que cremava sobre la coberta enmig d'un bassal d'oli; un núvol de fum, que m'empudegava; la barca entera davallant a l'abisme amb la cruixidera d'un bosc que s'estimba amb una esllavissada. I vaig caure i una massa d'aigua bramulosa passà per sobre meu, ofegant-me, arrossegant-me... Jo no estava pas en ús de raó, però em vaig defendre per instint, arrapant-me d'esma ací, allà, en tots els tocoms que assolia.

Així que poguí treure el cap a respirar, la veu d'en Pau ferí les meves orelles.

—Lladre, lladre, assassí! —cridava—. Es Marsellès ens ha passat per ui... lladre!... i no s'atura! Som perduts, misericòrdia de Déu!

L'espinguet d'en Vadó Set-Trossos sonava un xic més lluny, cap a proa:

—Auxili, auxili... ohè, ohè de sa gent!... Auxili!... ohè, ohè!... Vira, vira... ohè, ohè!...

Jo també volia cridar; però, de la manera que sol succeir en un somni pesat, el meu pit s'esfreixurava, els músculs de la meva gargamella es dilataven, sobrepassant tal volta els límits que la bona emissió de la veu reclama, i no lograva produir sinó un xiscle sord, semblant al d'una serp espantada. I mentrestant gambejava de quatre grapes, xopollejant, fugint de les llumenetes fosfòriques que brillaven en l'aigua i que en el meu terror me feien l'efecte d'ullets horribles, trets a espiar-me per l'abisme, que se'm volia dragar. Donava voltes... havia perdut la orientació de la barca... me dirigia cap a on sonava trapeig, amb l'esperança de trobar algun company; i, quan el trapeig s'apagava, m'estemordia, creia haver errat el camí, tirava per altres indrets i per totes parts m'eixien al pas les fantasmes d'aquella nit infernal, obligant-me a la retirada. Per fi, entre el brogit, m'arribà una remor de veus... Vaig aturar-me i entenguí algunes paraules d'un diàleg ràpid.

—...avaries?

—Sí... sota sa regala... es folrat de proa...

—Vararem sa llanxa...

—Esbotzada.

—...la noia?

—No sé.

—Governeu vós... dret a fil del vent... Mariagna, Mariagna!...

—Coratge, Saura!

—Mariagna!... Mariagna!...

Jo volia contestar i no podia. «Aquí, aquí!». El crit entelat s'extingia ans de sortir de la meva gola. M'havia incorporat sobre els genolls. «Aquí, aquí!». El pare s'abalançà als meus braços, m'agafà per sota les aixelles i m'aixecà en sopols, apretant-me contra el seu pit i estampant amb boca esbufegosa un petó sota la meva barba, mentres el meu cap se tombava desmaiadament endarrera... un petó, que era tal volta el primer que he rebut dels seus llavis. «Filla!». I vaig sentir la commoció del seu ample pit, atrontollat pels sanglots.

De seguida es posà en marxa, caminant a embornades sobre el pont balandrejador de la nau, emportant-se-me'n a coll a través del xàfec. El seu respir xiulava en les meves orelles. Jo quasi no sabia a on érem, ni lo que em passava. Pugem, baixem, fluctuem entre les tenebres... A l'últim topem amb un cos dur, percebeixo una celístia penosament visible, reparo algunes ombres i m'atalaio de que som arribats als bancs galliners de popa.

Allí el pare se'm descarregà, quedant segut al meu costat, amb un braç enrotllat a la meva cintura. L'infeliç pantejava de fatiga i esclafia sorollosos sanglots.

—Déu, Déu! —anava dient a borbolls—. Quanta desgràcia!... Déu, Déu, ¿per què m'haveu empaitat així? Tota la vida m'he escarrassat, he lluitat... per tu, Mariagna!... perquè les meves suades eren seda sobre el teu cos, pedres fines en les teves arracades... Un flam d'alegria sortit dels teus ulls m'ho pagava tot. ¿Què se li endona a la vella atzavara de deixugar-se fins a morir, si el seu lluc se n'aprofita i treu una floreta més? Morir!... no hi pensava. Avant!, arraconem dobles de quatre per a la noia. Déu, això és massa!... I tu... malvinatge el teu cap verd... t'havia d'haver garrotejat ans que embarcar-te!... I tanta desgràcia! Déu, Déu, ja es veu que ens voleu perdre!

Jo, escanyada per l'angoixa, no podia dir un mot; me reblincava opresa, ofegant-me... Ell agafà una de les meves mans i se l'apretà a la garguera, fort, fort com si amb la força mateixa de la carícia volgués estroncar els seus sanglots.

—Mariagna, ¿què tens?... Ah!, tu no podràs aguantar-ho això. No en facis cas de mi... no sé lo que m'enraono. Te volia dir adéu... perquè un no sap lo que pot passar... però, res, he obert la resclosa i allà va! No estem pas perduts encara. Coratge, Mariagna, coratge! Vaig a treballar... ens salvarem... jo sé lo que s'ha de fer. Només tinc por per tu. La nit serà penada. Procura aguantar-la, Mariagna, procura aguantar, probreta. Vull ser home per tu i per mi.

S'aixecà del banc, va ajupir-se, obrí els calaixos galliners i en tregué un manyoc de cordes, que m'ensenyà.

—Mira, t'he de lligar: és necessari —digué, començant a fer-ho—. Una ona se te'n podria portar o rebatre't malament contra algun tocom. Tu no saps la força que tenen aquestes maleïdes... Així... ben lligada als barrons i al caçaescota... que no et puguis atruquejar... així no hi ha perill. El bastiment no s'enfonsarà, no tinguis por. Quan vingui la onada, ajup el cap sota la borda. Ningú es mor per aguantar el respir una estona. Convé que siguem valents, Mariagna. El meu pare m'ho havia dit cent vegades: a la mar no es perd sinó el que es desespera... no hi ha que rendir-se mai.

S'ajupí altra volta i tregué dels calaixos galliners unes coses que lluentejaven. Eren destrals. Se'n posà dues a sota l'aixella i una a la mà.

—Adéu! —va dir—. No puc fer estaries. ¿Sents com me criden? Se tornen boigs... No saben lo que es pesquen. Adéu. La nit serà penada, però no perdis mai les fiances. Jo vigilo, sents? Coratge!

Vaig estendre els braços. —Pare, pare!—. Ell m'esguardà, entregirant només el cap, arrambant la barba a l'espatlla. —No: prou... Adéu.

En això vaig reparar una mena de palpitació en les tenebres i se'n destacà una ombra de figura humana, que vingué picant-se els polsos i cridant desaforadament.

—Misericòrdia, Senyor! Saura, Saura, fem aigua... ens omplim! Misericòrdia, Senyor! Sa bodega s'omple... ja sa proa es comença d'enclotar... ens enfonsem sense remei! Mise...

Emmudí sobtadament i reculà un pas, trampalejant. El pare, que havia arborat una destral i la descarregava amb un moviment d'enuig, va desviar-la en ziguizaga, per a no escallimpar-lo, i l'abaté poc a poc.

—Covard!—exclamà—. Amb una mica més que us deixo senyat per sempre. No en vull de covards, a bordo! ¿Què ve a ser aqueixa escandalera? Crideu fort que potser baixarà el Sursum corda... Mussol! Déu diu ajuda't i t'ajudaré. Au, a treballar! Ja ho sé que fem aigua... sí, però també sé que ningú que segueixi la meva veu pendrà mal... Home, Pau, no sigueu mussol... heus aquí una eina. S'ha de treballar. A mar no es perd sinó el que es desespera. Veniu.

Ambdós se n'anaren costat per costat i el negrall de llurs cossos s'esvaí, sacsejant, en la fosca espesseïda per la pluja.

Restí sola. El desordre nirviós, la opressió, el fatic, els terrors imaginaris se m'eren apaivagats. Amb una serenitat fonda i desesperada, la meva ànima entrava en possessió de la vera realitat: el temporal, la topada, el naufragi imminent... Vaig escoltar... ¿Qui sap si era gaire a la vora la ona que venia per mi? Cada davallada de la barca me semblava un esglaó baixat de més cap al sot que ens esperava. Vet aquí l'hora suprema, aquella que pesa sobre tots els instants de la nostra vida. Era precís preparar-se, cristianitzar el cor tan ple de món, tan descuidat de les coses d'ultratumba... era precís, però com?... Vaig pensar en Jesucrist i em vingué a la memòria un pas de l'Evangeli, un pas que sempre m'havia enternit: aquell en què el diví Mestre, caminant al suplici, dirigeix una mirada de queixa i d'amor a Sant Pere, que l'havia negat. La figura amable de Jesús se'm presentà, mirant-se'm d'aquella mateixa manera, com dient-me: Te vull perdonar, abandona el darrer afany terrenal que et resta, el desig de viure, accepta el calvari, segueix-me. I sí, jo prou hauria volgut ferho; ja m'hi decantava i fins trobava certa dolçor en el sacrifici, cert adormiment del dolor en les quietuds melangioses de la resignació; però de cop i volta la realitat palpable i brutal m'invadia amb una sotragada d'espant i un jo esfereït, sense fe sinó en lo que tocava en els sentits i sense més amor que el de la vida material, posava en revolució tot el meu ser. Viure, viure, lluitar! Necessitava pensar en les probabilitats de salvació. La barca podia resistir, el pare alguna cosa faria... Senyor, viure! No, no estava pas preparada per a bé morir. I, no obstant, el destí no s'aturaria... L'eternitat havia obert les seves portes i jo en sentia l'airada esgarrifadora. Senyor, viure!

¿No hi havia esperança? Me responia el vent, escampant cap al lluny invisible i desert la seva xiscladissa feble, llarga, misteriosa; me responia l'inacabable daltabaix d'aigües, descriguent abismes indefinits; me responia una mena de bleix, indicant la pantejada i l'acostament de les ones. Allí, lluny de la costa, el temporal era sigil·lós. Una força colossal se manifestava tal volta amb un sorollet. El perill s'acostava amb el silenci de les serps. No es veia res i les percepcions, obtingudes només per una vagarosa descripció musical, enfantasiaven i corprenien d'una manera que no es pot dir. Jo em tornava boja escoltant.

Escoltava... i vaig sentir l'espinguet d'una veu humana, un crit de desesper. Vaig enfonsar la vista a lo llarg de la barca i no gaire lluny creguí obirar una batussa: dos homes que s'abraonaven. Venien... L'un havia aixecat a l'altre en alt i en pes, i l'arborat se defensava a pernades i cops de puny.

—Murri, botxí... Mala negada feu! Deixeu-me anar, murri, murri!

El que parlava era en Cadernera. L'altre era en Vadó Set-Trossos, que rebaté el xicot sobre els bancs galliners i, saltant-li al damunt i subjectant-lo amb una mà pel coll i amb un genoll pel ventre, l'entollà amb una corda, lligant-lo i relligant-lo amb estrebades de ràbia.

—Escorpit verinós, mala pua, ja et juro que no et desfermes!

—¿Què ve a ser això? —vaig preguntar.

—Res —contestà en Vadó, esbufegant—. Es vostro pare m'ha encarregat que lligués aquest rampí, però, alerta, això és un dimoni!

En Cadernera encara li ventava puntades de peu.

—Deixeu-me estar, murri, botxí! Vui nedar! Vui estar llibert! Lladre, més que lladre!

En Vadó assegurà els darrers nusos i se n'anà, mig corrent. Aleshores el xicot se girà cap a mi, retorcent-se les mans.

—Ara sí que som perduts! Murris! Ara sí que som perduts! Fugiran amb es bot i ens deixen aquí. No volen noses. Murris! Al mencos no ens haguessen lligat!

—No, no! —vaig replicar—. Lluny de nosaltres aqueix dubte monstruós! ¿Encara no som prou infeliços? Pensar això és una infàmia més negra que aquesta nit d'horrors. Aparta de tu aquesta idea, que fa mal al cervell, i que t'ha de trossejar el cor. Creure que el meu pare pot abandonar la seva filla! Mai, mai! Dubtar de la honradesa dels nostres companys! Mai, mai!

—Vós no sabeu lo que és sa mar! —insistí ell amb angoixa—. Aquí no hi ha més que es jo, es jo i sempre es jo. Sa Santa Rita no té agont. Sa llanxa és esbotzada. En es bot no hi caben sinó quatre persones... Han fuit, han fuit! ¿Encara no n'esteu segura? Ai de nosatros!

—No, no pot ser! —vaig exclamar—. No, i cent cops no!

—Mireu!... —va saltar el xicot—, ara s'onada se n'ha dut un rem de trenta-quatre... ¿no l'heu vist? Ai de nosatros! Això és un mal averany. Quan sa mar s'endú ses eines d'entrar a port... sempre ho hai sentit a dir... és mal averany... és que sa sentència ja és feta. Ai!, pubilla, ¿quants minuts tenim de vida? No us feu il·lusions, no. Això se'n va. I estem sols i lligats i ens hem de negar!

—No, sols no! —vaig cridar, fora de mi—. Parla'm de la nit, dels abismes, del naufragi, de la mort... Tot això ho sento i ho palpo; i no obstant no és tan horrorós com l'ombra sola d'aqueix pensament maleït, que no puc creure, ni creuré mai... no, no!

Ambdós cridàvem com aligots desnierats per la tempesta.

—Ah!, sa vida, sa vida... és tan dolça sa vida! —va dir ell—. Cada u s'estima sa seua més que totes ses des món plegades. Qui sap què hauríem fet nosatros a ses seues aigues! Misèria, misèria! Mort jo, mort tothom. Companys, germans, pares... A sa mar no em fio de ningú. Misèria, misèria! Verge santa des Vilar, no crec sinó en vós, no espero sinó en vós... en vós i en ningú més!

Se va enternir i rompé en plor. A mi també el cor se'm va trencar. No, la Mare de Déu no desempararia aquell infant, que no creia sinó en ella.

—Verge santa del Vilar! —vaig exclamar, aixecant els braços enlaire—, ajudeu-nos! Salveu-me d'aquest perill i us prometo que pujaré a visitar-vos a peu descalç, amb els rosaris a la mà i amb un d'aqueixos rems tan llargs a coll. Sí, ho faré, ajudada pels mariners de la Santa Rita, que no s'hi negaran... i si ells no volen ajudar-me, llogaré Cirineus. Cadernera, tu hi vindràs... digues que sí. El teu prec valdrà més que el meu.

—Sí, sí! —clamà el xicot, aixecant també els braços fervorosament—. Deu-nos port... i jo traginaré es rem a sa vostra capella, a peu descalç, passant es rosaris!

Els nostres caps se varen acostar i les nostres llàgrimes barrejaren sa ardenta gotellada.

Amb quina confiança i quin consol vaig pronunciar aquest vot! Se'm representà la Mare de Déu baix aquella figura, tan familiar per a mi, de la imatge del Vilar. «I doncs ¿que no ho saps que sóc una font de miracle brollada en el teu país? ¿Que no ho saps que sóc una orella del cel oberta sobre la terra per a escoltar la demanadissa de la gent de la costa?». Quines idees més enternidores, caret! I vaig pensar en tants de cents ex-votos de nàufrags com omplen les parets de la capella. Aquells nàufrags bé havien sigut escoltats! I també ho seríem nosaltres. Crec verament que la Verge volia el meu homenatge; me'l demanava i venia envolta en una ruixada de records de vida i de poesia: de cants de la meva infantesa, de flaires del romaní de les nostres muntanyes... Amb quina enyorança vaig recordar-me de les soletats del Vilar amb ses suredes, ses feixetes de conreu, ses velles oliveres, on refilen els moixons, sos torrents frescals i sos àlbers de blanques soques, en les quals les parelles enamorades escriuen enllaçadament els seus noms amb la punta del ganivet! Oh, qui pogués visitar de nou aquells llocs i cantar davant de l'altaret aquella tornada tan repetida dels romeus: «Deu-nos goig i alegria, Mare de Déu del Vilar!».

La barca s'era emproada. Ho vaig conèixer per la inclinació persistent del pis, pels ressalts de la marxa... per certa intuició, de la qual és difícil esbrinar els fonaments.

—Ens enclavem de proa, repara —vaig dir an en Cadernera, que s'havia emparat de les meves mans i plorava, acotat de cara en elles.

—És que ens omplim —va fer ell, alçant el cap.

—I un cop plens... ¿anirem a fons?

—No, això no, pubilla. Portem càrrec de fusta: dogues de castanyer; hem de surar per força.

—Així rai! —vaig exclamar, respirant ample.

—Es perill és un atro. Diuen que amb es balanç de s'arbratge sa barca es tombarà.

—¿Qui ho ha dit?

—Ells... es vostro pare i en Vadó.

—¿I què pensen fer?

—No ho sé... m'han tret... no hai pogut escoltar res més. Al mencos no m'haguessen lligat!... Però...

¿voleu dir que no han fugit amb es bot? Jo no els sento pas.

—No, caret; treu-t'ho del pensament.

—Hauria sigut una bona murriada, oi? Me sembla que s'avi Mauva no s'hi haguera convingut.

—Ni el pare tampoc, home.

—És que sa vida... És tan dolça sa vida!

—Calla... ¿sents ara?

—Oidà, sí... piquen amb ses destrals... treballen...

—¿No veus res tu?

—Res... fosca i pluja.

—¿Què deuen fer? ¿No pots pensar-ho?

—Tal volta una armadia. Mentres tingun temps de muntar-la rai! Jo vaig conèixer un homo que s'hi va salvar en es mar gran amb una armadia. En Saura és un bon patró... totes se les pensa.

—Sí, home, sí.

Vàrem callar. Escoltàvem el destraleig. Al cap d'una estona en Cadernera em va tocar amb el colze.

—Ja sé lo que fan, pubilla: esmotxen s'arbre mestre.

—¿Vols dir?

—Sí; s'havia escruixit part d'amunt des treu; l'acaben de trencar. Això és que no volen desemparar es bastiment... van a que servu.

Mentrestant la barca corria a tall de rella, forategant i enclavant-se, lo qual era molt perillós. La resistència que havia de vèncer la obligava a voltes a bornejar, i en una entregirada podia el vent agafar-la de costat i tombar-la. Per la remor se coneixia que l'onatge la colgava sovint de proa. En canvi en Cadernera i jo estàvem relativament bé. La popa era la part més alta i lleugera de la nau i els cops de mar no lograven sinó fer-la ballar i assolir-nos amb algun esquitx. Després aquesta disposició es modificà. Fos degut a l'esmotxament de l'arbre mestre o a qualsevulga altra causa, la Santa Rita es desemproà d'una embornada, igual que si l'haguessen descarregada d'un pes, circulà per la bodega un glo-glo i una roncadera com de budells gegantins, i per fi la popa s'aclofà de cop.

—¿Hem tocat? —vaig preguntar alarmada.

—Alerta! —cridà en Cadernera, pegant-me grapada al clatell i fent-me ajupir sota la borda.

Una muntanya d'aigua es precipità sobre nosaltres amb una força i un pes aixafadors. Si em troba a cap descobert, de segur m'hauria colltorçada de mala manera. Valga'm la precaució del noi d'a bordo. Però, lo que vàrem patir! Un cop de mar s'aconseguia amb l'altre. Ni que estéssem en un clotarell d'aquelles roques tempestejades que havíem atalaiat a Tossa i a Blanes! De tant en tant en Cadernera cridava, demanant socors. Jo amb l'espant quasi no podia tornar el respir. Esllomada, malmesa, horritzant-me del sol contacte de l'aigua com si hagués sentit sobre el meu cos la fredor esgarrifosa d'un reptil, me debatia sense esma pels bancs galliners. Els instants se'm tornaven sigles.

Quan ja les forces m'abandonaven del tot, vingué la nostra gent i ens transportà més morts que vius a proa, deixant-nos mal ajeguts prop de la roda, a on ens lligaren no sé com ni de quina manera. Al principi no coneixia a ningú, ni m'adonava de res. M'havia embascat. Després me vaig fer càrrec del lloc on érem i de que tots els mariners estaven ajaçats i lligats al meu voltant. Déu meu, quina nit! Si has llegit el poema d'en Milton i et recordes del viatge de Satanàs a través del caos, figura-te'l i figura't un ramell de brèvols sers humans fermat a l'esquena d'aquell monstruós viatger: això et donarà idea de com anàvem. Tot era dens i pesat al nostre entorn i corríem a bots i capbussades, respirant sols a glops, a través del xàfec, la maror i les tenebres. En Cadernera agemolit al meu costat somicava monòtonament com un infant malalt a la falda de sa mare. L'avi Mauva respirava amb una ranera que retrunyia dintre el meu pit. En Pau, que amb la mullena i la fatiga s'era agreujat del seu braç ferit, se revolcava de dolor i, després d'haver invocat tots els sants que li venien a la memòria, començà a borbollar unes blasfèmies que escruixien; per mi l'infeliç desvariejava, i vaig pensar: Té, vet aquí que aquesta ànima encunyada amb el segell del vici se presentarà a Déu tot flastomant-lo. En Vadó Set-Trossos era el més sencer de la colla. Amb una paciència admirable arreglava a cada moment uns tapaboques, que ens servien de coixí, afluixava els lligams que ens feien mal, i procurava que el braç d'en Pau descansés en tou. I el pare, ¿com devia estar allà a la canya del timó? Sols una energia sobrehumana podia sostenir-l'hi.

Ara et diré una cosa que tal volta et semblarà extranya: patia molt, però quasi no em preocupava de la mort, ni de res d'importància. Vaig pensar en una pila de foteses: en un vestit que em feia la modista i per al qual li mancaria roba; en una recepta de ratafia que m'havia dictat l'organista de Roses: aiguardent, ginebrons, nou moscada... set dies a sol i serena; en una cotorra molt baladrera del veïnat; talment la sentia parlar: «Ramona, Ramona... un pobre... porta un xavo...». També em vingueren a la memòria una porció de versos d'un romanço, que m'havien llegit quan era petita i del qual no m'havia recordat mai més de la vida. Els recitava i tornava a recitar de cor endins. M'anava enfebrant. Els ulls se m'aclucaven i veia tot de gotetes lluminoses, que davallaven engrandint-se, engrandint-se fins que una sola m'acotxava de cap a peus. Aleshores m'esparvillava amb un surt, però de seguida tornava a ensopir-me, cada vegada més fondament. Sentia totes les paraules, tots els gemecs i sorolls, mes de tal manera identificats o barrejats amb els somnis de la meva febre, que encara avui no sabria com destriar-los. Havia acabat per caure en un deliri que consistia en la dèria de desembullar els boixets d'un coixí de puntes, estira d'aquí, estira d'allí, ara desfés aquest nus, ara desspassa aquella baga, ja seguint un fil, ja l'altre: una feina sense fi. I aquells boixets tenien les fesomies de la nostra gent amb unes carasses deformes. L'un era l'avi Mauva, que amb sos cabells blancs formava un embolic inestricable; l'altre en Pau Ternal amb un braç embenat i embotit, que es trobava per tot arreu i no es podia tocar sense que esclatés un gemec o una blasfèmia; les cames d'en Vadó Set-Trossos estaven enteixinades d'una manera incomprensible, i en Cadernera es perdia sota una troca de nusos. I jo anava maldant, hala, hala... El coixí era enorm; descansava per un cap a la meva falda i per l'altre al cim d'una paret altíssima, tallada en esbiaix, pel qual anava esmunyint-se. Relliscava i se m'enduia presa entre els embulls de l'encoixinada com un altre d'aquells boixets palpitants, que amb els seus ais m'omplien les orelles. Els fils m'encetaven la carn. Un esforç... apa!... i el coixinàs s'alzinava i la meva cadira també... i tornem a la tasca.

Vaig obrir els ulls i em vaig asserenar un moment. Navegàvem. Continuaven la fosca i el ruixat. Una veu va dir: «Som condemnats. Això és s'infern». Una altra mormolà: «Ave Maria Puríssima». Jo em vaig posar a resar d'esma. Resava i tornava a remenar els adolorits boixets. El coixí brandava... balandrim, balandram... No, ja no era un coixí: era una fulla de porta, que s'obria i tancava seguidament, samarrejant un penjoll de grosses claus de testa humana, encrostissades de rovell, gemegoses. Jo era una d'elles, torta, reblincada de tot el meu cos encarcarat de ferro. En les meves entranyes hi havia la fredor del metall. Balandreja que balandrejaràs... Quan la porta s'obria passava un aire geliu; quan se tancava, el meu pit perdia el respir. Els moviments d'aquella porta eren la meva respiració. Per fi, empesa per un cop de vent, la fulla es tancà del tot... M'ofegava. Després se badà una mica, tornà a cloure's i vaig sentir un greu dolor. Havia quedat encletxada en el batent i el caire ferrat m'agafava per sota el ventre, cuidant a rompre'm les cuixes. En va proví de forcejar. Els meus músculs gelats, testos, metàlics no es movien. Els meus ulls s'empedreïen... la vista se cegà per complert... No existia més que la fosca rublerta per la zumzada del dolor... zum, zum, zum... Tota jo era dolor.

No tinc pas veritable consciència d'aquell sofriment, ni del temps que va durar; però no puc pensar-hi sense experimentar una mena d'horror orgànic. En el fons de la meva vida hi ha un món subconscient i obscur que encara sagna i es subleva amb aquell record.

Després de molt patir, vaig percebre certa impressió agradosa, com de frescors i pureses d'aire matinal, i, finalment, un joliu articuleig de veus humanes. Vaig fer esforços per a exteriorisar-me, per a sortir de l'ona de dolor, en la qual estava submergida; mes no trobava pas la manera. Per fi vaig sentir que em remenaven, me va semblar que s'anava badant la feixuga porta que m'encletxava, vaig fer un sospir i vaig mirar. I em vaig veure enxarxada en el coixinàs del meu desvari, entremig d'aquells monstruosos boixets semihumans. Tal va ser la meva primera impressió de la realitat; però en vaig dubtar de seguida. ¿Què passava?... En Vadó, en Cadernera... Ah!, durava encara la terrible navegació.

—Aleluia! Aleluia! Mireu, mestressa, lo que teníeu a sa falda —va dir en Cadernera, mostrant-me un rem ajegut a frec dels meus peus—. Aleluia!

—Ja és extrany! —exclamà en Vadó—. Els hem perduts tots mencos aqueix. Mireu-vos-el: és un rem de trenta-quatre. Per força us havia de capolar. Es mar l'havia portat a sa vostra falda i jo le n'hai tret per a què no us matés. Si l'heu ofert...

—És aquell que heu promès a sa Mare de Déu des Vilar. Si això no és miracle!... —féu en Cadernera, ajuntant les mans sobre els seus llavis.

—Esperança! —digué l'avi Mauva, aixecant-se d'entre els cordatges—. Sa Mare de Déu ha començat a parlar. Ella vindrà per nosatros.

En Vadó enarborà el rem i se n'anà cap a la borda, acompanyat de l'avi Mauva i d'en Cadernera, que li feien costat com els dos escolans al que du la creu alta en les professons. Un cop a la borda, s'hi recalcaren drets, amb el rem alzinat, i miraven, miraven...

Això animà amb un lluc d'esperança el meu tristíssim desensopiment. Sí, la Verge havia acceptat el pacte piadós. Calia tenir fe: la fe transporta les muntanyes; calia tenir fe i esperar... ¿Per què no un miracle? Semblava tan natural que el cel concentrés el seu interès en aquella vida que em costava tants desficis!

Començava a clarejar. Ja no plovia. El cel s'havia asserenat a clapes i alguns estels grossos hi llumenaven, dolçament encalimats per la blancor del dia, que s'anava emparant poc a poc de l'aire. El vent havia amainat força: però que negra i espantosa la mar! La nostra barca, amb l'arbre mestre esmotxat i en ell armada una petita vela a tall de treu, marxava aireferida pel gran desert, decantada sobre la banda d'estribord i amb la popa negada per l'onatge, que no es cansava d'abordar-la; i au!, ara aigües amunt, ara aigües avall... Que lluny devíem ser de terra! Enlloc se'n veia, ni senyal. I no hi havia manera d'arrumbar-hi. La nostra ruta era fatal, perquè el bastiment, ple d'aigua i amb el centre de pesantor desllorigat, així que no hagués seguit el jaent de la correntada s'hauria tombat sense remei. Era com una d'aqueixes carretes embalumades que llurs conductors guien amb l'ai al cor per un mal camí, que no embarquem aquesta fotxa, que no agafem aquella gleva, si bolquem, si no bolquem. El timoner havia d'estar sempre alerta, sobretot que no ens entravesséssem. I hala, hala, cap a garbí sempre, amunt i avall, marxa, marxa... ¿Fins a quan?

Jo era una mòmia viventa. Les meves robes, ressecades per la febre, s'havien encartronat entorn del meu cos. Els lligams no em deixaven moure. Me sentia els ulls presos en un emmallat tibant i les parpelles se'm cloïen totes soles; se'm cloïen totes soles i tornava a ensopir-me; però, de la manera que sol passar quan se dorm amb ànsia, tot cuidant un malalt, me despertava a cada punt, figurant-me qui sap el temps que hauria transcorregut. I veia sempre la mateixa feble claror. Aquell dia, ¿no acabaria d'alçar-se mai més? L'estel Artur resplendia sempre sobre el meu cap. I aquella mar, aquella mar... ¿Era també desvari allò? Tant de bo que ho fos!

De vegades perdia el sentit de la realitat. Érem sers de l'altre món, que, sotjats per l'ull de Déu, seguíem una navegació fatal i misteriosa. La barca era una mena de sepulcre. I el meu sopor revenia insensiblement, glosant aquestes fatídiques impressions i aportant-hi noves fantasmes. Altres vegades m'atalaiava de la silueta dels tres mariners, drets a la vora de l'orla, amb el rem enlaire, i se m'acudia una sossombra d'idea de que esperaven quelcom. Aquell rem venia a ser una llengua comuna, que s'estirava cap al cel i pregava per nosaltres: *Miserere, miserere...* Inspirava un sentiment rel·ligiós. Però ¿per què? Jo sabia que estava lligat amb una idea... ¿quina?... Mancava el nus, el record s'era perdut i el meu desvari el substituïa amb un cúmul d'absurditats. I marxa, marxa, amunt, avall, ara amb el cos en sec, ara banyat de caderes en avall per l'aigua que invadia la coberta. El meu pensament flotava entre la realitat i el somni, sense assolir mai el descans del son, ni la lluïdesa de la vetlla. I això va durar molt, molt. ¿Serà que en el rellotge del dolor els instants no troben manera d'acabar de passar mai?

Per fi la cridòria de la nostra gent m'esverà. «Ohè, ohè!... Aquí!...». L'avi Mauva, en Vadó, en Cadernera, tots, cridaven i es movien com boigs. Fins en Pau Ternal, que suara jeia esternellat, de boca terrosa, sens habilior de manejar un dit, s'era incorporat ara, com un mort que s'esperités de cop i volta, i llençava un bramul llarg, llarg. «Ohè, ohè, ohèèè!...». Era extrany. Aquell home no podia haver vist res; cridava d'esma, per instinct d'imitació, per... ¿qui sap?... tal vegada mogut per un poder sobrenatural. Vaig esgarrifar-me tota i em vaig asserenar complertament. ¿Què passava? Ens havíem enclotarat; no s'obirava entorn sinó una massa negrenca i bellugosa i, no obstant, els mariners seguien amb el seu crit. Vaig pensar amb el *de profundis clamabo ad te, Domine*. Era una cosa terrible. Mentrestant el mar s'anà alçant sota nostre, abombant-se, elevant-nos... i, amb una balançada, es descobrí l'horitzó sombrívol de ponent. Vet allà el miracle! Una rosa de llum s'esparpellava en mig de les obscures bromes; s'esparpellava, deixant entreveure vagues rodoneses de color de carn, llampegucigs d'or amb besllums irisats... un estol d'àngels en revolta voladúria. I la Verge devia venir al darrera... Ja es transparentaven les blavors de son mantell. Pots comptar com anava el meu cor, pots comptar quin espasme en els meus sentits!

Les ones taparen la meravellosa visió i ens esmunyírem vessants avall per una llòbrega fondalada. Quan tornàrem a remuntar-nos i vegí de nou l'horitzó, vaig compendre amb alegria que el miracle s'era convertit en un cas ben terrenal i esperançador. Sí, allò em plagué més, s'adaptava millor a les febleses de la meva naturalesa. Ah!, segurament els miracles no són per als nostres ulls, caret, i el nostre Pare celestial ens els escatima perquè sap lo que podem rebre i lo que no podem rebre. L'hermosa resplendor de ponent no era sinó un besllum del sol rogenc, que guaitava per un forat de la calitja llevantina. Res de carnadures d'àngels. El velam sacsoner i nuvolós d'un bergantí s'anava deseixint de la broma, colorit de dolça llum rosada. Ja no vaig dubtar de la nostra salvació. La Verge ens enviava aquell navili; talment me va semblar que aquell navili acabés de relliscar de la mà lluminosa de la Verge. Quina intuició de la Providència! ¿Per ventura darrera l'escorxa material de les coses no hi ha quelcom diví, que les emmeravella? ¿D'a on el sentiment que transpua dels païsatges? ¿D'a on la poesia de la pols? Vaig adorar a Déu en aquelles veles, que venien banyades de sol, cenyint el vent, portadores de vida. Hermós bergantí! No era gaire lluny. Ja els seus tripulants contestaven als nostres amb un clamoreig que espargia per l'aire agradosa música. «Ohè, ohè!... Coratge!... Ohè, ohè!...». Els cants de l'alosa, que anuncien una aurora desitjada, l'himne del rossinyol enmig de la quietud de la nit, la primera serenada d'amor, res, res ha sonat mai tan dolç a les meves orelles com aquelles veus de resurrecció. «Ohè, ohè!... Ja venim... coratge, coratge!». Ah!, gent de bé! Eren fills del Masnou. Tinc els seus noms escrits a les teles del cor i, si mai algun d'ells necessita una mercè i truca a la meva porta, no hi haurà alhaja que em requi, ni pas que no dongui per a procurar-li conhort; i no em creuré pas quítia, no; aquests deutes no es poden pagar amb béns de la terra; els serveis de la caritat són jornal de la paga de Déu, com deia l'avi Mauva.

El salvament fou dificultós. S'hagueren d'establir una pila d'amarres de l'un a l'altre bastiment, per a acoblar-los, tot evitant-los-hi topades. Aleshores vaig veure el pare. Xop, esgrogueït, tremolant nirviosament, dirigia la maniobra amb una gran excitació i tan enrogallat, que la veu no arribava a formar paraules en els seus llavis per més que l'esforçava. Fou l'últim de trasbordar. Estigué dret, al meu davant, fins que tres mariners vingueren per mi, me col·locaren en un baiard i m'hissaren amb tota mena de miraments. Oh noble protector! Com treballava d'ànima en el meu salvament! Amb quin interès se'l mirava! Tot pujant per l'escala del bergantí, anava vigilant la meva ascensió i s'aturava a cada punt per a contemplar-la. Un cop a dalt, va seguir darrera meu, va entrar en la cambra que em fou destinada, presencià com me posaven al llit, féu amb la mà un senyal d'aprovació i, girant els ulls en blanc, caigué en basca, tan llarg com era, igual que si l'hagués ferit un llamp. ¿Oi, quin home? Per sobre les defalliors del cos, per sobre les angúnies de l'esperit, per sobre la fúria dels elements, quan tots ens rendíem i no érem bons sinó per a gemegar, la seva voluntat de ferro l'havia sostingut en el lloc de més fadiga: la seva voluntat de ferro i l'amor; ens havia guiat bé i ardidament; i sols quan ja no era necessari va afluixar-se el seu esforç sobrehumà i la misèria recobrà sobtadament el seu disputat imperi.

V

El bergantí que ens havia recollit venia de Màlaga i anava a Marsella, i s'oferí a desembarcar-nos en el punt que volguéssem de la Costa.

Els tres dies que seguírem navegant són una història de basques i febrades, que valdrà més que passem per alt. Lo que sí et puc assegurar és que no ens mancà pas assistiment. El capità era un home tan curt de paraules com llarg d'obres, que no ens escatimà res i que ni les gràcies ens volia. «Saura, avui per vós, demà per mi. No en parlem més». Va cedirme la seva cambra, posà el rebost a la nostra disposició, ens féu de metge i d'infermer... Més no es podia demanar. Fins s'empenyà en salvar la nostra barca, traginant-la a remolc, a pesar de l'embarràs que havia d'ocasionar-li amb grossa mar i vent contrari. «La Santa Rita és una antiga coneixença. Els bastiments tenen quelcom de persona; un hom els estima. Cregueu que, si la deixés perdre, em quedaria un rau-rau; no podria dormir de gust».

Arribats a les envistes de Blanes, determinàrem desembarcar allí per moltes raons. Allí els nostres mariners tenien llurs cases o les dels seus i desitjaven descansar-hi; allí el pare volia que fos adobada la Santa Rita, ja que per ell no hi havia en part del món millor mestrança que la blanenca, ni mestre constructor, amb lletres o sense lletres, més entès que un tal Ramon Veguer, que la dirigia; i allí, finalment, jo, que em migrava per a posar els ossos en ferm lo més aviat possible, vaig veure el cel obert així que em parlaren de pendre terra. «A terra, a terra!», vaig exclamar. No dic jo si vaig treure forces de flaquesa per a saltar del llit! Massa cara havia ja pagat la capritxada amb aquell curt i terrible viatge, que de per poc se m'emporta a l'altre món. Ja en tenia ben bé prou.

Altrament el mar s'havia abonançat molt, i el desembarc s'efectuà de la manera més feliça.

¿Què més te diré? Que a Blanes tots estiguérem malalts, qui més, qui menys; que en Pau Ternal i jo fórem els més cançoners, ell, pel seu braç ferit, i jo, per unes febres de cap, que no em volien passar amb res; que els aires purs, els bons aliments i la tranquilitat d'esperit ens goriren més que les medicines; que durant la meva convalescència vaig fer el retrato d'en Cadernera, «es retràtol», que deia ell, donant a la seva manera caient catalanesc a la mal castissa paraula; que el pobre xicot no capigué en pell, d'alegria; que... Però aquest punt vol una mica d'espai: vaig a com complírem la prometença.

Tots els mariners se prestaren de bon grat a portar el rem al Vilar.

—¿Que si l'hi durem? —exclamà en Vadó Set-Trossos, mig ballant—. Ja ho crec, i tal dia serà festa! Ja em tinc a sa cantada i a s'arròs. Visca sa Mare de Déu des Vilar! Ella ens treu a vores de tot, estima es blanencs i es trenca ses mans per servir-los. Això ja ve des temps des veis. A cada casa hi han boques que en parlen. Doncs ¿què li anem a regatejar? Fer traginar es rem per bastaixos, i ara! Bons muscles tenim i a lo nostro, nosatros. ¿Hai parlat bé?

—Amén —contestà l'avi Mauva.

—Per sa meua part —va dir en Pau Ternal, accentuant la seva personalitat amb una de ses revingudes i vermellenques manasses, que es descarregà de palmell i ben extesa sobre la post del pit— ja se m'assecu sa llenga, si mai de Déu m'oposo a res que vaju a honor de sa Verge des Vilar. A fe de refè li hai promeses tantes de coses, que ni me'n recordo i em trobo amb un embolic, que no sé pas per quin cap podrà seguir, si algun confés no m'hi venta una estisorada. ¿Confés hai dit? Llamp que els abrusu! Com que sóc anyer, encara no m'arrambo a un confessionari, ja tots posen morro de gos agraviat. Trebais a mar, pubilla! Mes sigu com sigu, me sembla... anem a cercar... que bé puc pagar es deute d'atri en descàrrec i a bon compte de tants de meus com se són esborrats des llevador de sa meua memòria. Per sa Santíssima Vergeta sempre faig u. Aquí hi ha una espatlla que no desdirà, baldament es rem fos de seixanta-vuit en comptes d'ésser de trenta-quatre i que ningú més volgués posar es coll a portar-lo.

—Ah! Pau, Pau, que en valdries de peles, si no fos sa mala llenga! —reparà l'avi Mauva—. Si tant estimes a sa Vergeta, ¿per què malparles de tota sa seua parentela celestial? ¿Que no ho veus que ses oracions que li endreces no poden pujar a sa seua orella, entrelligades amb es rosaris de renecs que reses a s'infern tot es dia de cant a cant? Vergonya te n'hauries de donar.

—Per sa verba paridora des Pare Etern —exclamà enèrgicament en Pau—, per sa crossa santa de Roma i per...

—No jurus, home, no jurus! —saltà l'avi Mauva, trencant-li les oracions.

—Vull dir —seguí en Pau— que ja s'ha acabat allò de renegar. Ja ho veig que és un vici llcig. Jo sé es meus propòsits, avi.

—Jhem, jheem... —va fer en Vadó, amorosint-se la garraspera del coll i amoixant-se amb els dits les aletes del nas, com si l'esperit subtil de la desconfiança se li hagués esbravat, fent-hi pessigolles, pels badius i la gargamella.

—As Vilar, as Vilar! —clamà en Cadernera—. ¿Quan és sa diada?

El pare va ser l'únic repatani. Allò de treure la cara pels carrers li venia de repèl. Que fos tan ver gonyós aquell home!

Segut, fumant, amb la visera de la gorra sobre els ulls, ens havia escoltat sense badar boca; i quan li vaig tocar el botet, s'aixecà, va encaminar-se calmosament cap a la porta i, ans d'arrribar-hi, s'aturà, va entregirar-se a mirar-me i va dir poc a poc i reganyosament:

—Jo t'he donat el permís per a què puguis complir el teu vot, Mariagna: era un dret ben meu. Hissa: jo em desmancalo d'un rem, que val una pila de pessetes. Hissa: jo pago l'encesa de l'altar. Hissa: jo corro amb les dispeses de la minestra. Hissa: ara vols... Amarra, dic jo! ¿Te sembla si la meva és cara de fer babarotes pels carrers? ¿Que dormim, tita? Uix! Jo no he promès res.

Al sentir aquesta resposta, vaig abaixar el cap sense ganes d'afegir un mot, perquè sé que les obres de pietat que no es fan a cor dolç són encens per al dimoni; mes no poguí evitar que els ulls se m'enllo-ressen. L'avi Mauva replicà:

—Jo tampoc no hai promès res, Saura; però, quan és bon blat s'ajeu de ple; no vull ésser s'espiga buida, que s'alça dreta enmig des camp. Penseu-vos-hi bé, Saura. Teniu una filla estimada. Sa mar us la volia. No direu pas que no haju sigut sa Mare de Déu qui vos l'ha defesa. Ses proves són clares. ¿I doncs? ¿Per què no voleu correspondre? Mireu que sa segadora dalla per mar i terra. Anem, Saura, dor-miu-hi, prengueu consell des capçal.

El pare va immutar-se i restà una estona sense moviment. Després arrufà d'una sacsada la galta, com si se n'esquivés una mosca molestosa, i sortí, tancant de cop la porta darrera seu. En tot el dia no digué res: calla que calla i fuma que fuma; i, axís que es parlava de l'assumpto, s'escapolia de l'escena com un fantasma. Però a l'endemà, quan ens va veure a tots descalços, amb els rosaris a la mà i el rem a coll, vingué humilment a posar-se entre en Pau Ternal i jo.

—Ja sa cuca fera ha posseït ses dues cames principals, que li mancaven —mormolà en Vadó.

—En marxa! —cridà l'avi Maura.

Pobre pare! Jo el llucava de tant en tant a cua d'ull. Al principi marxava esborneiat i confós com un malfactor, que es veu passat per la vergonya pública; no sabia a on posar les seves mirades fugidores; mes, a mesura que la gent anà omplint els carrers de la nostra passada i que es sentí abrusat pel foc de cents ulls, senyalat per una munió de braços i anomenat per una pila de boques, coses totes que per ell havien de resultar punyents i provocadores, el seu esperit, que creixia en la batalla, s'eixamplà. I com més avençàvem i més gentada es descobria, més ferm i entonat s'anava posant l'home i més fort feia el responement del rosari, esplaiant la seva veuassa, que, fosca i rogallosa com la del mar, com la del mar se sentia també de lluny i s'ensenyoria de la bonior i de la cridadissa.

El nostre romiatge fou a Blanes un aconteixement. Els fadrins i les fadrines plegaven la feina per a acudir a veure'ns passar. Els veïns eixien a les finestres com en dies de professó. De cada carreró travesser sortia un pinyoc de gent: pescadors, menestrals, senyors, dones, mainada; un pinyoc de barretines, gorres, mocadors, tarots i mantellines blanques, de caps que s'encimbellen, de muscles que s'empenyen, d'ulls que llambreguen i de boques que es baden.

Les comares movien un esvalot amb les seves exclamacions mig cantades.

—Cuiteu, correu! Ja vénen, ja vénen es de sa Santa Rita!

—Pepeitta, Ramoneitta!... ¿On us fiqueu?

—¿Qui és aquell? Ai la mare, si no en conec d'atro, si és en Pauet de can Ternal de sa Cama d'Ase!

—Calla, no xisclus, beneita!

—Guaita, guaita! Aquell tan lleig és en Saura.

—Oidà, sí que té es nas dels Saures!

—Bo d'homo, mireu com li degoten ses llàgrimes!

—Reina, això enterneix!

—Caretons de Déu! Ja se n'anaven a fons i sa Verge...

—¿A on va ara aqueix carro? Enrera, enrera! ¿Que voleu fer una tragèria?

—Es que va davant és de can Cadernera d'Arraval: es menut de sa coixa Oriola.

—¿I aquella noa? Malaguanyats peuets! Mireu's-em això, si això són lliris blancs, fietes! Prou és coneixent que no han tingut gaires tractes amb sa terra nua!

—És filla de Roses, però té sang de pare.

—Noa de bona nissaga! ¿De qui s'ha recordat en es seus trebais sinó de sa Santa Mare des blanencs? Oh, quina bona pensada! Salut, noa de Roses! Predica, predica sa devoció des Vilar!

—Glòria a sa Verge des Vilar!

—Visca sa gent de sa Santa Rita!

Les mares aixecaven enlaire els seus infantons.

—Mireu, carets, mireu quin acte de fe!

I nosaltres resàvem i ploràvem, sí, tots ploràvem, fins el pare, que s'havia enfervorit més que ningú i a cada moment s'havia d'espolsar a mà revessa les llàgrimes, que li saltaven per les galtes.

Aquestes coses me semblen d'ahir: tan fresc ne conservo el record; i no obstant, quants anys hi han passat per damunt! La humil ermita del Vilar és la mateixa d'aleshores; els caminals que hi condueixen són tan poètics i solius com en aquell temps: els mateixos pins els hi donen ombra, flaire i remor, les centenàries oliveres no s'hi han envellit cap mica més, i els moixons hi canten les mateixes passades; però els homes que hi transitaven ¿a on són? Dels que férem el romiatge, grat sia a Déu, no restem vius sinó en Cadernera, que ja és vell, i jo, que en l'arbre de la vida sóc una fulla seca, assorollada pel vent de l'eternitat, que no trigarà a emportar-se-me'n. El rem durarà de segur més que els oferents. Memorial d'una oració, llengua muda i eloqüent, dirà *miserere* per nosaltres, quan ja no serem d'aquest món. Si mai puges a l'ermita, el veuràs penjat a la volta entre llànties i salomons, enmig d'un esbart de barques en miniatura, que són altres tants exvotos. El poble el designa amb el nom antonomàstic d'*es rem de trenta-quatre*. L'ermità potser te'n contarà una història exagerada: tu saps la vera.

JACOBÉ

Ha vingut la tardor, aquell temps en què les fulles cauen i en què els malalts s'entristeixen, sentint l'esfullament de certa cosa viva, que se'ls hi va desmaiant al cor. El vent, al passar per les arbredes, sembla que mormola paraules, de les quals se deixa mig endevinar el sentit fatídic per la llur trista entonació i pel esgrogueïment que produeixen a totes les plantes. De bella nit s'ouen cruiximents extranys. La naturalesa gemega i decau. I jo estic en què no és pas el fred lo que l'atueix, perquè més freds són els dies en què l'ametller floreix somniant la primavera, i tant o més fredes les hores de l'abril en què tot somriu d'esperança; no, no és pas el fred: és una mena de mort que passa per la terra obeint a un ritme anyal, per l'estil que passa periòdicament la son sobre els nostres ulls.

El dia és lleig. La blavor dels llunys desapareix sota la boira. Els núvols projecten ombres erràtiques sobre els plans i les muntanyes. El sol ha perdut l'alegre brill, que entusiasmava i feia cantar a les cigales; guaita de tant en tant amb un mirar esllanguit i clapeja la terra de taques grogues i somortes, que es van apagant de seguida amb un deix de melangia inexplicable. La nostra marina no és ja pas el país entre blau daurat del bon temps d'estiu. Ja no brilla la ginesta en els penyals, ni guspireja la pols de mica en les platges, ni les cases del poble conserven la blancor enlluernadora d'un mes enrera, agrisades ara per la humitat i ennegrides a llenques pel rastre dels regalims.

Me passejo amunt i avall de la platja.

Els llaguts afilerats, lligats per la popa a llurs estaques, s'inclinen cap al mar amb un posat enyoradís. No han pogut sortir per mor del temps.

Al mig del sorral veig un grupo de pescadors en vaga i m'hi acosto. Estan drets, uns amb les mans a la butxaca i altres amb els braços plegats sobre el pit, examinant atentament les negrors de l'horitzó. Arribo al seu costat i ni es giren poc ni molt a mirarme. Un d'ells diu: «La gropada es menja el vent». Tots callen, i al cap d'una bella estona un altre afegeix: «No es pot dir en què la darà, però els senyals són de gargalada». I en cosa de mitja hora no els hi sento una paraula més. M'han fet pensar en una colla de devots, que, acoblats davant d'un faristol, llegeixen un gros llibre de cor, tots muts i a peu dret; i si algun tal vegada mormola quelcom de la lectura, els altres resten impassibles, sense alterar llur atenció, ni pendre's tan sols la molèstia d'escoltar-se'l.

Bé n'hi deuen trobar de coses a llegir en l'horitzó de mar, aquests pescadors. Jo els deixo, cansat de la seva eixutesa; me'n vaig cap a la raconada de llevant i m'assento en el pedrís de ca la dida, sota l'emparrat de pàmpols mústics. Heus aquí la casa més alegre de totes les que em pinten els records de la meva infantesa i, Déu m'ajudi, ara no goso quasi entrar-hi: tan sense consol és la desgràcia esdevinguda a les dues dones que hi viuen. I a fe jo les havia conegudes ben ditxoses.

La dida certament havia passat moltes penes mentres va viure el seu marit, en Catre-venc, serrador francès, que treballava a la mestrança i tenia el mal vici d'emborratxar-se; però quan me va criar a mi ja era viuda; en Catre-venc havia mort a la flor dels anys atuït pels seus propis excessos i pels de la seva nissaga d'ubriacs. La bona dona va plorar al difunt i va trobar la pau i el benestar sobre el seu cadavre. Havia quedat força bé d'interessos; tenia la seva casa, la seva rendeta, i salut i bones mans i ganes de treballar. A les vetlles feia filet d'espart; i de dia, quan la bugada, la cuina o l'esterreig no la'n destorbaven, agafava el coixí i el joliu cant dels boixets s'espargia per la casa, esparvillant al canari, que de seguida es llençava a barrejar-hi la seva refiladissa.

Tenia una filla quatre anys més gran que jo, la Jacobé, a qui el seu pare havia tret aquest nom extrany per no haver sapigut mai girar la llengua a pronunciar el de Jacobeta. Pobra noia! Se pot ben dir que ella fou qui em va desmamar. Me gronxava al bressol, me rentava, me pentinava... En els meus records més llunyans la veig baixar de la font per la torrentera entre blavoses atzavares, amb el cantiret al cap, les mans en l'atuell i els braços graciosament arquejats i nusos, caigudes les maniguetes colzes avall. Això era en temps d'estiu... Me sembla que veig l'extesa de sol i que sento el cant de les cigales... Ella baixava saltironant com un xorrumet, se m'acostava tota acalorada, pantejant i rient, i mentres me donava beure, m'inundava amb les bovors de sol i les flaires boscanes de què estaven impregnats els seus cabells i les seves robetes espellifades.

Jo li deia la teta, designant-la amb aquest tendre nom, que en moltes famílies se dóna a la germana gran, segona mare dels altres germanets. I efectivament tenia per a mi quelcom de mare, de germana i d'amiga. No puc pensar en cap de les meves primeres diversions que no hi hagi d'associar la imatge d'aquesta noia. Ella amb fils de gaseoses, trossos de pèl de seda i hams rovellats, que li regalaven els palangrers, guarnia les canyes de les meves pesqueres. Ella aplaudia els meus èxits quan jo agafava alguna mabreta o alguna agullota prou ignocentes per a deixar-se enganyar per aquells pobres artificis. «Això és plata viva! —exclamava—; això és el peix més hermós de la mar!». Tal vegada s'aixecava les fandilles, posant-se-les entortolligades a l'entrecuix i, ara seguint a l'ona que s'enretira, ara fugint de la que avença, fotxava amb els peuets ací i allà, descolgant de la sorra xopa unes cuques vermelles i lluentes com coral mullat. «Cuques de platja, Minguet! —cridava—; aquest sí que és un esquer que no falla!». Tal vegada s'asseia al meu costat i quieta, quieta, amb els ulls baixos i les manetes amagades sota el davantal, resava parenostres i més parenostres per a què Déu me concedís bona pesca.

La platja era el lloc de les nostres preferències. Hi corríem, hi fèiem tombarelles, hi jugàvem a pidralta o a sotet, hi cercàvem petxines... A voltes ens entreteníem a fer enfadar a la mar, insultant-la i tirant-li sorrades. «Mira com s'estufa la vella reganyosa... veus?... ¿sents com ronca? Apa, aquí, berra, escumeja; no ens arribaràs als peus». A còpies de mirar fit a fit les onades, que anaven arribant, i de creure-les sensibles a l'agravi, ens semblava que les vèiem créixer, botir-se enfellonides, apressar la seva embestida i abordar-se cap a nosaltres amb brams de fera enrabiada. Era un plaer que tenia quelcom d'esborronador. A voltes, després de dinar, ens adormíem tranquilament a l'ombra d'un llagut amb els polsos frec a frec i els cabells a la barreja.

Un dia vàrem trobar un corn marí molt gros, ja buit de dins, rentat per l'aigatge i la sorra i eixugat pel bon sol de juny. De seguida la Jacobé va descobrir-hi les més admirables virtuts. Se'l va posar a la orella i escolta que escoltaràs, sense moure les parpelles, ni quasi respirar. Després va donar-me'l a mi. «Escolta, Minguet; no et moguis ni et postiquis; veuràs si en sentiràs de coses!... Aquest corn és una mena d'orella d'ós; té, ¿veus el cau? Ha estat llargues nits i llargs dies al fons del mar, parant ment a tots els sorolls... i encara li rebomboregen per dedins. Sents?... uuuu... oi? Això és la fressa del vent. També hi ronca la maror. Vés escoltant. Com més escoltis més clar ho sentiràs tot: la tronada, la pluja, el vent, totes les remors del temporal. Jo fins hi he sentit un ai llastimós, Reina pura, que devia ser d'algú que es negava». I efectivament, en aquells temps d'ignocència, que en feien somniar de coses els sorolls d'un corn!

La Jacobé era entremaliadota, però no me'n deixava ser a mi. Me vigilava que ni la mainadera més cuidadosa i temorenca. «Minguet, no t'assentis a la sorra molla, que podries agafar dolor. Minguet, no et llevis la pallola, que el sol t'entraria al cap. Minguet, no passis per aquí; Minguet, no passis per allà». No era cap raresa que, seguint els seus consells, estés jo com un santet, mentres que ella xopejava per l'aigua, trescava per les roques o s'enfilava als penya-segats a collir-hi ginesta o a cercar-hi les flors que a cops de pedra havia fet caure dels arbrets d'atzavara.

Aquí tot me la recorda; i més que res aquest escamot de roques, que espargides per la cala reganyen a flor d'aigua els seus herbatges arraïmats de color d'or vell. Me fan l'efecte d'un pedestal sense estàtua. Damunt d'elles hi esqueia d'allò més la figura d'aquella noia de cames llargues i formes anguloses, amb els vestits i els cabells banderejats pel vent.

Mes, no havia pas de durar sempre la infantesa. Varen anar passant els anys, jo vaig haver d'estudiar i la Jacobé va tornar-se de dia en dia més casolana i treballadora. El seu cutis s'esblanqueïa i afinava, i la color de ses galtes prenia la suavitat d'un reflexo de roses sobre un gerro puríssim de porcel·lana. Les seves formes de nena s'anaven modificant, modificant... Se diria que el temps les treballava com un hàbil artista: omple aquí, buida allà, estira això, enrodoneix allò, les anava embellint i amplificant totes; ja inflant les ones de la rossa cabellera, com si les ufanés amb aquell buf primaveral que fa créixer l'herba, ja estufant suaument el pit i les caderes, ja esllanguint la cintura, ja amb ditadetes màgiques obrint graciosos clotets en els colzes, en els nuets dels dits, en la barba i en les galtones. Jo vaig presenciar en gran part aquestes transformacions sense parar-hi gaire esment; però en això vaig estar tres o quatre mesos fora del poble, i quan vaig tornar a veure a la Jacobé vaig quedar amb un pam de boca badada.

Certament a setze anys era una hermosa minyona. Tota ella tendrejava com una delicada flor d'hivern. No es pot dir que fos robusta, però estava sana i no li faltava mai delit. S'aixecava de bon matí com els aucells de bosc, i no es cansava de treballar, ara xacutant en el coixí, ara rentant roba en el safareig, ara netejant i endreçant les coses de la cuina. Donava bo de veure-la trastejar dels fogons a l'aiguera i de l'aiguera a l'armari cantoner, tan polida, tan xamoseta, amb els braços esmanigats, que ressaltaven amb una tinta calenta de presseguerет florit sobre la blancor llampeguejant de les rajoles de València.

Solia estar de bon humor; sovint cantava, reia o xerrotejava gaiament. No obstant, algunes vegades jo havia reparat que les seves nines, d'un blau fosc i tan grosses que se li menjaven quasi tot el blanc de l'ull, prenien un esverament, una fixesa penosa, una obagor pròpia dels ensomnis ombrívols. Mes ¿qui n'havia de fer cabal?

Un dia que li vàreig notar molt sovint aquest posat de tristesa, li vaig dir: «Tu enyores aquells capgirells que fèiem a la platja, ¿oi, Jacobé?». Ella esclafí a riure amb un aire mofeta i graciós, treient una mica la llengua, mig mossegant-se-la, per entre les dents immaculades. «I ara, Minguet! Vols-te fer jo et toc! —exclamà—; no en faltaria d'altra sinó que me n'anés a guimbardejar per la platja. Tu sí que encara en deus tenir ganes... i no és extrany; però jo, tan gran!... ¿A on tens el cap, Minguet?». Me va pegar una esquenadeta. «Vés, vés en nom de Déu, criatura. Altra feina tinc tallada». I, plantant-me amb una giravolta rumbosa, se n'anà eixerivida a les seves tasques.

Això de que se'm tingués per criatura era cosa que em mortificava; mes per a la Jacobé, no hi hagué remei, vaig ser sempre el menudet, el petarrell de la casa. Encara jo no hi entrava, de tornada dels estudis, per les festes de Nadal o a fi de curs, ja es posava a escandalitzar amb la seva xerrameca harmoniosa, plena d'exclamacions, i amb uns crits i un espinguet que se la sentia d'una hora lluny. «Mare, oh mare, ¿a on sou? ¿Sabeu qui ens ha arribat? El nostre petit, en Minguet! Oidà, qui ho havia de dir! No n'estarà poc de contenta la mare! Verge Santíssima, i com has crescut, caronet de la teta! ¿Què pendràs? ¿Vols menjar peres... pa amb confitura?... Mare, veniu, cuiteu... Ens ha arribat el petit, aquí tenim al petit!...». Vaja, per més que tan bon acolliment bastés a ofegar tots els sentiments que no fossen tendres, aquests pics de «petit» resultaven ben ofensius per a un home de dotze anys complerts.

Per altra part, la Jacobé i la dida estaven geloses de la meva dignitat. Si algun xicot pescador entrava a conversar amb mi i em tutejava, com era molt natural, les dues dones hi feien una cara de tres Déus. «Qualsevol gos sap més de modos que aqueixos murriets de platja! —botzinaven elles amb elles—. Heu vist quines franqueses! Deuen figurar-se que tracten amb algú del seu braç». I entre els veïns tot era donar-me importància. «Aquest noi, aquí on el veieu, és l'hereu més ric del poble, un senyoràs, que trepitjarà més catifes que cap marquès; sinó que és de pasta d'agnus i estima als pobres com un bon Jesuset. Ell s'enraona amb qualsevulga, tan senzill, tan franc; però això no vol dir que un s'hi hagi de pendre llicències... Doncs ¿i la moral de les persones?... Fillets, s'ha de respectar a cada u per lo que és».

La Jacobé era en aquestes coses la més exagerada. Aixís que sabia que jo havia tret bona nota als exàmens, ja corria a fer de nunci pel barri. «En Minguet s'ha examinat. Oidà, ¿no n'heu sentit a dir res? Sembla mentida! Sembla mentida! Si tot el poble en va ple! Aquest noi serà un savi. Les *retòliques* que sortien d'aquella boca!... Els mestres se'n feien creus. Carets de Déu, li han donat un *prèmit* que ja, ja!... No es parla de res més».

Ella i sa mare no podien anar a cap fontada o aplec a què no m'hi convidessin; i ambdues s'escarrassaven en obsequiar-me i no apartaven de mi la vista, alegrant-se amb la meva joia i amoïnant-se de la meva indiferència, com si la seva festa no consistís més que en la meva satisfacció. I quan tornàvem de la grifolda, si la vesprada era fresca, la Jacobé no trobava prous abrigalls a posar-me. La dida solia reprovar-l'hi.

—Sempre aquest mateix paletrís d'engavanyar al menut! ¿Que et tornes lira, noia? ¿Per què me l'emboliques ara cap i tot amb el tapaboques, que fins li tanques els espiralls?

—Ja li surten enfora els badiuets del nas, dona. ¿Que voleu que se'ns costipi? Deveu pensar que aquest infant és com nosaltres, santa cristiana... i ell és de fusta de senyor... més delicat que una englantina.

—Però ¿que no ho veus que suarà les freixures? ¿Oi, Minguet, que t'abriga massa?

—¿Oi, manyac, que ningú et sap gomboldar com la teta?

¿Què havia de contestar jo? Me deixava enfarcellar i callava, per més que hagués d'anar patint tot el camí.

A la platja de Santa Cristina hi havíem fet excursions delicioses algunes tardes d'estiu. Allí, mentres la dida i el mariner, que solia acompanyar-nos amb el gussi, coïen el sopar en fogons improvisats amb quatre pedres, la Jacobé i jo gambejàvem descalços per les maresmes, cercant-hi les petxines que viuen aferrades als penyals banyats per l'oratge. Mai n'he menjat de més gustoses. I quan, tot forategant amb el ganivet per arrencar-ne alguna, captombats a frec d'aigua, ens escometia de cop i volta una ona esvalotada, esquitxant-nos de xarabots, quins xiscles i quina tabola! Encara em sembla que veig com la Jacobé, de quatre grapes damunt de la roca, alzinava esverada el seu caparró adornat amb lliris de platja, tot ruixat de gotetes tremoladores, i com en un moment la seva cara passava de la sorpresa a l'espant, de l'espant a la consternació i de la consternació a la còmica hilaritat. «¿Que et creies estar en sec, Minguet?... Si ens descuidem!... A mi l'aigua em regala esquena avall que em fa unes pesigolles!... i tu sembles un *mico* remullat». Rèiem per les butxaques. I ja el sopar estava llest i les estovalles exteses a la sorra i els grills començaven a cantar la vinguda del vespre, i encara ens recava la diversió i fèiem esgargamellar a la dida cridant-nos.

Pobra Jacobé, qui l'ha vista i la veu! Sense més ni més, sens una passió, sens una contrarietat, sens un disgust que pogués ser-ne la causa, se li ha girat una malaltia horrible. És boja.

Alguns anys enrera va manifestar certes idees extranyes, certa alteració de caràcter. La dida se me n'exclamà un dia: «Aquesta noia diu coses que fan so d'esquerdat; i si no se li segueix la veta, agafa unes requintes de la ingra de bet. Per res li trenques el plat bonic... s'enfurrunya, botzina que botzina, i vinga entristir-se i emmaximar-se. S'és agraviada de tots el veïns... no s'hi vol tractar... per a ella no n'hi ha cap que tingui modos, ni *arbanitat*... Ara mireu's el drap de la cuina!». No hi vaig donar importància: Bah, criaturades, rareses... res. Ho vaig tirar a la broma: «Li heu de cercar un nuvi que la sàpiga amoixar. Les fadrinetes amb els anys posen mal geni». —«Oidà!—va saltar la dida rient—, ella sí que en va d'acaserada!... Una noia que no pot sentir parlar de saraus, gusarapa com ella sola... una noia que s'enrajola i s'amagaria sota terra quan algun minyó se la mira, i que s'encataua quan ne ve algun a casa... uix!... I, mira tu, si en ve algun que ella no ho sàpiga, ho coneix amb la nassada, ¿ho creuries? Diu que sent fortor d'home i corre a obrir les finestres per a què s'esbravi. Vés, casa-la, mal llamp!». Vàrem acabar per riure com uns beneits.

Jo aleshores sols podia anar a ca la dida de tard en tard. No vaig notar sinó que la Jacobé em rebia amb un entusiasme extremat, amb un interès una mica fora de to. Tirava un gavadal d'espigots i llenya a la llar per a què m'escalfés millor. Me polsava temerosa de que estés malalt. Si em trobava el front calent, s'acuitava a fer aigua de valeriana i me l'encarcanyava per força, sense escoltar les meves protestes.

«Creu a la teta, que et vol bé... Tu estudies massa, caret; això t'ha de matar». S'empenyava en ficarme diners a la butxaca, per a què comprés tabaco d'amagat del pare. Reia i plorava de tendresa. A mi ja em semblava que aquest apassionament era exagerat i estrambòtic; però ¿i què?... Cada u té les seves coses; i la Jacobé m'havia estimat sempre tant i allavores me podia veure tan poc sovint!

Ara dos anys va començar a decaure. S'emmagria, perdia la frescor i agafava unes rauxes de marriment que li eren abans desconegudes. Quan s'aixecava emperesida i de mal humor, ni sols se cuidava en pentinar-se; s'assentava en una cadira i s'hi estava hores i més hores, com llassada, tal volta de cara a la paret, sense mirar res, submergida en un negre encantament. La dida solia dir-me: «Avui té mala lluna: deixa-la estar». I jo restava tranquil, com si allò fos la cosa més natural del món: Ja es curarà: avui està núvol; demà estarà serè. Déu m'havia posat una bena davant dels ulls.

L'estiu passat, al tornar de les aules a fi curs, vaig rebre al cor una forta sotragada, al compendre tot d'una la terrible veritat. La Jacobé estava feta una calavera. Magra, tremolosa, amb els ulls fondos i el mirar esbarriat va comparèixer a saludar-me. Només va dirigir-me un somrís, com si m'hagués anat veient cada dia, i de seguida va retirar-se a la seva cambra amb un caminar desmanyotat, arrossegant pesadament les xinel·les, que duia a retaló. Vaig quedar com assombrat d'un llamp. La dida m'estava observant dreta a la llinda d'una porta, sadollant-se amargament del dolor que es pintava a la meva cara; però no em va ser possible dissimular. Després d'un llarg silenci, la bona dona va rompre en un gemec: «Filla meva, filla de les meves entranyes!». Les llàgrimes li degotaven per les galtes i jo em sentia escanyat per un sanglot contingut.

—Ja ho veus, Minguet —va afegir de seguida—: aquesta noia se'm fon com un terrosset de neu. Jo no sé pas què fer-hi: li dono tot lo que vol... vianda, més que un llop no en dragaria... Oh!, i que se la menja, perquè de gana no n'hi falta pas; però res li aprofita; se m'aflaqueix com si li robessen la carn a grapats, ella, que feia aquell goig que enartava, tan grassoneta! I surt amb uns estirabots!... Redéu, com s'és tornada! Hi ha dies que la dóna per rentar i em tira al safareig els quadros, els llibres, les sabates, tot lo que li sembla brut, sigui lo que vulgui, i apa, ensabona que ensabona... N'ha malmeses de coses! I ara sempre té calor, ella que era tan fredeluga. Moltes nits a l'hivern me la trobava asseguda sobre el llit, en camisa, amb la finestra oberta. Entén-ho això. El metge no sap lo que s'hi pesca: que banys freds, que potingues de ca l'apotecari... Res hi val. Els veïns... mala pesta els sec... s'hi diverteixen i diuen que és boja... i jo no sé si sóc jo mateixa que m'hi he tornada, perquè, vaja, això no em cap al magí... és horrorós, horrorós! ¿Què hi dius, tu, Minguet?

No vaig trobar un mot de consol. Me vaig abraçar amb ella i vàreig llençar-me a plorar com una criatura.

D'ençà d'aquell dia les coses han anat de mal a pitjor. La Jacobé no és ombra de lo que havia sigut, ni per lo que toca al cos, ni per lo que toca a l'ànima. Deixada, macilenta, febrosa, borbolleja en comptes de parlar i desvarieja més que enraona. Ella, el lliri de platja, l'estampa de la polidesa, avui és com una flor de camí ral. Fins l'instinct de la netedat, que és tan viu en totes les noies de la costa, ha-li sigut destruït. I la dida, com ha canviat també! Aquella dona alta, panxudeta, entenimentada, d'aire festós, de mirar serè i de boca, si bé esqueixalada, sempre ufanosa de llavis i afavorida per un posat de placidesa o d'amistós somriure, s'ha tornat pàl·lida, fantàstica i desmanegada. Sembla més alta que abans, no riu mai, mira a tothom amb sussús, rondina i, com si avorrís l'airecel, no surt al carrer sinó per pura necessitat.

Així és com la casa de l'alegria s'és convertida en la casa del dol.

Sento el trapeig de la dida que es passeja amunt i avall... trap, trap, trap... Tots els sorolls d'aquesta casa m'inspiren una mena d'horror que em danya el cervell.

¿Què faré? ¿Entraré a veure la malalta?

Empenyo el cancell, me fico cap a dins... Les finestres estan gairebé ajustades i regna una mitja fosca que de moment m'esvaeix la visió. No obstant reparo la silueta de la dida, que ve cap a mi a llargues gambades, fent-me senyes de que m'aturi i barbotejant amb to de veu reganyador:

—No es pot entrar... No passeu... ¿Qui hi ha? ¿Qui ès?

—Sóc jo —contesto—, ¿no em coneixeu?

—Ah! ¿ets tu?... ¿Ets en Minguet?... Bé, està bé... Hi ha tanta de gent tafanera! Mira, té, ¿veus aquelles dos barjaules allà, a la sorra? —diu, indicant-me a dues dones per l'escletja que bada un porticó una mica obert—. ¿Què hi graten allí acoflades? No hi són per avemaries a dir, no: sotgen, espien, les bandarrasses! I tu ¿què vols?... ¿què cerques?

—Venia a veure la teta. ¿Com se troba avui?

—¿Com vols que es trobi la caretona?

M'agafa per un braç i m'aboca a la porta del menjador.

—Mira-la, està dormint.

Guaito una llarga estona a través de l'aire ombradís sense descobrir res que s'assembli a un cos humà. Per fi, damunt del ganapé obiro un bulto i una porció de faldilla que en penja desplegadament fins arran de terra a tall de l'ala caiguda d'un aucell malalt; i poc a poc vaig afigurant en aquest bulto els contorns d'una persona, de la qual costa d'endevinar la posició. És ella, la Jacobé. Està de boca terrosa, amb el cap de frontalera al matalasset i la barba apretada contra el pit. Per entre els llistons del ganapé, surten-li una munyeca i una mà acanyadíssimes. No es mou gota, ni es diria que respirés, però m'ha semblat veure perlejar un dels seus ulls i, tement desvetllar-la, m'enretiro de puntetes cap al fons del passadís.

—¿Voleu dir que dorm? —pregunto a la dida.

—Què hi sé jo, fillet! Està quieta, descansa, vetho aquí.

—¿I què ha dit el metge? ¿No ha vingut avui?

—Mira, no me'n parlis del metge; ja em té sofregida. Fa més de tres setmanes que llenço les receptes a les escombraries. És un toca-sardanes... no sap per quines mars navega... Ramonet, Ramonet, quina paret toques... uix! Ara surt amb què el mal gam de la noia ve de les borratxeres del seu pare i dels seus avis. ¿Oi quina pensada? Jo bec i tu et mareges. Vol-se'n anar al... Déu me contingui. I mentrestant la Jacobé se'm va morint, se'm va assecant com els pàmpols de la parra, emmalaltint-se més i més a cada glop de medicina que pren. Al diable les potingues!... No, aquest mal no és dels que es poden curar de mà de metge o de manescal, prou que ho veig. Ah! Minguet, corren unes persones ben dolentes!...

—I bé... ¿a on aneu a parar?...

—Algú ens vol mal, vet-ho aquí —me contesta, pegant-me una llambregada tenebrosa i plena d'emoció—. Això no és una malura vinguda del natural de la persona, això ha sigut donat, n'estic tan certa! Ah!, si jo sapigués qui és l'ànima maleïda que em fa patir an aquest infantó de Déu que mai ha tingut una paraulada amb ningú!, si jo sapigués... ah!, reïra!

I, al dir aquests mots, grapeja l'aire amb un moviment tan feréstec que sento cruixir les juntures del seus dits. Després s'arramba a la paret i s'hi posa a picar de front a coparrets, a coparrets. Quan se torna a girar està tan pàl·lida, que es diria que la blancor del lliscat se li ha encomanat a la cara.

—Que m'haguessen clavat una punyalada de mort ho hauria sabut perdonar; però això!, això no té perdó en aquest món ni a l'altre! Les penes de l'infern són massa curtes per a una dolenteria com aquesta. La meva filla, el cel del meu cap blanc!...

El plor l'ennuega. En va procuro consolar-la, en va tracto de dissuadir-la de la seva preocupació. És temps perdut.

—No et cansis, Minguet, no em treuràs dels meus tretze: n'estic massa convençuda. Vull provar la sonàmbula. Així com així, del metge no cal esperar-ne res. I no m'amoïnis; vés, vés en nom de Déu, oratja't, passeja't... no estic per corrandes. Vaig a rentar un covenell de roba que tinc al safareig, i em distreuré escarrassant-me.

Surto de la casa apesarat. Capbaix i caminant d'esma me'n vaig ensomniat anguniosament per les imatges de la realitat i per les d'un pervindre més dolorós encara, que estic preveient.

A l'arribar a mig carrer de mar, m'aturo, perquè he vist venir al doctor Calvet i desitjo preguntar-li de la malalta. El bo de l'home deu tenir alguna visita urgent. Va de pressa, de pressa. Du les mans encalafornades a les butxaques del paltó, la mangala sota l'aixella i el barret al clatell. És blanc de celles, blanc de pestanyes, blanc de cabells i blanc de cutis; en la seva carassa magra i ossuda no hi ha més que blancor, llevat de la tinta blavissa que li acoloreix esblaimadament les nines dels ulls i les venes, que li arboregen pels polsos. Camina de pressa i tan distret, que no s'adona de mi fins que em planto al davant seu a mitja passa de distància. Aleshores fa un surt, s'atura, m'examina un moment amb mirar de miop i de seguida tanca les parpelles, amb lo que la seva cara acaba d'esblanquir-se del tot. Vaig a parlar, però no em dóna temps. Sense obrir els ulls més que de tard en tard i a mitges, diu així de correguda:

—Ja sé lo que em vols preguntar. Se tracta de la teva teta, oi?... de la Jacobé. Està mala, mala, malíssima. Res... t'ho diré amb quatre paraules. Tu, que has estudiat els clàssics grecs, recordaràs segurament el cas de la Ifigènia, filla del rei Agamenó, que va ser condemnada a morir en expiació d'una falta del seu pare. Doncs vet aquí un símbol de gran realitat. ¿No m'entens?... He, he, he... En la naturalesa passa aixís mateix, lo mateix que en la faula, igual, igual: els ignocents expien els pecats dels culpables; no s'hi perdona res: cada falta ha de portar el seu càstig, i lo que no ha satisfet en Pau ho paga en Nicolau. És salat, oi?... He, he, he... Tal vegada jo no patiria de ronquera si el meu besavi no hagués sigut tan aficionat a mastegar tabaco negre. ¿Què hi hem de fer? És la llei: *flectamus genua*. La Jacobé està sota el ganivet del gran sacrificador, un sacerdot implacable en l'exercici de les seves funcions sagrades. Vés, detura el cop tu. És lo mateix que si et volguesses despullar de la pesantor quan caus daltabaix d'una timba... He, he, he... Aquelles disbauxes, aquelles borratxeres, aquelles brutalitats de tota mena dels serradors, algú les ha de pagar. És inútil que m'estireu els faldons: Senyor doctor, senyor doctor, un remei, una medicina... No hi sóc a temps. Us heu atipat de metzines durant anys i panys i generacions, i voleu que se us curi en el curt espai d'una malaltia. Aneu-los esperant els miracles!... Allò de que la Ifigènia, ja dalt de l'ara, s'hagués salvat per obra i gràcia d'un déu, és la part inverosímil de la llegenda, és lo que no succeeix mai. Aneu-los esperant pla els miracles!... He, he, he... Res, no hi comptis amb la teva teta. *Lasciate ogni speranza*.

Se treu el rellotge de la butxaca, se'l posa a frec

del nas per a mirar l'hora, i exclama, arrencant a caminar desaforadament:

—Dos quarts de tres!... ui, ui, ui!...

Jo prossegueixo el meu passeig, tot donant voltes a les fondes idees que el doctor Calvet acaba de sugerir-me enmig de les seves rialletes cíniques. ¿Serà cert que els nostres vicis més secrets i més íntims no ens afecten a nosaltres sols, sinó que produeixen una sement de dolor que anirà grillant de generació en generació en el cor dels nostres fills? És clar com l'aigua... i no m'hi havia parat mai!... Oh Déu meu, tots ens apenem d'oprimir algun cor, de causar algun turment als nostres semblants, i no obstant ens entreguem tranquilament a certs excessos que en apariència no danyen a tercer i... ah, si vegéssem les llàgrimes que faran vessar!...

Vaig barrinant, barrinant, i camina que caminaràs. Sí, és així; no hi ha un pensament, no hi ha una volició, que no imprimeixi un encuny, una tendència en el nostre organisme, tendència que contribueix a informar-nos i que es transmet i es perpetua en certa manera. La caiguda d'un gra de sorra repercuteix per tot l'univers... el primer home alena en nosaltres a través dels sigles. S'ha de deixar de banda aqueixa invenció de la moral universal, que amb facilitat dispensa tot lo que palesament no perjudica a tercer... perquè ¿hi ha un sol acte psicològic que sigui indiferent a la humanitat?... Aqueixa moral escarransida ni sols serveix per a la vida d'aquí baix. Com sempre, Jesús te raó. S'ha d'infiltrar el bé fins en les arreletes més fines de l'ànima, i si no...

I quin desig més insaciable d'expiació palpita en la naturalesa! La llei d'heretatge extenent un riu de dolor a través de les generacions, un riu que marxa indefinidament; els pobles primitius despertant-se amb una set instinctiva de sacrifici; les consciències més delicades trobant un melangiós consol en l'abnegació, en... Això és un dit que senyala cap allà, cap a lo infinit... I quan Jesús baixa a la nostra tenebra, clava la creu enmig de la corrent dels nostres dolors sense esperança i, hereu de l'home, expia tot lo per nosaltres inexpiable... No, un no comprèn pas aquests misteris; però en sent l'harmonia, esplendor de la veritat... i la terra i el cel...

Me deixondo de les meves cabòries i m'adono de què estic palplantat i amb un braç enlaire, precisament al davant del treballador d'unes sastresses, que s'estan rient de mi descaradament. Bona fila devia ser la meva allí, dret, accionant de segur com un sonàmbul!... Fujo avergonyit, entrebancant-me amb les meves mateixes cames i perseguit per la tabola d'aquelles noies, que xisclen de divertiment i em diuen, a crits: «Passi-ho bé que cauen gotes!».

Després d'aquesta ensopegada, no goso pas tornar-me'n pel mateix carrer. Veig que el mar està braument mogut i que ha de presentar un bonic aspecte des de les roques de la costa. Així, doncs, agafo el camí del torrent, que passa pel costat de ca la dida, i em vaig enfilant muntanya amunt.

La Jacobé és a la finestra. Té el cap decantat sobre el gabió de filferro d'un test de clavellines i va seguint amb la vista la meva ascensió. Jo, que l'he coneguda tan hermosa, no puc menys d'entristir-me al veure-la tan abatuda i tan demacrada. Mai més m'acompanyarà al lloc, ni es pendrà maldecaps per mi. És un mort que respira.

M'interno pel corriol que voreja els penyasegats de la costa. És un viarany que serpeja arran del precipici i en alguns punts ressalta de la roca talment com el relleix d'una cornisa al cim d'un altíssim muradal. Fa basarda de transitar-hi. Un hom se posa en una mena d'alarma latent, que esclata d'un plegat i creix fins al terror quan s'experimenta el més mínim ensust. Una pedreta que s'esllavissa ocasiona un esglai. La fressa brunzidora d'un vol de perdius, que s'aixequen sobtadament, glaça la sang al cor; i, al pegar elles falconada cap a l'abisme, s'emporten l'esperit, despertant-hi un impuls d'imitació tan viu, que un segurament s'estimbaria si no pogués arrapar-se en algun tocom. A mi m'és hagut passat; i que no he pas planyegut les mans en l'apretada, baldament fos a l'entorn d'un arn o d'una atzavara plena de ganxudes espines. En veritat el camí és perillós, però això m'és ara una ventatja. M'esforço en domenyar la sobreexcitació nerviosa i les rodeses de cap, pujo, baixo, corro aquí, salto allí, m'arrossego més enllà, i aquest doble exercici de cos i ànima me va reconfortant.

Per fi assoleixo un saplanet format al cim d'un gros penyal que torreja mar endins i m'hi aturo a descansar. La tarda és coberta i sombrívola. El cel no pot ser més brúfol. El vent referma. La tronada rítmica de la ressaga va creixent i dilatant-se; se desplega al meu dessota amb poderós soroll i de caverna en caverna, de platja en platja la sento rodolar i retrunyir per la costa, fugint, apagant-se, sonant al lluny del lluny com un bleix d'agonia que, tot just percebut, s'esvaeix sota el tro del nou onatge, que arriba al meu penyal. Bé l'he sentida i sentida la veu del mar, però sempre em sap bo de parar-li la orella.

De l'escoltar ne ve el mirar. Me vaig acostant al precipici i acabo per abocar-m'hi, recalcant-me de pit a la soca d'un pi venturer, que s'alça al cantell de la cinglera. Així descobreixo la timba fins al bell fons. Dues gavines volen a sota meu, ara remuntant-se, engrossint-se, tapant una bona porció d'espai amb llurs alasses blanques, ara abatent-se, enfonsant-se, empetitint-se fins a confondre's, com dos borrallonets més, amb els borrallons d'escuma que els rompents escupen enlaire. Allà a baix, quina revoltura d'aigües! M'entretinc procurant seguir el curs d'una ona des de que comença a fer-se obiradora fins que s'esgavella als meus peus. De primer és una arrugueta, que tot just se sombreja al lluny entre milers d'altres. Avença poc a poc, sempre dret a terra, apa, apa... sembla que no hagi d'arribar mai... i s'esborra i reapareix i roda i creix i s'ageganta... Ja és una baluerna imponent, viva, agitada, que es boteix, com un múscul colossal, que es concentra i acumula; i al seu entorn s'embauma el mar com xuclat. I avant... La seva marxa és plena de majestat i de feresa. S'acosta lentament i, al trobar l'aspresa de la primera seca, s'atura vacil·lant, s'alça i s'aprima, mostrant la verdor transparent del seu si d'esmaragda i, ja ben alzinada, va caragolant-se, com una estampa de goma sota l'alè d'un xicot, se romp per la fina cresta en devessall cristallí i es precipita tota plegada a terra amb ronc terrabastall, tomballonejant ací i allà, escalant les penyes i omplint l'aire de xarabots. I una onada ve després de l'altra, i el brogit i el moviment i el combat no s'acaben mai i ofereixen sempre variacions interessants. És un espectacle que no cansa.

Abraçat còmodament amb el pi, que es decanta sobre l'abisme, gaudeixo un punt de felicitat. Me vaig oblidant de tot. Al principi encara salten pel meu cervell algunes idees. Se m'ocorre que el mar ve a ser el cor del nostre planeta, el gran centre de la circulació, ja que d'ell ixen els núvols que ruen pel cel, la rosada que refresca els matins, i les pluges que alimenten els rius; i els rius són les artèries, que tornen contínuament al cor lo que del cor van contínuament rebent. Aquestes idees me concentren una estoneta. Després no penso gaire res més. M'entrego als sentits oberts, m'abandono a les percepcions, me deixo compenetrar pel cosmos... La meva ànima es vessa a l'exterior; és la sensació de la immensitat, el palp de les belleses fondes del païsatge... és quelcom que flota en la ratxada sonora, s'extén a lo llarg dels xiulets del vent i rodola envolt amb la bramulada de la maror. Els meus músculs se relaxen en suau repòs. Veig, sento i goso. Quan l'aigua reflueix al meu dessota, les roques mig negades aixequen els seus lloms coberts d'una tinyassa de color de tartrà i m'envien una alenada flairosa, que em vigoritza. Estic en l'ambent més apropiat a la meva vida, intimo amb una naturalesa amiga i no tinc pas consciència del temps que passa.

De prompte experimento un sobresalt immotivat i la imatge de la Jacobé es presenta ràpidament a la meva pensa. Els batecs del meu cor m'assorollen tot. Me giro i... allí està la mateixa Jacobé en carn i ossos, allí asseguda en un roc, sota una figuera de moro. Se coneix que és arribada suara, suara. Encara panteja de fatic. Està distreta, amb el cos blincat endavant, el cap jup i els braços llençats a la falda, entreditades al damunt dels genolls les dues mans llargues i seques. No sent els meus passos, ni s'adona de la meva presència. L'angúnia de la febre es pinta en el seu semblant entresuat. En les seves parpelles moradenques se transparenten les congestionades venes, fines i vermelles com les ratlletes que gaien una flor de malva. Les aletes del nas li blavegen.

¿Què fer?... Aquí són els meus treballs. ¿Com tornar-la a casa seva per aquests camins perillosos? Si algú m'ajudés... D'una llambregada m'emporto el paisatge, cercant-hi una esperança, un auxili... No m'enduc més que negres penyals, viaranys feréstecs, la mar deserta, la tarda que fineix...

És una d'aquelles fatalitats que deixen a un hom sense acció, ni defensa. No es pot intentar res: plegar els braços i carregar-se de paciència. I és lo que faig: espero i veurem. La Jacobé és la primera a parlar. Aixeca el cap, m'esguarda, procurant fixar les seves nines inestables, i diu, amb un acert que em sorprèn: «Tira, Minguet, quina cama tens més llarga! T'he seguit... no puc dir fava... Pujaves pel... dallòs... i he pensat: ¿A on anirà tot sol aquesta criatura pels caminals de les cabres?». De seguida comença a divagar. «Sortia fum. Jo, saps?, volava darrera d'un gavinot blanc... vola, vola... Estic més... més, saps?, agafada».

—Cansada, oi? Estàs cansada, ¿veritat?

—I sí, home!, és clar... Vola cap aquí, vola cap allà, marges i més marges... la...

—No enraonis, manyaga, descansa.

Em creu. Calla una estoneta, però no troba repòs. Està excitada. La barba li tremola i els nervis bruixolegen i salten en ses parpelles. Al cap de poc torna a posar-se a parlar, amb llengua arrossegadissa, amb un borbolleig penós, sense donar entonació al discurs. «La mare és del puny estret... La gran rata m'amagava el vi... me té tancada amb pany i clau i la... la...». Perd el fil de la idea. La seva vista es desllueix, com un punt de la nit del qual acaba de caure una estrella. Després d'un moment la llum torna als seus ulls i un somrís maneja els seus llavis relaxats. «Saps?... me caso la setmana entrant amb en Panxo Canyelles. És vell, però presentós i és... és un burro d'or. M'ha demanat perquè sap que sóc de sang *reial*... Les joies són encarregades a Barcelona... Mantellina negra... el gran ròssec... arracades de dallonses. Tu n'estaràs pla cofoi! Oh!, oh!, oh!... la ventafocs... Xinel·les de vidre... vestits dels peixos de la...». I a mitja paraula queda amb la boca badada i les seves carns se tenyeixen d'una grisor cadavèrica. S'apreta el ventre com si hi tingués un viu dolor, i vinga balandrejar de mig cos en amunt, balandreja que balandreja, tot llençant uns gemecs que s'assemblen al belar d'un cabrit nadó. I jo resto immòbil davant d'ella en la melangiosa actitud amb què el Dant se contemplava a les ànimes en pena, de les quals no podia pas alleujar els suplicis.

Mentrestant el temps va que vola. El sol deu estar a prop de la posta. I sempre la mateixa soletat. No hi ha un pastor en les garrotxes, no es sent dringar una esquella. Tal vegada si cridés compareixeria algú. Ho provo: crido, crido... Ningú enlloc. El vent udola més que mai. L'arbrissa s'ajeu com els blats en herba sota un bell ruixat. Les ginestes aplaquen a la roca sos branquillons esparpellats, que hi ditegen tremolosament. Els fantàstics penyals xisclen monstruosament a lo llarg de la costa. No faltaria sinó un xàfec.

Sento que em toquen. És la Jacobé. Dreta al meu costat, m'estira la capa dient: «Vine, anem, Minguet; anem cap a casa...». I ans de que em pugui revenir de la sorpresa, s'esmuny per una baixadeta i guanya el corriol que s'obre entre la penya i el precipici. Ni esma tinc per a seguir-la, com no sigui amb una mirada, amb la que se'n va tot el meu esperit. La infeliç orada avença per l'estret viarany sense ni sols estintolar una mà, amb el sac abombollat de vent a l'esquena i les faldilles fuetejant-li per darrera. Porta una mitja a garró, que pot entrebancar-la. Va caminant, caminant... La ratxa se li endú el mocador del cap, que ve a enganxar-se a prop meu en unes romegueres. El pentinat se li ha desfet i les trenes li pengen de gairell, a grans bagues d'or, pel bescoll i una galta fins arran del muscle. Va caminant... després s'atura, s'entregira i em fa senyes de que la segueixi.

És exposar la vida, però... no m'hi vull pensar. Vaig a pendre carrera i en aquell mateix moment reparo que la noia, tintinejant, arrenca a córrer cap a mi esfereïda i atarantada. Val més així. Va corrent amb l'alè perdut, i així que m'assoleix me tira un dels seus braços a l'espatlla, voltant-lo pel meu clatell, i s'hi repenja tota, acotant la cara al meu pit, amb l'altre braç desmaiadament llençat i les cames en fallanca, com si li manquessen les forces. Jo començo a respirar després del gran esglai. L'abraço estretament i dic-li amb tendresa: «Pobra Jacobé, pobra teta, ¿què tens? ¿Per què t'apartes del meu costat? Aquí amb mi estàs bé. Ja saps que jo t'estimo... que sóc el teu petit...». Mes, segurament no està en disposició d'entendre'm. Aixeca la seva cara anguniosa i, movent amb dificultat els llavis xops de salivera, barboteja una explicació amb tantes veus inarticulades i tants mots mal aplicats, que, encara que hagués tingut algun lluc de raó, hauria sigut inintel·ligible. Parla d'uns sorolls, d'una lloca, d'un mirinyac, de la xemeneia del seu vestit, de... ¿què sé jo?... d'una por que fuig de l'esfera de lo que es pot capir, i que un hom no sap com esvanèixer, ni apaivagar. Intento no obstant infondre-li coratge. «No t'espantis: jo et defensaré. Que vinguin! —crido—. Aquí els espero. Ai si s'acosten al volt de la meva grapa!». Però callo tot seguit, perquè, la veritat, aquest repte en la solitud, en presència d'aquella víctima d'una justícia misteriosa, m'esborrona a mi mateix.

Altrament comprenc que els meus esforços són infructuosos. Ella no m'atén, ni em pot entendre. S'ha de deixar que es vagi refent per si sola. I efectivament, poc a poc va normalisant-se, deslliga el seu braç del meu coll i aleshores jo la solto amb un impuls instinctiu d'honestesa; mes no la desemparo pas; la vaig seguint frec a frec i la vaig instant a que s'assenti. «Assenta't, manyaga, assenta't... Mira, aquí hi ha un bon tou d'herba. ¿T'agrada més aquella roca?... Certament és com un pedrís. Assenta-t'hi. ¿Tampoc?... ¿Què cerques, doncs?...». No m'escolta poc ni molt. Va gambejant sinuosament, amb cama insegura, d'ací d'allà... És precís que m'imposi. L'agafo per una munyeca, i a pesar de la seva resistència l'arrossego al lloc més apartat de la timba i la faig seure vulgues que no. Ella al principi s'indigna i debatega. «Barruel... barruel...», me va dient amb veu embofegada. Mes, al veure'm resolut, al sentir que li parlo amb to imperiós i que l'amenaço de lligar-la si es mou, abaixa el cap cohibida i domenyada. Resta quieta, humil... Les seves faccions prenen l'aire de la imbecilitat. Les bavaies se desfilen de la seva boca pit avall. La seva cara es va jaspiant de taques moradenques. Està horrible: però quina compassió m'inspira! Quin dol sento per la violència que m'he vist obligat a exercir! Perquè, per monstruosa que sigui tornada, per embrutida que estigui amb tots els ferments de les antigues borratxeres, jo l'estimo aquesta ànima infeliç, l'estimo a pesar de tot i hauria volgut conservar en ella fins a l'últim moment el sitial d'amor que hi tenia tan afermat.

Ha sonat un crit... un altre. Escolto atentament... Sí, els crits vénen d'amunt, de la banda de terra. Me'n vaig unes quantes passes enllà, fins a la punta més forana del saplanet, per poder atalaiar els camins. Efectivament, l'esperança no m'ha enganyat: dalt d'un pujol veig negrejar sobre el cel gris la silueta de sis o set persones. Me poso a cridar amb totes les meves forces i balandrejo enlaire el mocador de butxaca. M'han sentit... m'han vist i vénen. Raconec a la dida i a dos o tres veïns seus. De segur ens buscaven... Però ¿què els hi passa?... S'aturen... se fan enrera amb un moviment d'horror... Giro la mirada i em sento defallir. La Jacobé, aprofitant el meu descuit, s'és assentada al cantell del penya-segat, si cau no cau. Està una mica decantada, presentant-me la cara de perfil, i m'esguarda amb un sol ull, amb el posat hipòcrita d'una garsa que sotja quelcom. «Toca'm, barruel —borbolleja amb veu fosca—. Marxo cap a la... Havana. Ja estic embarcada». I veig que es va escorrent, que l'herba planxada pel seu cos reïx i s'estufa al seu darrera... que la flotant fullassa d'atzavara, sobre la qual té les cames allargassades, va cedint blincantse. Corro a deturar la caiguda, mes amb prous feines logro salvar-me jo mateix aferrant-me al pi venturer, que suara m'havia servit d'ampit. La terra roda al meu voltant... Al meu dessota l'abisme bada, com badallant, la seva gola immensa i sombrívola. I la Jacobè hi cau espantosament, topa amb uns alzinois, que se l'espolsen d'una zumzada, i es capbussa en la buidor, avall, avall... Sembla una flor ventissa.

Ses faldilles i enagües s'acampanen a tall de corola. Les primes cames hi rossegen al dedins com estams d'un lliri... Acluco un moment els ulls, i quan torno a obrir-los veig allà baix, al fons, el cadavre immòbil sobre una roca emporprada de vermellenca tinyassa.

De moment no sento més que una gran consternació, un gran aclaparament... i aquell deix d'ombra i de silenci que la mort, al passar, infon en la claror i els sorolls mateixos. Després van venint els records i les llàgrimes. Allà baix, damunt d'aquell túmbol voltat de les aigües marines, la Jacobé em recorda tota la poesia dels seus bons temps, com una olor de violes passades ens recorda els encants de la tarda d'abril en què les collírem. Penso en el seu amor puríssim, en la seva ignocència d'infant, en el bé que m'havia fet... i té, morta! El mar juga amb les seves trenes daurades, els crancs s'enfilen ja sense por per les seves faldilles, mareta del meu cor! I la nit va caient, caient, i sento passar sobre meu un alè sagrat. Vet allà l'antiga pedra druídica, l'altar carregat amb la seva víctima immaculada, sagnant, exànime. La naturalesa s'entenebra al contemplar la seva obra de destrucció. El tro de la ressaga s'aixeca com un cant funeral. I jo no trobo consol sinó figurant-me que estic en la muntanya del Calvari, i que el pi amb què m'abraço és la creu de Jesucrist, en qui descanso del meu dolor i de tot lo que no entenc.

FI

COMIAT

Tot prenent-lo de vosaltres, atents lectors, vull descarregar la meva consciència d'alguns escrúpols literaris, fentvos-en breu confessió.

A pesar de la ortografia seguida en aquest volum, per causes que no cal explicar i que no són pas imputables als editors, vull advertir que, en general, só partidari de la de L'Avens.

En quant a llenguatge, he seguit la norma d'admetre com a bona tota locució, vingui d'on vingui, que, per haver sigut generalment acceptada pels ingenuus (vull dir la gent rural i sense lletres) del nostre poble, ha pres carta de naturalesa catalana. Quan arriba aquest cas, lo mateix en la nostra que en qualsevol altra llengua, crec que és estèril l'afany dels puristes, que volen lluitar contra la invasió. Totes les llengües vives se transformen; i entenc que els bons oficis dels literats s'han de cenyir a vigilar les noves assimilacions i encarrilar-les per a què es converteixin en riqueses.

Partint d'aquest criteri, he admès conscientament algunes veus de mal origen, com borratxera, *i altres, entre elles el verb* faltar *en el sentit de* mancar *o* fer falla, *que no tenia pas antigament. I aquí he de confessar que aquest verb m'ha deixat certs escrúpols, perquè introdueix una pertorbació innecessària, invadint un camp que no és el seu i que ja era prou ric i ben atermenat. Antigament* faltar *no s'usava sinó en el sentit de* cometre una falta. *Tractant-se d'una tendència que em sembla empobridora, tal vegada jo l'havia d'haver resistida amb més decisió.*

He usat la locució de primer anduvi *per haver cregut entendre-la així de la viva veu del poble i no haver-me repugnat, ja que el verb* andar, *que seria la font d'*anduvi, *és genuïnament català, encara que antiquat; i, per altra part, el sentit de la frase resulta literalment clar:* de primer anduvi, *això és, al donar o haver donat els primers passos. Veig que tothom escriu* entuvi *o* antuvi, *forma de la qual no en trobo cap antecedent català ni llatí. En castellà, com a veus de Germania, existeixen* antuvón, antuviada *i fins el verb* antuviar; *i existeix també la frase* al primer antuvión. *Si aquesta és la originadora de la nostra, hauríem d'escriure* antuvi; *però ho dubto molt.*

La paraula corrent *entre els ingenuus és generalment masculina, així com* vessant *i* rompent. *Jo les uso com a ambigües, igual que la major part de les acabades en –or. Així escric indistintament: el color, la color, el corrent, la corrent... etc.*

El verb comptar *(fer comptes o càlculs) per errada molt repetida resulta escrit* contar. *Jo entenc que* contar *significa* relatar. *I, dit això, no cal que n'anoti les correccions en la fe d'errades, la qual com més llarga més amoïnosa se fa als lectors; i jo desitjaria que no prescindísseu pas de la meva, perquè la major part de les esmenes que conté influeixen en el bon sentit de la oració.*

Ara, adéu-siau. És arribada l'hora de separar-nos; mes, si aquest llibre vos ha proporcionat un goig semblant al que jo he tingut a l'escriure'l i Nostre Senyor ens conserva vida i delit, bé prou que tornarem a trobar-nos. Aixís sia.

NOTA

Les vint-i-quatre esmenes que conté la fe d'errades de l'edició original de *Marines i boscatges* han estat incorporades al text. També hi hem corregit degudament, d'acord amb el que diu Ruyra en el seu «Comiat», tots els *contar* en el sentit de 'fer comptes o càlculs', escrivint-los *comptar*. Fora d'això, el lector ja ha pogut comprovar, com advertíem a l'inici del volum, que hem respectat al màxim totes les característiques del text establert el 1903. Fruit d'aquest respecte és la conservació de formes com *atravessar*, *aumentar*, *corretgir*, *crepúscul*, *enorm*, *espectant*, *extendre*, *hipòcrit*, *pantejar*, *rel·ligió*, *soletat*, *sombrívol*, *sugerir*, *tentador*, *tranquilisar* i tantes altres (en lloc de les avui normatives *travessar*, *augmentar*, *corregir*, *crepuscle*, *enorme*, *expectant*, *estendre*, *hipòcrita*, *panteixar*, *religió*, *soledat*, *ombrívol*, *suggerir*, *temptador* i *tranquil·litzar*, etc.), o del conjunt *els hi* en funció de pronom de datiu plural, o de la preposició *a* davant de certs complements directes, o, en fi, de la forma plena de l'article determinat femení singular davant paraula començada per *o-* àtona (com en *la onada*). La duplicitat en casos com *ambient/ambent* o com *païsatge/paisatge* (*pahisatje/paisatje*) prové també del text del 1903. Tampoc no hem corregit dues formes estranyes, *xapurren* («La vetlla dels morts», p. 85, ratlla 9 del text) i *baratell* («En Garet en l'enramada», p. 106, ratlla 21), que no podem assegurar amb tota certesa que fossin meres errades no advertides (per *xarrupen* i *baterell*, respectivament). Confiem que en el nostre escrúpol editorial els lectors de *Marines i boscatges* no hi veuran sinó un servei a un text encara avui del tot delectable.

PROPOSTES DE TREBALL
i
COMENTARIS DE TEXT

Guia d'estudi

Aquesta petita guia pretén ser una eina per a l'alumnat en la complexa tasca de l'anàlisi de textos literaris. Per a fer-ho hem dividit els continguts en quatre apartats: el primer, explica molt breument alguns dels recursos retòrics més utilitzats per l'escriptor a *Marines i boscatges*; el segon fa una breu referència dialectal sobre la parla blanenca; el tercer proposa un esquema d'anàlisi de comentaris de text i en el quart s'exemplifica aquest esquema amb un comentari d'un fragment de *Marines i boscatges*.

Primer apartat: Mecanismes retòrics

1. Morfosintàctics

a. **Anàfora**: recurs expressiu de caire lèxico-semàntic que consisteix en la repetició de mots al principi d'unitats sintàctiques successives:

   i. *Però a la vista* ***de la platja, de la barca i del mar, la meva por i els meus escrúpols*** *desaparegueren com òlibes empaitades pel sol* (Una tarda per mar).
   ii. *Un ull enllagrimat, un llavi mogut pel rés, una*

boca contreta, un sospir, un posat de cos revel·laven lo més íntim de les persones» (Mànegues marines).

iii. *I quan un* [...] *s'imagina el roncar de les moles, corretges i engranatges, el tràfec dels moliners, les corrues de carros,* [...], *el dringar dels esquellerincs, els espetecs de les xurriacades i els criots dels carreters* [...] *no pot menys de doldre's de l'enderroc i de la quietud d'ara* (La basarda).

b. **Paral·lelisme o quiasme**: repetició d'una mateixa estructura sintàctica i rítmica en oracions consecutives. Són importants en Ruyra i serveixen per a donar un determinat ritme narratiu.

i. *M'agradava veure com el pescadors anaven desdujant la xarxa* [...]. *M'agradava veure com l'estenien i la grapejaven* (Vetlles d'estiu).

c. **Polisíndeton**: figura que consisteix a utilitzar molts nexes entre els mots o les oracions:

i. *De seguida compareguerem més i més homes, i s'armaren els palanquis, i vingué el paler amb son parell de bous, i grinyolaren les corrioles, i els llaguts i les llanxes foren hissats amunt* [...]. *I tot era moviment i cridòria.*

2. *Fònics*

a. **Al·literació**: recurs expressiu lingüístic de caire fònic que consisteix en la repetició de sons consonàntics, en una paraula, una oració o un enunciat. Pot servir per centrar l'interès sobre determinades paraules o bé tenir un valor rítmic.

i. ***S**is vailet**s** de **s**amarreta blava [...] e**s**tan **s**e-gut**s** en le**s** penye**s**, deixant penjar **ses** came**s** nue**s** **s**obre el mar (Les senyoretes del mar).*

a. **Onomatopeia**: consisteix en la repetició d'un o varis sons amb la intenció d'imitar fònicament un so o moviment real amb la intenció d'introduir plasticitat al text:

i. *De sobte sona una mena de galop aspre i sord... **trap.trap, patrap**.* (Les senyoretes del mar).
ii. *On s'ou més que el **patrip-patrap** de les seves extranyes cavalcadures* (Les senyoretes del mar).
iii. *La consciència em feia **rau-rau** (Una tarda per mar).*

a. **Repetició de mots**: repetició d'una mateixa paraula per emfasitzar allò que es vol dir:

i. *Alguns dels vailets, tot **sotjant, sotjant** llurs guarniments, s'han quedat endormits* (Les senyoretes del mar).
ii. ***I l'aire s'enfosquia, s'enfosquia...*** *(Mànegues marines).*

3. *Lèxico-semàntics*

a. **Antítesi**: contraposició de dues paraules, oracions o segments que marquen una idea de contrapunt o un sentit oposat:

i. ***Tan aviat s'enxiquien, allunyant-se; com s'engrandien, acostant-se a terra*** (Mànegues marines).

b. **Comparació**: relació de semblança que s'estableix entre dos termes: un d'ells és l'element a comparar (A) i l'altre és el terme de comparació (B). És un dels recursos més emprats per Ruyra. Els camps semàntics més utilitzats són el del món natural, el de les coses quotidianes o el de la religió:

i. ***Com un estol de mainada tafanera*** *[les ones] venien a palpar i colpejar el costat del gussi (Una tarda per mar).*

ii. ***Semblava que no tinguessin relleus; eren com pintures, com ombres*** *estranyament retallades enmig de la claror migrada d'aquell dia malaltís (Mànegues marines).*

iii. ***Com xarabotades d'un metall fos,*** *enlluernador, rebentaren les flamarades de s o l (Mar de llamp).*

c. **Gradació**: encadenament progressiu d'elements relacionats entre ells i que implica una intensitat ascendent (clímax) o descendent (anticlímax):

i. [*La mànega*] *corria com per trencar el camí de les barques,* ***acostant-se, creixent, agegantant-se*** (*Mànegues marines*).

Segon apartat: algunes característiques del parlar blanenc

Quan descriu el món blanenc a *Marines i boscatges*, Ruyra no només té com a referent un entorn natural clarament mediterrani sinó que, per tal de donar versemblança als personatges de les narracions, també els fa expressar-se amb la parla pròpia de la vila de Blanes. Empra aquest dialecte, tot i que no era partidari d'una utilització excessiva de dialectalismes, per dos motius: per rei-

CARACTERÍSTIQUES DEL PARLAR BLANENC	
Fonètica	1. Molt mots que tenen la *ll* la pronuncien com una *i*. També la *i* pot desaparèixer entre vocal diferents (àtona/tònica): orella› oreia› orea abella› abeia› abea- ulls› uis- noies› nocs.
Morfologia	1. L'ús de **l'article salat**: ***es*** dia, ***sa*** pell, ***ets*** uis. 2. L'ús de **demostratius**: combina els generalitzats i els arcaïtzants:

aquell, allà, allí amb ací, aqueix, aqueixos: Que me diuen d'*aqueix* temps?

3. **Els possessius**: usa les formes arcaïtzants (meu/meua, teu/teua, seu/seua) combinades amb les formes àtones (mon, ton, son, mos, tos, sos). Difícilment usa la forma *sa* per no confondre-la amb l'article salat.
   Sos llavis descolorits
4. **Els pronoms febles**: és normal que apareguin les formes plenes acompanyant els verb: *me* taparen ets uis, *se* petaran. Tot i que el podem trobar combinat amb les formes estàndards.
5. Apareix un *lo* neutre en certes estructures, per influència castellana: *lo* cert és..., mira *lo* que va dir.
6. En la paraula home el canvi de la e final per o: ja no ets *homo* si no fas rodó.
7. Canvi en la *i* en la desinència del present de subjuntiu per o/u: Es dia que t'hi *acostus, Quan vulgus, farem proa cap a casa.*
8. L'ús de la primera persona del verb haver com hai: Els *hai* trobats aquí, t'*hai* de llevar sa pell!
9. L'aparició de les formes simples del pretèrit perfet: les fumoses calimes *s'esbullaren.*

	10. la caiguda de la g final del verb vaig: jo *vai* pensar, ja el *vai* filar de seguida, vai menjar unes sardines.
Sintaxi	1. l'ús del participi de les formes compostes verbals concordat amb el directe: els hai *trobats*. 2. La utilització de la preposició a davant la preposició on: eixit no sé d'*a* on.

vindicar la pervivència del dialecte enfront de la influència cada cop més forta del barceloní i per, des d'un punt de vista estètic i literari, apropar el text a la realitat.

Tercer apartat: esquema de comentari literari d'un text

Per tal de facilitar a l'alumnat la complexa tasca del comentari literari, reproduïm una proposta d'esquema bàsic dels aspectes que es podrien desenvolupar en l'anàlisi de l'estructura i el contingut d'un text, en el benentès que es tracta d'un fragment d'una obra literària.

1. **Numera les línies de cinc en cinc**: serà més fàcil localitzar les referències que s'incloguin en el comentari.
2. Llegeix atentament el text. Si cal, cerca els mots que no entenguis al **diccionari**. **Subratlla** els **mots o paraules clau**.
3. Observa les **característiques externes del text o estructura formal**: títols, tipus i cos de lletra, subratllats, divisió en paràgrafs. L'es-

tructura formal del text pot donar informació sobre l'estructura interna o de contingut. **Subratlla els elements formals** que consideris especialment **significatius**.

4. Feu una **recerca prèvia del context de l'autor,** que et servirà per redactar una petita introducció al comentari. No ha de ser molt llarga perquè l'objectiu de l'anàlisi és el text mateix. Treballa en la recerca de:

   a. L'obra a la qual pertany el fragment que es comenta i quina importància té en la producció de l'escriptor.
   b. Situació del fragment dins la narració. Si pertany a la introducció, desenvolupament o conclusió.
   c. El corrent estètic o l'època en què viu l'autor.
   d. El gènere o subgènere al qual pertany el text.

5. Abans de fer una redacció del cos central del comentari, cal que realitzis un esborrany ampliant els següents aspectes:

   a. Sentit del títol de l'obra.
   b. Tipus de text: narratiu, descriptiu o d'altres.
   c. Definició de l'argument i el tema.
   d. Qui és el narrador i el seu punt de vista.
   e. Estudi de l'espai en què es mouen els personatges. Quina atmosfera els envolta.
   f. Estudi del temps de l'acció.
   g. Estudi dels personatges. Tipologia.

h. Elements poètics que s'utilitzen: mecanismes retòrics, lèxics, morfosintàctics. Aquesta observació et permetrà fer l'anàlisi lingüística del text.

6. Un cop decidida l'estructura escrita del comentari, redacta'l relacionant els apartats dedicats a l'estructura externa amb els del contingut.
7. Rellegeix el comentari i fes-ne les correccions ortogràfiques, lèxiques i morfosintàctiques oportunes per tal que el text resultant sigui normatiu.
8. Cal que facis una conclusió final, una valoració objectiva del text que pot resumir les seves principals característiques. També pots valorar en quina mesura el text és testimoni de la seva època (gustos, costums, situacions personals o socials, visió del món) o com el podríem o no connectar amb el present.
9. No confonguis la conclusió final amb una valoració personal. Si decideixes incloure-la, cal que ho facis al final de tot el comentari.

Quart apartat: Un exemple de comentari de text

Text

«Deu hores eren tocades quan el carés del temps començà a mudar-se. Els núvols ondularen i prengueren marxa lentament. Les fumoses calimes s'esbullaven de per sobre. Una gotellada fina polsejà un instant i cessà. El cel vaporós s'esbadellà en alguns punts. Un rajolí de sol va creuar l'espai ombrívol, caient sobre les aigües llunyanes, que s'enllumenaren amb una flameta d'or. Se coneixia que la naturalesa es retornava a poc a poc. L'aire s'estremia i de sobte, com recobrant el respir, va donar entrada a una ratxa de vent fresc, que s'escampà pertot arreu. El soroll de la ressaga, més harmoniós que mai, retentint alegrement com el xim-xim dels platerets d'una xaranga, ressonà en les nostres orelles. La boirada s'esqueixà, i aparegué la muntanya, encara mig envelada, mostrant ses verdes feixes en gegantina graonada d'esmaragda... i es va sentir l'escotgeig de les perdius allà amunt, i remor de fulles que viuen. Déu meu, que era hermós allò!... I un esbart de caderneres, eixit de no sé d'a on, va passar rabejant-se en el vent novell, joguinejant-hi amb gaia refiladissa.

«Mànegues marines»
dins *Marines i boscatges*, pàg. 111

Comentari

Introducció

El text d'anàlisi és un únic paràgraf descriptiu de la narració *Mànegues marines* inclosa en *Impressions*, la primera de les tres parts de *Marines i boscatges* escrita per Joaquim Ruyra i Oms i publicada en la revista *Joventut* l'any 1903. Moltes de les narracions d'aquest bloc del llibre havien aparegut abans en un suplement de la revista però Ruyra les ordena amb la intenció de descriure l'itinerari vital d'un personatge-narrador a partir de petits fets quotidians que s'agrupen al voltant de tres etapes: infantesa, joventut i maduresa. La narració completa de *Màne-*

gues marines és la setena d'un total de vuit que formen aquest bloc inicial. Disset anys després Ruyra les tornarà a publicar però amb el nom de *Pinya de rosa* (1920) i les haurà sotmès a una revisió general, justificada pels canvis que s'han produït en el català arran de la normativització promoguda pel grup de l'*Avenç* i que l'escriptor assumeix sense cap reserva.

Desenvolupament

L'argument gira al voltant del record que produeix en el personatge-narrador la formació de tres mànegues marines, l'angoixa de la gent d'una vila marinera per la sort dels sardinalers que es troben en alta mar i la posterior desfeta del fenòmen atmosfèric i la tornada a la normalitat de la naturalesa. El tema és la consciència en el noi de la dualitat de la natura i la vida humana, una reflexió concentrada al final de la narració amb la imatge del patró d'una embarcació i el seu fill.

El fragment s'inicia amb una referència temporal «deu hores eren tocades» (l.1). L'acció, com és característic en les narracions d'aquest bloc, ha durat només unes hores. Se sap perquè a l'inici de la narració el protagonista-narrador parla que *era un matí de tardor* i se'l desperta amb l'anunci de l'arribada a la vila del fenomen meteorològic i l'expectació que provoca en ell i la gent del poble, que corre per veure'l.

El text de comentari per tant se situa en el moment final de la narració quan es produeix la desfeta de les mànegues i la natura torna al seu curs. Així ho creu el narrador quan assegura que se *coneixia que la naturalesa es retornava poc a poc* (l.5-6). Els primers indicis del fets són uns *núvols* (l.1), *unes fumoses calimes* (l.2), *un cel vaporós* (l.3), una *gotellada fina* (l.3) que comencen a esvair-se, i l'entrada tímida del sol exemplificada amb l'ús d'un diminutiu *rajolí de sol* que fa canviar *l'espai ombrívol* (l.4) amb *una flameta d'or* (l.5), una metàfora recolzada per un mot que indica petitesa i que també demostra una certa actitud positiva del narrador vers els canvis propers. La llargària dels períodes sintàctics per explicar el procés és breu: quatre oracions en què es produeix una sensació d'acumulació fruit de la combinació de juxtaposició i en menor presència de coordinació i d'una estructura paral·lelística (SN+Verb). Per al narrador el centre de l'atenció ha passat del mar al cel, les transformacions del qual es converteixen en demostració palpable del canvi i hi ajuda l'ús del pretèrit perfet simple que ens indica també que la descripció es fa des del record. L'aparició en el text del gerundi present del verb caure, amb tota la força semàntica, indica aquesta acció continuada que s'exerceix sobre unes aigües que ja són *llunyanes* (l.5). L'ús de determinats adjectius —*fumoses i vaporós* (l.5-6)— creen una atmosfera etèria, velada encara per l'efecte de les turbulències. Tota aquesta situació inicial del paràgraf es conclou amb una frase amb sentit totalitzador *se coneixia que la naturalesa es retornava poc a poc* (l.5-6).

A la segona part ja és evident el canvi que es produeix amb l'entrada d'un vent salvífic que acaba de netejar l'ambient i que el porta fins a la focalització final de la muntanya. Els períodes sintàctics són més llargs perquè el narrador es deté a contemplar amb més minuciositat el paisatge. Si en la primera part del fragment les sensacions passaven pel sedàs de la vista, ara es barreja amb el sentit de l'oïda: *el soroll de la ressaga* (l.7), *l'escotgeig de les perdius* (l.9), *la remor de les fulles* (l.11) o *l'esbart de cader-*

neres amb *gaia refiladissa* (l.12-13) especialment quan el narrador compara *el soroll de la ressaga* amb *el xim-xim dels platerets d'una xaranga*, una imatge molt musical i que demostra la influència simbolista del text en la utilització d'elements visuals i auditius. També hi trobem la influència, passada pel sedàs ruyrià, del costumisme i del realisme en l'observació de la natura. Tot i que abans la visió de la natura ja es realitza a través dels ulls d'un personatge-narrador, per primer cop es pot resseguir explícitament la presència d'un narrador homodiegètic quan diu que el soroll de la ressaga *ressonà en les nostres orelles* (l.9). Un *nostres* empàtic en què s'inclou ell i tots els espectadors que han contemplat la lluita dels *sis o set llaguts* dels sardinalers per sobreviure: el carreter, la dona que s'adona de la presència a la mar dels mariners, la mare que té el fill i el marit a mercè de les ones, i d'altres vistos com a col·lectivitat... o més avall quan exclama *Déu meu, que era hermós allò!*, una expressió col·loquial tancada entre punts suspensius que trenca la veu narrativa i que a més indicaria la interiorització que ha fet dels canvis i com els viu: com un alliberament i una reflexió sobre la bondat de la natura oposada a una altra que obliga els sardinalers a lluitar. S'imposa, en definitiva, si es té en compte tota la narració, la visió d'una natura dual que ha de servir a l'ésser humà per comprendre la fragilitat de l'existència. El centre de focalització s'ha desplaçat: del mar al cel i ara és la muntanya la que apareix com a exemple de la grandesa natural, aquest boscatge de tímida aparició en el llibre. Quieta, mig *envelada* ja mostra *ses verdes feixes en gegantina graonada d'esmaragda* (l.10), una imatge que el narrador presenta com una visió molt general del paisatge muntanyenc i que poc després se centra en la descripció de tres elements que són mostra inequívoca de l'arribada del bon temps i que contrasten pel detallisme amb aquesta imatge general: *l'escotgeig de les perdius* (l.9) que sent de lluny, *la remor de les fulles* (l.11) mogudes probablement per aquell vent que ha penetrat amb força o *l'esbart de caderneres* amb *gaia refiladissa* (l.12-13) que juguen. Per introduir aquests elements finals, el narrador usa tres cops els punts suspensius que deixen la narració en un suspens suggeridor i introdueix la coordinació copulativa que acaba de fornir tot un espectacle natural que torna a la normalitat absoluta.

Pel que fa al lèxic, Ruyra utilitza amb profusió els mots derivats, entre ells els augmentatius i els diminutius, formes afectives per altra banda molt usuals en el registre col·loquial, que demostren l'actitud del narrador vers la natura o altres personatges. Aquesta predilecció per aquest tipus de lèxic afecta tant les categories dels substantius com la dels adjectius: l'ús de *gotellada, rajolí, ombrívol, flameta, platerets, boirada, gegantina graonada* entre d'altres en serien un exemple.

Com que es tracta d'un text descriptiu, també és habitual l'ús de complements de noms que estructuralment poden ser adjectius avantposats o postposats *(fumoses calimes, cel vaporós, espai ombrívol, verdes feixes, vent novell)*, sintagmes preposicionals *(rajolí de sol, soroll de la ressaga, ratxa de vent fresc, platerets d'una xaranga)* o proposicions subordinades adjectives (*...les aigües llunyanes, que s'allumaren amb una flameta d'or, vent fresc, que s'escampa per tot arreu, fulles que viuen*) i l'aparició de comparacions (*retinyint com el xim-xim dels platerets...*).

No és podria desestimar per concloure una petita reflexió sobre el registre que s'utilitza, donat que resulta interessant comprovar com Ruyra es manté fidel a la seva estètica que havia anat expressant en diversos articles apareguts en revistes importants del moment. En aquest fragment no s'observen moltes formes dilectals, que defensa especialment en la parla blanenca dels seus personatges i que ell considera amenaçada per la influència del barceloní. En aquest sentit, com que no hi ha diàleg, el rastre del dialecte és molt lleu i es pot constatar en la presència de les formes plenes davant del verb (me, te): ***Se** coneixia que la naturalesa es retornava poc a poc*, la utilització de l'article salat en *ses verdes feixes* que es pot confondre amb la forma femenina plural àtona del possessiu o l'ús del pretèrit perfet simple que encara eren formes vives en la parla blanenca del moment.

Conclusió

Aquest text de Ruyra representa un bon exemple del seu estil i la seva temàtica literària. L'escriptor no necessita recercar un motiu literari allunyat de la realitat que coneix i s'aboca amb profusa riquesa a la descripció d'un paisatge estimat, el de la vila marinera de Blanes. Així el mar és converteix en el centre d'aquest fragment, com en la majoria de les narracions contingudes en *Marines i boscatges*. Tampoc necessita com a model literari una llengua artificial i poc àgil, tot i que avui dia ens pugui semblar difícil, sinó precisa i rica en la seva senzillesa i que demostra una mirada reflexiva i dignificadora de la llengua catalana per a un escriptor que s'inicia en el conreu literari emprant la llengua castellana i que troba en la seva llengua materna, el català, el vehicle idoni per a les seves narracions.

Propostes de treball

L'inventari d'activitats que proposem tot seguit és només una mostra de tot allò que es pot fer per treballar *Marines i boscatges*. En cap cas pensem que calgui fer-les totes per entendre l'obra ni que sigui necessari seguir cap ordre determinat. Hem pretès que n'hi hagi un nombre suficient, no idèntic per a cada narració, i que tractin el màxim d'aspectes possible. Amb aquesta finalitat, presentem tant activitats centrades en narracions concretes, com exercicis que permetin relacionar-ne dues o més, i també comparació amb altres obres de la mateixa o de diferents èpoques. Igualment fem una proposta d'activitats més globalitzadores que posen en joc diferents habilitats i estratègies competencials, com la creació de pàgines web, de powers point o la preparació i «posada en escena» de debats.

Una tarda per mar

1. Explica què es un narrador homodiegètic. Creus que en aquest relat el narrador ho és? Justifica la resposta reproduint algun paràgraf del text que ho exemplifiqui.
2. Les descripcions d'en Paiús, en Volivarda i en Canari són bàsicament indirectes. Busca-les al text i transcriu-

les.

3. Com t'imagines el narrador, a partir del que en deduïm de les seves mateixes explicacions. Inventa una descripció física semblant a les que has transcrit en l'exercici anterior.

4. La personalitat dels diferents nois també queda ben definida al llarg del relat. Qui diries que és el líder? Justifica la resposta transcrivint aquelles expressions que denotin autoritat i dots de comandament.

5. En el següent paràgraf, en València esmenta a «sa veia de sa mantellina blaua». De qui o de què està parlant? Com s'anomena, aquesta figura retòrica?

> *Apa, marrecs, que tindreu bon temps! —va dir-nos en València—. Mireu, que alegroia que està,* ***sa veia de sa mantellina blaua****! Com s'enfloca i se rinxola, sa presumida! Runy com un gos perquè ses roques li són de mal rosegar i sa sorra li fa mal a ses genives; però no té pas sa rauxa dolenta: us gronxarà a sa seua falda com una bona mainadera. Apa, marrecs! Es vent i es corrent us estalviaran sa meitat de sa feina, i a sa tornada, ja es garbí haurà caigut.*

6. En el fragment que segueix hi ha les següents figures retòriques: Personificació, onomatopeia, gradació, paral·lelisme, comparació, al·literació i imatge. Les hem assenyalat en negreta. Tan sols has de buscar la definició de cadascuna d'aquestes figures a l'apartat *Guia d'estudi* i establir-hi la correspondència.

> *Tots guaitàrem a l'entorn, aleshores. Mare de Déu, i que era tard! Com havia passat, el temps! Ja l'ombra de les muntanyes s'estenia fins qui sap on de*

*la mar. //***El garbí havia caigut***//. La flama en la qual en Paiús encenia el cigarrot no oscil·lava gens ni mica, i la candeleta va cremar fins que, llençada a l'aigua, //***s'hi apagà espetarrellejant***//. //***L'onatge s'era aplanat, esborrat, fos...***// //***Quina calma! Quina quietud***!// *La color blanquinosa que pren //***l'aigua morta de les ensenades s'anava dilatant mar enfora com un tel invasor***//; i //***en aquell tel llis i enxarolat s'emmirallaven serenament les penyes***//, poc abans combatudes per la ressaga, i llurs herbatges, encara xops, hi vessaven una gotellada harmoniosa.* //**De les muntanyes properes davallava l'olor dels tomanyins i de les flors boscanes, que amb la fresca del vespre solen exhalar un alè més sentós**//. //**El sol, des de darrera d'una boirina rovellada, deixava caure, a tall de rosses pestanyes d'un ull que s'acodorm, la serrellada dels seus raigs**//, *que cobria tot el Montseny.* //***El cel començava a verdejar***//. //***Quina calma! Quina quietud***!// //***La tarda es desmaiava***// *a poc a poc amb un somrís de pau, amb un deix de galvana placèvola que s'apoderava de la immensitat.*

Avís misteriós

1. Explica el tema, l'estructura i l'argument d'aquest conte.

2. Al final del relat, l'autor esmenta Hamlet. Documenta't sobre aquest personatge shakespearià, llegint l'obra si cal, i explica quin paral·lelisme hi ha amb el protagonista d'*Avís misteriós*.

3. Els tres primers paràgrafs del conte ens predisposen a rebre una notícia tràgica. Ens hi fan pensar cinc elements, tres dels quals pertanyen a l'àmbit de les percepcions i dos a l'estat anímic. Transcriu-los i comenta'n el significat.

4. *Avís misteriós* és un relat on el somni i la realitat es barregen i on la natura serveix per a intensificar el sentiment d'angoixa que sent el protagonista. Transforma el fragment que tens tot seguit canviant-li el to negatiu per positiu. Fixa't en tota l'adjectivació que empra Ruyra. Prova de trobar els contraris, sempre que sigui possible, i intenta que es mantingui la mateixa estructura i el mateix contingut (en sentit positiu, però) que en l'original.

> *No sabia pas quina hora era, ni tenia certesa de que fos vespre o matinada; però em semblava que no feia gaire que m'havia llevat. Un ensopiment estrany, pesat, morbós, entorpia el meu cervell. Al mateix temps sentia cert disgust fondo, certa pena aclaparadora; mes no en podia recordar les causes. No em recordava de res, de res absolutament. En va m'esforçava a escorcollar les foscors de la meva imaginació, cercant-hi alguna no ben apagada remembrança. Era inútil, no aconseguia més que augmentar el meu neguit, la meva fonda pena.*
>
> *El dia era trist. Ensostrava el cel una nuvolada d'un gris fosc, que sols deixava passar una claror esmorteïda.* [...] *Romanguí contemplant la negror dels boscos, que s'estenia davant meu, i vaig pensar: —Són els boscos de Montnegre.*

5. Ruyra conreà el conte com a gènere i n'esdevingué un mestre. Un dels seus models fou Edgar Allan Poe, el qual creia que l'enigma ha de ser l'eix central a partir del qual s'ha de poder construir i elaborar el decurs del relat breu. A propòsit de la teoria de Poe, Cristina Badosa comenta: «el conte s'ha de plantejar com una incògnita i tot ha de tendir a la seva solució. L'autor ha de combinar els incidents i els detalls per aconseguir l'efecte únic i singular provocat per l'enigma i ha de trobar un final sorprenent» (dins *Jacobé i altres narracions*, p. 46). Creus que *Avís misteriós* recull aquest plantejament? Justifica-ho.
6. L'autor descriu la decadència d'una sureda amb un seguit d'imatges que fan referència a la desfeta i a la mort. Quins són els adjectius que personifiquen aquestes imatges?

Mar de llamp

1. Explica el punt de vista, el tema i l'estructura d'aquest relat.
2. Busca, en el segon paràgraf de la narració, els adjectius que fan referència al gust i al tacte. Com t'imagines aquesta mar que descriu Ruyra? Fes-ne una descripció fent servir uns altres adjectius.
3. Transcriu dos paràgrafs on es vegi clarament el contrast entre la calma inicial de la natura i la seva força posterior.
4. Inventa un relat on el protagonista sigui el nàufrag. Explica la història des del seu punt de vista. Tingues en compte que cal fer notar molt el dualisme de la natura: la calma absoluta de l'inici i la trasmudació final que té tràgiques conseqüències. Procura que aquesta dualitat quedi reflectida en les sensacions del mariner. Treballa molt

l'adjectivació. Llegeix l'inventari de figures retòriques que et proposem a la *Guia d'estudi* i fes-ne servir tantes com puguis. Pots mantenir final o inventar-ne un de diferent.

Mànegues marines

1. Els fenòmens meteorològics solen tenir en les narracions ruyrianes uns efectes clars sobre la quotidianitat de les persones. A *Mànegues marines*, la *nuvolada baixa, densa i bonyeguda* que tapa el cel produeix uns canvis immediats en la vida diària del poble. Explica'ls.

2. El fenòmen de la mànega produeix un estat de terror en les persones que provoca situacions d'aturada total de l'acció. Fes un inventari d'aquestes imatges estàtiques.

3. Ruyra presenta diferents actituds davant el fenòmen atmosfèric i les seves possibles conseqüències: la de la dona que té tota la família en una de les barques; la del carreter «de cara bestial»; la dels dos mendicaires «adormits al carrer»; la del patró amb la seva criatura. Explica cadascuna d'aquestes actituds. Quins paral·lelismes hi trobes?

La xucladora

1. Quin tipus de narrador té, aquest conte? Justifica la teva resposta.

2. Quin període de la vida del narrador representa aquesta narració: infantesa, joventut, maduresa? Justifica la teva resposta.

3. Aquest relat posa de manifest una determinada visió de l'amor: la del narrador. A partir del que saps sobre la relació matrimonial de l'autor (et recomanem la lectura del **Text 1** de l'apartat *Textos complementaris*), diries que la vida real s'ajusta a la literària?

4. Llegeix la descripció que el narrador fa de la lluna des que comença a sortir fins que es manifesta amb tota la seva esplendor. Fes una descripció del sol del mateix estil. Tingues en compte la personificació, les metàfores, tota l'adjectivació...

5. Busca l'*Odissea*, d'Homer (a la bibliografia et recomanem una edició). Recorda que aquest autor era un dels predilectes de Ruyra. Llegeix el fragment on Ulisses s'enfronta a les sirenes (que correspon al llibre XII). Explica què fa el protagonista de l'*Odissea* per deslliurar-se dels encanteris de les sirenes. Compara la seva solució amb la del protagonista de *La xucladora*.

En Garet a l'enramada

1. Explica els següents apartats d'aquesta narració: Tema, argument, estructura i punt de vista.

2. Tot seguit et transcrivim uns fragments de la narració. Corresponen a diferents figures retòriques. Concretament hi trobaràs dues prosopografies, tres metàfores, una etopeia, una comparació i una onomatopeia (les dues darreres en el mateix text. Assenyala-les en el text

A. prosopografia **B.** metàfora **C.** etopeia **D.** comparació **E.** onomatopeia

És una mossa garrida, robusta, colorida de galtes, encesa de llavis, de cos bufó, pit abombat i bells costats onejadors.	A, B, C, D, E

Altrament, ¿quin joiell pot haver-hi més brillant que els seus ulls castanys enlluernadors, ni quina pedreria més fina que les seves dentetes encoixinades en unes genives de color de rosa, que es mostren de soca-rel quan l'abundosa rialla obre l'estoig on estan embotides.	A, B, C, D, E
Avesat des de la infantesa a les solituds del mar, son pensament buit de paraules capeix les coses intuïtivament, sense necessitat de registrar-les en mots ni d'analitzar-les; i, essent sensible i d'inclinança meditadora, no troba sovint altra manera d'expressar-se que amb un sospir o amb una exclamació.	A, B, C, D, E
En canvi, el seu companyó, un galifardeu ample de barres, camusot, clatellut i de pentinat gitanesc, està esblanqueït i respira penosament amb les aletes del nas dilatades i moradenques, i la boca enguerxida per l'esforç que li costa sostenir-hi un cigarrot bavallós i apagat.	A, B, C, D, E
És un verat que vol seguir es vol d'una Gavina.	A, B, C, D, E
[...] i els seus salts, els seus alegres salts, cauen dolorosament sobre l'à-	A, B, C, D, E

nima d'en Garet, i la premsen i la sacsegen i la malmeten.	A, B, C, D, E
Arreu sona un xiu-xiu seguit seguit com la remor de l'oratge en una pollancreda.	✓

corresponent.

3. A la narració hi apareixen quatre músics amb uns noms ben peculiars. Transcriu els noms i la caracterització que se'n fa de cadascun d'ells. Creus que el nom s'ajusta a cada personalitat? Justifica la resposta.

4. Llegeix el fragment on la tia d'en Garet li retreu la seva falta d'iniciativa per passar-ho bé, cap al final de la narració. Transcriu el fragment en català estàndart. Fixa't bé en les expressions i els dialectalismes.

5. Amb la definició de l'exercici anterior més tota la informació que en tens de la resta del relat, escriu un retrat d'en Garet, físic i psicològic.

La Fineta

1. Tant a la literatura romàntica com a la modernista hi ha personatges malignes que s'interposen en la vida dels protagonistes. Aquestes *forces del mal* apareixen en *La Fineta* i en una de les novel·les més destacades del modernisme: *Solitud*, de Víctor Català. Rellegeix *La Fineta* i el capítol *La nit aquella* de *Solitud* i compara els personatges de l'Ànima i l'Home del bosc, tot responent les preguntes:

- Descriu les característiques físiques d'ambdós personatges.
- Explica les seves actituds envers les noies.
- Com reaccionen la Fineta i la Mila, respectivament després de l'atac?

2. Com interpretes el sentiment contradictori de la Fineta envers l'Home del bosc? Per què creus que es dóna?
3. La Fineta contempla com s'acosta la barca del seu pare, però de cop desapareix darrera de les penyes. Transcriu la reacció de la natura davant d'aquest fet.

Jacobé

1. Llegeix el següent fragment de *Jacobé* i explica si respon a una estètica naturalista/determinista o a una estètica modernista. Justifica la resposta a partir de les definicions sobre moviments literaris que trobaràs a l'apartat *Textos complementaris.*

> *¿Serà cert que els nostres vicis més secrets i més íntims no ens afecten a nosaltres sols, sinó que produeixen una sement de dolor que anirà grillant de generació en generació en el cor dels nostres fills? És clar com l'aigua... i no m'hi havia parat mai!... Oh, Déu meu!* [...] *La llei de l'heredatge estenent un riu de dolor a través de les generacions, un riu que marxa indefinidament* [...].

2. Els protagonistes de les narracions de *Marines i boscatges* es mostren com a éssers especials que s'enfronten a les seves circumstàncies i lluiten per superar-les. Fixa't en la Jacobé. Ella és una noia que pateix un procés evolutiu molt complex. Rellegeix la narració i respon les preguntes.

- Per què penses que la Jacobé embogeix? Explica els primers símptomes de la malaltia i segueix-ne el procés, tot transcrivint els paràgrafs que hi fan referència.
- La solució final, el suïcidi, a quina estètica respon (romàntica, modernista)? Per què?

3. El metge justifica la malaltia de la Jacobé a partir de la comparació del cas de la noia amb un exemple extret de la tradició clàsica grega: el d'Ifigènia. Documenta't sobre aquest personatge i compara ambdues situacions.
4. Sembla que les idees del personatge narrador s'avenen amb les del metge. Transcriu el fragment del relat que denota aquesta avinentesa. Creus que posa de manifest un corrent literari concret? Per què?
5. Transcriu les descripcions físiques de la Jacobé per tal d'observar l'evolució de la seva decrepitud.
6. A partir de l'observació de les característiques físiques de l'exercici anterior escriu un final diferent per a la Jacobé, on aconsegueixi recuperar la salut i el seu aspecte físic. Procura seguir un procés físic a la inversa del que has observat.
7. En aquesta història el narrador posa de manifest el seu pensament cristià. Busca aquells fragments on es reflecteix i relaciona'l amb el significat del símbol pagà, la pedra druídica, que apareix al final del relat.

8. Les descripcions marines són, com ja has pogut comprovar, l'especialitat de Joaquim Ruyra. Prova d'imitar-ne les seves qualitats tot explicant el procés d'una onada, des que comença a créixer fins que s'estimba contra la sorra de la platja. Has de tenir en compte els aspectes següents:

- El dia és gris, rúfol...
- Fixa't en la gamma cromàtica que has de fer servir.
- Para esment als sons: de l'aigua, del vent...

En acabar la descripció, compara-la amb la de la pàgina 330.

Textos complementaris

Els moviments literaris

Joaquim Ruyra va viure, com ja hem comentat en l'estudi preliminar, un període històric on confluïren diversos corrents ideològics i estètics. A més, hem vist com les seves preferències literàries abastaven des dels clàssics grecs i llatins fins els seus contemporanis. Tot plegat configura una personalitat que, en el seu afany per perfeccionar la creació literària, va agafar de cadascun d'aquells corrents la part que més s'adeia als seus interessos. Seguidament transcrivim diferents definicions de moviments literaris per tal de situar-los una mica millor dins d'aquest període històric i també un petit text que explica la funcionalitat que la tasca de traductor tenia per Ruyra.

Text 1

[Romanticisme] *Moviment artístic i espiritual que, els darrers decennis del segle XVIII i durant el segle XIX, s'estengué per tot Europa i determinà un renovament profund, sobretot en la literatura, però també en qualsevol altra manifestació de l'art i de la vida.*

Les [...] constants que defineixen el romanticisme són la

seva fe en la «bondat natural» de l'home i l'exaltació dels valors culturals, l'individualisme i el sentiment religiós de la unitat de la vida social, el subjectivisme i la consciència del poble, [...] la potenciació dels sentiments nacionals, l'afirmació de les forces irracionals de la vida i el triomf de la llibertat de l'esperit, la insatisfacció de la realitat i la transfiguració poètica de la mateixa realitat, la poesia de la malenconia, del dolor i de la mort i la descoberta d'una riquesa de l'existència més nova i més íntima, la victòria de la fantasia i del sentiment sobre la raó i la conquesta d'un pla superior de vida racional, el sentiment de la vida com a esdevenidor i la religiositat estàtica, en la qual tot esdevenir conflueix indistintament en la unitat de l'ésser diví, l'orientació historicista i l'idealisme místic i estètic, el retorn al catolicisme i la dissolució de la fe en una religió aconfessional, el retorn a l'edat mitjana i la recerca de modernitat, el rebuig total de la preceptiva literària clàssica i l'afirmació de la llibertat de creació poètica [...], la vinculació de la literatura amb la vida i la fuga vers uns móns d'imaginació fantàstics i llunyans. Tota aquesta suma de contrarietats fa que el romanticisme, transformat en una categoria de l'esperit, perdi els seus contorns precisos com a moment històric específic i esdevingui una actitud humana tostemps rastrejable [...].

[...] A Alemanya, el moviment Sturm und Drang constituí el veritable nucli de gestació del romanticisme: acumulats la natura i l'home, resta també reintegrat el fonament religiós de qualsevol activitat espiritual humana, el sentiment, la passió, tot el que és instint i natura, passa a constituir un valor suprem. És superat el concepte de bellesa en el seu sentit tradicional perquè en la realitat no solament existeix la natura bella, sinó que també hi ha la natura com a cosa terrible, violència, força de destrucció.

http://www.grec.net/cgibin/heccl2

Text 2

[Modernisme] *Moviment cultural produït a Occident a la fi del segle XIX i al començament del segle XX.*

El modernisme sorgeix com a moviment [a Catalunya] *a l'entorn de 1892, quan tot un conjunt de grups renovadors, que actuen en el món de l'art, la literatura, la música, etc., s'articulen al voltant d'un mateix programa.* [...] *La majoria dels models que els modernistes proposen (romàntics autèntics redescoberts, simbolistes, prerafaelites) tenen un tret en comú: tots coincideixen en el rebuig de la seva societat perquè entenen que ha quedat desproveïda dels seus trets d'identitat i plantegen, com a resposta més usual, el replegament en un mateix i la creació de «paradisos artificials» que suplantin la realitat. En el marc del modernisme el «replegament en un mateix» durà els modernistes esteticistes a la concepció de l'artista com a ésser superior i privilegiat; els «paradisos artificials» seran l'art.* [...] [Els modernistes] *Proposen de recuperar l'home individual, natural, conscient del seu passat; només d'aquesta manera podrà tornar a ser creatiu. Per això abandonen la ciutat, es traslladen al camp per poder dedicar-se plenament al treball artístic.*

[...] *Allò que més predomina en el modernisme és l'heterogeneïtat. En aquest món heterogeni i contradictori es destaca* [...] *l'allunyament del naturalisme positivista i dels pressupòsits ideològics i filosòfics que l'inspiraven. Maragall veia en tot això una reminiscència de la passió romàntica, que, reprimida i latent sota l'onada de realisme/naturalisme, reapareixia amb el nom de modernisme.*

Amb el modernisme, a més, ens trobem davant d'un fenomen social important: la burgesia produeix la seva primera generació d'artistes [...]. *Aquesta nova generació afirmarà la seva vocació en oposició a la pròpia classe. Ara, ser artista és ser professional, no en el sentit de viure de l'art sinó en el de viure per l'art. [...] L'art és per a ells (els artistes), passió i rebel·lió. Aquesta és una característica*

fonamental del moviment modernista. L'artista adopta una actitud de rebuig envers la burgesia i comença a concebre l'art com una activitat superior a les altres activitats humanes i, en conseqüència, a concebre l'artista com un ésser superior.

http://www.uoc.edu/lletra/moviments/modernisme

Text 3

La novel·la [modernista], *igualment, sofreix una profunda renovació, potenciant els elements que havien provocat la crisi de les formes naturalistes. Així, el corrent més important, l'anomenat Naturalisme rural (que no és ni naturalista ni rural), tot girant entorn de la temàtica de lluita de l'individu per assolir la seva plena auto-realització enfront de la societat i de l'ambient que l'envolta, és una de les manifestacions més coherents de la voluntat d'acció del moviment. Des d'*Els sots feréstecs *(1901), de Raimon Casellas, que presenta la lluita d'un capellà, personificació de l'artista, per desvetllar uns pagesos atrapats en la xarxa de la tradició i de la rutina despersonalitzadores. Natura i pagesos, però, es revolten contra el renovador fins acabar per destruir-lo.* Solitud *(1905), de Víctor Català, s'ocupa de l'itinerari vital d'un personatge femení que lluita per la seva pròpia realització. L'assoleix després de veure's violada i destruïda per les forces del mal. No importa, és la revolta, sigui quin sigui el resultat, allò que la salva: la decisió d'aban-*

donar el marit i tornar a la plana: la seva primera decisió lliure. O Josafat *(1906), de Prudenci Bertrana, on presenta un individu destruït, aixafat entre dos sistemes, el laic i el religiós, dins el qual s'ha refugiat, i que acaba perdent tota consciència i, per tant, tornant al si de la natura* [...]. *I, encara,* La vida i la mort d'en Jordi Fraginals *(1912), de Josep Pous i Pagès, plasmació completa de les teories voluntaristes del moviment: la lluita contra el destí que la tradició imposa, d'un personatge que es fa ell mateix, renovador i actiu, fins que acaba enfrontant-se a la mort i al dolor amb un suïcidi que és, en darrer terme, una victòria més de la realitat. Tota aquesta literatura —i no deixo de citar Joaquim Ruyra, amb aquells personatges de* Marines i boscatges *que s'enfronten a la natura i al misteri sense poder dominar-los— conviu amb la novel·la decadentista d'un Maseras o un Miquel de Palol i amb la novel·la costumista que conrea, entre d'altres, Santiago Rusiñol.*

Jordi Castellanos, «Modernisme i Noucentisme».
L'Avenç, març 1980, p. 26-36

Text 4

[Simbolisme] *Moviment artístic, essencialment pictòric, del darrer terç del segle XIX. Presenta imatges oposades a la realitat visible o científica per demostrar que existeix una realitat amagada que, si no és possible de conèixer, és almenys possible d'intuir.* [...] *Un tema constant fou el de la dona, venerada o temuda, ésser angelical (Ofèlia) o maligne (Salomé).*

També ho fou el de la mort, amb l'al·lusió al més enllà. Sovint, la dona i la mort van unides: l'una porta a l'altra, segons els simbolistes. [...] *En les arts plàstiques catalanes aquesta tendència es manifestà inclosa en el complex moviment del* modernisme, *especialment a partir dels primers anys [...].*

http://www.grec.net/cgibin/heccl2

Text 5

Aquest tipus de novel·la, breu i de tema rural, inicia una moda que s'estén ràpidament durant la primera dècada del segle XX: el ruralisme. Aquesta narrativa presenta la natura com un medi difícil i dur contra el qual hauran de lluitar els personatges per intentar transformar l'ambient que els aïlla. [...] El ruralisme modernista planteja molt durament les relacions conflictives entre l'individu inquiet i la massa social, opressora, que assaja d'esclafar qualsevol de les seves pretensions renovadores. D'alguna manera reprodueix el conflicte de l'artista romàntic i la seva singularitat. [...]

Lògicament, el tema determina el tipus de llengua emprat pels escriptors ruralistes. El llenguatge es carrega d'expressions rurals plenes de dialectalismes, barbarismes, exclamacions, diminutius, augmentatius..., per acostar-lo al català propi de la ruralia i retrobar d'aquesta manera les arrels més profundes del poble català

Nova enciclopèdia de l'estudiant (p. 296-297)

Text 6

Les primeres traduccions de Joaquim Ruyra són instrumentals; la traducció esdevé una forma de coneixement més pro-

per del l'obra de poetes que l'interessen i que tenen una incidència en la seva obra original. En aquesta línia s'han conservats inèdits, els primers cent versos del Cant introductori de la Divina Commedia de Dante [...] Les traduccions de Paul Verlaine, en canvi,[...] són un exercici d'adaptació de ritmes i cadències desconeguts fins aquell moment en la lírica catalana i són uns primícia de l'interès de l'autor català per l'escriptor simbolista.

El valor de la resta de traduccions, que no adaptacions, que Ruyra realitzà al llarg de la seva vida bascula entre la funció instrumental [...], fent també un èmfasi especial en l'oportunitat d'estudi i reflexió sobre el llenguatge literari català, per, més tard, als anys vint, adquirir una funció més didàctica, moral, a tenor de la seva evolució ideològica.

Lluïsa Julià. *Quaderns.*
Revista de traducció 2. 1998. p. 34-35

Personalitat de l'autor

Josep Pla va dedicar un dels seus famosos *Homenots* a la figura de Joaquim Ruyra, de qui n'era un gran admirador. Recomanem la seva lectura completa perquè en fa un retrat molt exhaustiu, tot i que una mica distorsionat. En transcrivim un fragment on explica la seva relació matrimonial i on caracteritza l'esposa de l'escriptor. Tot i que la visió és una mica caricaturitzada serveix per mostrar com era vist el matrimoni Ruyra per la majoria dels seus contemporanis.

En aquestes notícies no hi ha la més mínima al·lusió a la vida familiar de Ruyra, al seu matrimoni amb la senyora Tere-

sa de Llinàs, filla del Marquès de Llinàs, que fou un immens desastre, una autèntica tragèdia que l'escriptor suportà amb una paciència infinita, exactament com el que fou sempre: un sant.

Tothom diu el mateix: fou una senyora que no tingué res al cap, un exabrupte de la naturalesa posat en aquest món per produir molèsties.

Ruyra no prengué mai davant de la seva situació matrimonial una determinació contundent, però ningú no podrà negar que fou un evadit gairebé permanent del seu clima familiar. Fou un evadit de tipus taujà, amb tota la diplomàcia del seu fons rural, generalment esporuguit, sovint dramàticament deprimit i (la paraula és imprescindible) acollonit. Ruyra no estigué mai bé a casa seva. Sempre que pogué, decentment, fugir-ne, ho feu. No trobà a casa seva ni tan sols les formes més elementals de confort mínim. Hi menjà malament i desordenadament. Les condicions de la casa foren generalment equívoques.

Des del començament del matrimoni la senyora projectà sobre el seu marit una gelosia permanent, morbosa, subratllada en els més petits detalls, una inextricable sobreposició, substitució, de la realitat per la fantasia. Com en casos semblants —i no pas rars—, el pretext fou el servei domèstic, les criades de la casa, naturalment. En un moment determinat, la senyora Teresita arribà d'una manera absolutament gratuïta (en aquest punt tots els testimonis coincideixen) a la conclusió que en el seu esperit esdevingué incommovible i granítica, que en Ruyra era un senyor Ramon que enganya les criades, una espècie de don Joan misteriós, però eficaç i rural, dedicat a produir deliqüescències amoroses en les cuineres i criades del sevei. [...], i així les portes de la casa foren sistemàticament tancades a tota persona del servei domèstic que oferís, encara que només fos en forma de vestigi, alguna aparença de presentació exterior o de sociabilitat o de netedat.

A Barcelona, durant molts anys, Ruyra no tingué mai el dret de sortir de casa seva a la nit. [...] *li fou retirada la clau del pis, i així quedà reclòs durant molts anys. Aquest fet li produí un sentiment d'inferioritat morbós, agut i persistent.*

[...] *Aquest control de visites fou exercit amb una intenció extremament acusada i visible. Ruyra fou sempre assequible a les persones situades fora del seu ambient literari* [...]. *Però les persones situades en el camp de l'autèntica personalitat de l'escriptor, persones que Ruyra hauria, en determinats moments, anhelat veure, no pogueren traspassar la seva porta i foren acomiadades —quan hi era— amb el conegut i fatídic «no hi és»!*

Josep Pla, *Homenots*, p. 122

Domènec Guansé també ens fa un retrat de Ruyra en els seus anys de vellesa i explica la seva aparença física, que no s'adeia gens a la gran figura literària que era en aquell moment.

En l'època en què el cronista el va conèixer, cap allà l'any 1928 —l'home ja havia arribat a la setantena—, si us fiàveu de les aparences, no n'hauríeu donat ni cinc cèntims. Minso, frèvol, la cara xuclada, color de cuiro vell, amb un bigotet esborrifat, d'un ros de pèl de panotxa a la tardor; els ulls freds, clars com els dels peixos, ribetejats de vermell, dins unes bosses tumefactes d'un morat d'albergínia; el vestit fosc, arrugat, molt arrugat, sota una capa de pols, cendra i caspa... Semblava una dixalla d'ell mateix, una fulla seca enduta pel vent...

[...]

Com que ell no intervenia en cap publicació, ni se'l veia a l'obertura de les exposicions ni a les estrenes dels teatres, ni per les penyes de l'Ateneu, ni per cap dels llocs on pul·lulaven els plumífers en actiu, el visitant se l'imaginava una persona retreta, més aviat esquerpa, de tracte difícil. Era tot el contrari: se'l veia visiblement cofoi i feia pensar que aquesta mena de visites inesperades —no en devia tenir gaires— el complaïen, li feien trencar la rutina i li permetien d'esplaiar-se. Segurament els únics contactes literaris que, en forma regular, mantenia en aquella època eren les sessions de la Secció Filològica de l'IEC .

D. Guansé, *Abans d'ara (30 retrats literaris)*, p. 24-25

Transcrivim també, el fragment d'un poema que el mateix Ruyra havia presentat a un concurs d'autorretrats de to humorístic on confirma aquest aspecte desendreçat que se li atribueix.

Tinc el vici de fumar,
Que de minyó vaig aprendre,
I, com que em distreu, és clar,
Sempre vaig cobert de cendra,
Com si sortís d'un volcà.
Així com els lliris solen
El seu pol·len espargir,
Jo cendra escampo a l'engir,
Car la cendra és el meu pòl·len
I així tinc quelcom de llir.

M. de Montoliu. p. 38

Activitats recomanades

1. Llegeix el fragment de l'***Homenot*** que Pla va dedicar a Ruyra i que trobaràs dins l'apartat *Textos complementaris* i elabora un petit treball a partir del següent guió. Donat que tens poques dades, fes servir la teva imaginació!:

- Escriu un retrat físic i psicològic de Teresa Llinàs.
- Escriu un retrat fisic i psicològic de Joaquim Ruyra.
- Escriu, en forma de diàleg, una escena domèstica del matrimoni Ruyra una tarda d'estiu, a Blanes, poc abans que un grup de joves escriptors arribessin a casa seva per fer una tertúlia literària.

2. Llegeix *Avís misteriós* i *La xucladora.*

- A quin corrent estètic adscriuries aquests textos. Per què? Pots consultar l'apartat *Textos complementaris.*
- Quins personatges són comuns en ambdues narracions? Tenen les mateixes característiques, positives o negatives, en cada cas?

3. Llegeix el **Text 5** de l'apartat *Textos complementaris* i respon les següents preguntes:
Com és presentada la natura?

- Com es planteja la relació personatge-natura?
- Quin tipus de llenguatge s'adiu més a aquest tipus de literatura? Per què?

4. Després de respondre les preguntes de l'exercici anterior, et proposem alguns exercicis que et permetran de veure la manera particular com Ruyra va aplicar aquest ruralisme a algunes de les seves narracions. Començarem fixant-nos en la natura que, de fet, és l'element que dóna títol a l'obra que ens ocupa. Fes una relectura ràpi-

Narracions on la natura és positiva	*Narracions on la natura canvia de positiva a negativa*	*Narracions on la natura és negativa*

Narracions on predomina el mar	*Narracions on predomina el bosc*	*Narracions on hi apareixen ambdós elements*

da de *Marines i boscatges* i omple aquests quadres:

A partir de la informació que has obtingut respon:

- Hi ha més narracions de mar o de bosc?
- Hi predomina la natura positiva o negativa?
- Fes una valoració personal del resultat que has obtingut a partir del que saps de l'autor.

5. Josep Pla va escriure que ell es veia capaç de descriure qualsevol paisatge, excepte Blanes, perquè després de Ruyra, ningú no ho podia fer millor. De tota manera, Pla va fer moltes descripcions de paisatges marins a partir del mestratge de Ruyra. Tot seguit transcrivim uns fragments descriptius d'ambdós autors. Llegeix-los atentament i respon les preguntes.

> *El dia següent ens embarcàrem abans de fer-se clar. Llevàrem àncores a trenc d'alba, i, amb un oratge manyac que prisava lleugerament les aigües del golf, vàrem estendre totes les veles. Marxàvem en popa, sense balanceigs ni capbussades. L'airet que venia de terra, tot fresc i flairós com si acabés de llevar-se d'un jaç d'herbes humides, s'esmunyia per sobre meu amb un palp de carícia; i jo li deia, aplacant-me les faldilles estufadisses: —Vaja, prou!... tafanerot!* (p.)
>
> *En el moment d'embarcar-nos, aquella tarda, hi havia una llum somorta, crepuscular. El cel era gris i baix. L'horitzó, tocat d'una lleugera boirina —blanca, grisa, mat—, semblava haver-se acostat. L'aire era pesat i humit sobre el mar, de color d'estany brut, passava un llebetjol petit, monòton, desfibrat. El ventet —que feia mal de cap— alçava un onatge minúscul i picat, que moria fent un soroll sord a*

la platja. Una infinitat de gavines volaven, xisclant, famolenques, sobre l'aigua. El dia semblava fet exprés per a quedar-se a la vora de la llar, fent la vida engorronida i hivernal. De tota manera, no feia pas fred i no hi havia pas senyals de vent ni d'aigua.

Josep Pla, *Cinc històries del mar*, p.193

- Quina és la situació inicial, en cada cas?
- En quin moment del dia passa?
- Quin temps fa?
- Quin vent bufa? Com és el vent?
- Quins colors hi predominen?
- Com està, la mar?
- Quina és l'actitud dels protagonistes?

Un cop feta la comparació d'ambdós textos, explica la mateixa situació però situa-la de nit. Tingues en compte tots els aspectes enunciats: temps, vent, colors, estat de la mar, actitud del personatge, etc.

6. Fes un inventari de personatges protagonistes i secundaris a partir del quadre que tens tot seguit. Després

Protagonistes masculins	*Protagonistes femenines*	*Secundaris masculins*	*Secundaris femenins*

respon les preguntes que et proposem.

a) En *Marines i boscatges* els personatges femenins, tenen més pes que els masculins? Per què?

b) Repartiu-vos en grups de tres o quatre estudiants. Cada grup haurà de triar alguns personatges dels que han sortit més amunt i crear una història. Tingueu en compte els aspectes següents:

- En llegir-la, els personatges han de poder ser reconeguts. Per tant, haureu de mantenir-ne els noms, la seva localització geogràfica, els seus trets de personalitat més rellevants, el seu vestuari, etc.
- Caldrà mantenir, també, tant com us sigui possible, el seu estil de parla.
- N'hi ha d'haver almenys dos, d'històries diferents.
- Heu de fer-hi aparèixer la natura (el mar, el bosc o ambdós) i caracteritzar-la tan bé com pugueu. Per tant, estigueu molt atents a l'ús de l'adjectivació.
- Convé que respecteu l'estructura clàssica: plantejament, nus i desenllaç.
- Podeu triar el to: divertit, misteriós, dramàtic, etc.

c) Tan bon punt tingueu la narració escrita cal que en reviseu bé tots els aspectes esmentats, així com també la puntuació, la sintaxi i l'ortografia. Un cop corregit el treball pel professor o professora, podeu llegir-lo a la resta de companys i, fins i tot, presentar-lo al proper Sant

Jordi!

7. Elabora una pàgina web sobre Joaquim Ruyra que inclogui els següents aspectes:

- Biografia de l'autor.
- Inventari de les seves obres.
- Breu resum de les narracions treballades.
- Enllaços a d'altres webs d'interès per saber més coses de l'autor, la seva obra, la seva època i el seu entorn.
- Galeria d'imatges de l'autor, la seva època i el seu entorn.

Fes servir la teva creativitat: pots incloure-hi música de l'època que vagi sonant mentre es veuen les imatges de la galeria; pots fer links a textos que il·lustrin allò que expliques, etc. Per documentar-te més, consulta les pàgines web que trobaràs referenciades a la bibliografia i mira el video sobre Ruyra. Donada la seva complexitat, aquesta activitat es pot realitzar en grup.

Temes de debat

1. Documenteu-vos sobre els maltractaments domèstics. Valoreu si la senyora Ruyra exercia algun tipus de maltractament sobre el seu marit. Si penseu que hi havia maltractaments, descriviu-ne el tipus.

Podeu organitzar-vos en grups de tres persones i repartir-vos els diferents tipus de maltractaments que es donen actualment dins la nostra societat: als infants, a les dones, als discapacitats, als immigrants, als treballadors, etc. Elaboreu un informe detallat del tipus de maltractament que hàgiu triat (hi podeu aportar documentació gràfica o bé audiovisual, enquestes, etc.). Feu una presentació de cada treball al grup classe i parleu del tema: quines coses us han sorprès, què en sabíeu en general, quins aspectes us eren totalment desconeguts, etc. En podeu fer una presentació amb un power point.

Feu una exposició al vostre centre amb tot allò que hàgiu trobat sobre els maltractaments. Poseu a disposició dels vostres companys els informes que heu elaborat per tal que en puguin fer una lectura. Si heu pogut gravar imatges o aconseguir algun vídeo, poseu un monitor que el vagi passant regularment.

2. El matrimoni Ruyra va adoptar una nena en unes circumstàncies ben especials, tal i com hem vist a l'apartat

Vida i obra. Documenteu-vos sobre el tema de les adopcions en l'actualitat. Demaneu informació als vostres avis o a persones molt grans per si coneixen algun cas semblant. Penseu que una situació com la que va viure l'escriptor seria possible avui dia? Per què?

Organitzeu un debat sobre les adopcions a casa nostra i a l'estranger. Organitzeu-vos en dos grups d'opinió. Busqueu punts a favor i en contra sobre els següents aspectes:

- Tria d'edat, sexe i trets físics.
- Haver de pagar per adoptar una criatura i qui rep aquests diners.
- Dificultats d'adaptació dels nens estrangers.
- Possibilitat de tornar la criatura si no «t'acaba de convèncer», «té una malaltia que desconeixies», «no estic preparat/da per cuidar-lo», «té un caràcter molt difícil», etc.

En acabar el debat procureu que quedin recollides per escrit les idees més importants i una valoració global del tema on es reflecteixin tots els punts de vista.

Glossari

LLIBRE I. — IMPRESSIONS

Una tarda per mar

afrau: Congost. Pas estret i pregon entre muntanyes.

arjau: Manuella o barra per a fer girar el timó.

balmes: Cavitats no gaire grosses en una paret de roca o un vessant rocallós en les quals penetra la claror.

bastaix: Camàlic.

botint-se: Embotint-se.

Bovors: Xafogor de l'atmosfera; escalfor que se sent en un lloc tancat i poc ventilat on hi ha moltes persones.

canemal: D'un ros color de cànem.

cassanelles: Boles formades a les parts tendres de les plantes per certs paràsits.

ciaven: Remaven endarrere.

cloterells: Clots petits.

cucorna: Jugar a la gallina cega encara és a terra, i que acaba quan la nau queda del tot ensurada.

enseuant: Untant de sèu, de greix.

esparagol: Cala petita.

esques: Menjar que serveix per a atraure el peix, els ocells.

estrop: Anella feta de corda que ferma el rem a l'escàlem.

fer rodó: No anar a escola. Fer campana.

fusa: Període final i crític de la varada durant el qual un cap de la nau ja sura mentre l'altre.

gurrama: Conjunt de peixos molt petits.

Gussi: Llagut petit de pesca i d'esbarjo.

puagó: Crustaci molt petit.

regolfar: Retrocedir en topar amb un obstacle, i formar un gorg, un remolí.

roassa: Dofí gros.

saplà: Tros de terreny pla en el vessant o al cim d'una muntanya.

sàssola: Mena de cullera de fusta per a treure l'aigua del fons d'una embarcació petita.

tora: Estúpid.

trufejant: Bromejant, fent burla.

xarbots: Xàfecs forts de curta durada; esquitxos.

xopoll: Xipoll, fangar.

Avís misteriós

aigua-ros: Aigua de roses, pluja fina.

bagueny: Vessant orientat cap al nord, oposat al solell.

grave: Greu.

Mas Sàbat: Una de les masoveries que els Ruyra tenien en el Montnegre. El terme sàbat també és el nom que reben les reunions setmanals de bruixes.

ressort: Mecanisme.

vogi: Volt, circumferència, perifèria d'alguna cosa.

xaragalls: Regueró que forma l'aigua de la pluja en escórrer-se per un terreny inclinat.

Mar de llamp

Aixaroposa: Semblant a l'aixarop, beguda dolça feta amb sucre, aigua i plantes medicinals.

Amollant: Afluixant.

Badava: Obria.

Baladrers: Esvalotats, cridaners.

Donar fusa: Període final i crític de la varada durant el qual un cap de la nau ja sura mentre l'altre encara és a terra, i que acaba quan la nau queda del tot ensurada.

Grumeig: Allò que es tira en un indret del mar per tal de cridar-hi els peixos.

Orla: Barana d'una embarcació.

Rabenta: Ràpida.

Suara: Ara mateix, ara fa poc.

Mànegues marines

a la traça: Segons sembla.

afofolant: Reposant suaument sobre alguna cosa.

carés: Aspecte de l'atmosfera.

crestallera: Línia de teules posades sobre l'aresta que formen els dos aiguavessos de la teulada.

derrotes: Camins, direccions.

fitó: Objectiu.

follar-se: Fer-se malbé.

llècol: Roca pissarrenca.

ravenisses: Nom donat a diverses males herbes semblants al rave.

s'espallongava: S'estiragassava.

sometent: Cos de gent armada no pertanyent a l'exèrcit que es reuneix en un moment donat per perseguir els criminals o defensar-se de l'enemic.

xarbot: Esquitx violent, esclafit d'aigua.

xurriaques: Fuets.

La xucladora

escolat: Sense sang.
estrafet: Tergiversat.
grapada: Cop de grapa. Acció de posar la grapa o la mà sobre alguna cosa fent-hi presa.
llimerols: Corrents superficials d'aigua.
llorda: Bruta. En algunes contrades, lletja.
pipelleja: Parpelleja.
Som: Lleuger, prim.
suara: Ara mateix, ara fa poc.

LLIBRE III. — NOVELETES

En Garet a l'enramada

A pleret: A poc a poc.
Ablamat: S'ha cremat.
Anirà a racó: No tocarà.
Asseure's de gairell: De costat.
Baldament: Encara que.
Bonior: Remor.
Bornejant: Giravoltant.
Bovor: Xafogor.
Calaborques: Cavitats, clots.
Camàndula: Raons, explicacions hipòcrites.
Capeix: Entén.
Comares: Veïna o amiga alegre, esp. dona xerraire, xafardera.
Embarrasen: Tapen.
Endrapen: Devoren.
Enflocat: Adornat amb llaços.
Esbarriat: Perdut.

Espargint: Escampant.
Esquitllen: S'escapoleixen, s'escapen.
Fadiga: Fatiga, cansament.
Ferrets: Ferros per arrissar els cabells.
Glatir: Desitjar, gruar.
Ix: Surt.
La vuitada: Espai de vuit dies durant els quals l'Església celebra una festa solemne.
Llemugant: Rosegant.
Magí: Cap.
Manyaga: Suau.
Moure tabola: Divertir-se sorollosament.
Mussolina: Roba blanca de seda, amb lligat de plana.
Sac de gemecs: Instrument musical d'aire.
Traüt: Tràfec.
Xalina: Corbata de panys llargs usada per homes i dones.
Xerricar: Beure a galet fent xerrics.

La Fineta

Arrastellats: Arrenglerats.
Arregussat: Amb les mànigues arromangades.
Basarda: Temença, neguit.
Boves: Planta que creix pels aiguamolls i llocs d'aigua de curs lent.
Carnusos: Bruts, deixats.
Esparagol: Cala petita.
Feixina: Feix de llenya prima.
Gleva: Pa de terra compacta i endurida per la humitat, formant una crosta planera.
Ou: Sent.
Pellingots: Trossos de roba vells.
Pellucar: Prendre coses d'una a una, o a miques, a petites quantitats, sobretot de cosa de menjar.

Jacobé

Esterreig: Acte d'esterrejar.

Esterrejar: Netejar fregant amb terra d'escudelles o altra substància absorbent.

Grifolda: Tabola, manifestació d'alegria sorollosa; menjada abundant i festosa.

Gropada: Tempestat congriada sobtadament; cop de vent i d'aigua impetuós.

Mangala: Bastó d'autoritat o de passeig.

Marriment: Tristor; malenconia fonda.

Paletrís: Mania, idea fixa.

Postiquis: Moguis, belluguis.

Sussús: Recel o temor que rosega interiorment.

Tocom: Objecte ressortint, obstacle.

Xacutant: Xacutar: Treballar en coses delicades.

Fonts consultades:

http://dcvb.iecat.net/

http://pdl.iecat.net/entrada/diec.asp

http://www.grec.net/home/cel/dicc.htm

GDLC, Barceolona, Enciclopèdia Catalana, 1998.

Jané, A., Diccionari de sinònims, Barcelona, Barcanova, 1995.

Pey Estrany, S., Diccionari de sinònims, Barcelona, Teide, 2002.

Bibliografia

Badosa, C., *Jacobé i altres narracions, de Joaquim Ruyra*, Barcelona, Andros, 1987 (Guia de lectura; 5).

Bassó, J. i Paré, J., *«Jacobé i altres narracions», de Joaquim Ruyra*, Barcelona, Empúries, 1986 (Les Naus d'Empúries).

Cardona, O., *Joaquim Ruyra*, Barcelona, Barcino, 1966 (Col·lecció Popular Barcino; 211).

Clar, R. i Marí, J., *Marines i boscatges, de Joaquim Ruyra*, Barcelona, Direcció General d'Ordenació i Innovació Educativa, Servei d'Ensenyament del Català (Seminari *El gust per la lectura* 2003-2004).

Garcés, T., *Cinc converses amb Joaquim Ruyra, Víctor Català, Pompeu Fabra, Josep Carner, Guerau de Liost*, Barcelona, Columna, 1985 (Capitell).

Gaziel, «Homenatge a Ruyra», dins *Obra catalana completa*, Barcelona, Selecta, 1970 (Biblioteca Perenne).

Guansé, D., *Abans d'ara (30 retrats literaris)*, Barcelona, Aymà Editora, 1966.

Homer, *L'Odissea*, Barcelona, La Magrana, 1993 (L'Esparver llegir, 43).

Julià i Capdevila, M. L., *L'envejós. Manuscrit inèdit de Joaquim Ruyra*, Blanes, 1991 (Premis Recull).

Julià i Capdevila, M. L., «La forma autobiogràfica en la narrativa de Joaquim Ruyra», *Els Marges* [Barcelona] (gener 1992), núm.45, p. 27-43.

Julià i Capdevila, M. L., *Joaquim Ruyra, narrador*, Barcelona, Publicacions de l'Abadia de Montserrat, 1992 (Biblioteca Serra d'Or; 112).

Julià i Capdevila, M. L., *Joaquim Ruyra*, Barcelona, Parsifal, 1996.

Julià i Capdevila, M. L., «Joaquim Ruyra, traductor», *Quaderns. Revista de traducció* [Barcelona] (1998), núm. 2, p. 33-43.

Marfany, J. L., *Aspectes del modernisme*, Barcelona, Curial, 1982.

Montoliu, M. de, «La vida i l'obra de Joaquim Ruyra», dins Ruyra, J. *Obres completes*, Barcelona, Selecta, 1982, p. 11-125 (Biblioteca Perenne).

Pla, J., *Joaquim Ruyra (Una petita aventura literària)*, dins Pla, J. *Homenots. Primera sèrie*, Barcelona, Destino, 1969 (O.C.11).

Riquer / Comas / Molas, *Història de la literatura catalana*, Vol. 8, Barcelona, Ariel, 1986.

Ruyra, J., *Jacobé i altres narracions*, Barcelona, Edicions 62 / La Caixa, 1979 (MOLC; 24).

Ruyra, J., *Obres completes*, Barcelona, Selecta (3a edició), 1982 (Biblioteca Perenne).

Ruyra, J., «L'educació de la inventiva», dins *Obres completes*, Barcelona, Selecta, 1982 (Biblioteca Perenne).

Ruyra, J., «El sentiment estètic en el moment de la sensació», dins *Obres completes*, Barcelona, Selecta, 1982 (Biblioteca Perenne).

Ruyra, J., *La nostra llengua en les obres literàries*, dins *Primer Congrés Internacional de la Llengua Catalana, Barcelona, 1906*, Barcelona, Vicens Vives, 1985.

Ruyra, J. *Una tarda per mar i altres narracions* (a cura de M. Lluïsa Julià), Barcelona, Barcanova, 1991 (Biblioteca didàctica de literatura catalana; 20).

Ruyra, J., *Marines i boscatges*, Barcelona, Nova Biblioteca Selecta, 2004.

Webs Ruyra

http://www.uoc.edu/lletra/noms/jruyra/
http://www.escriptors.com/autors/ruyraj/index.html
http://www.escriptors.com/autors/ruyraj/biografia.html
http://www.escriptors.com/autors/ruyraj/publicacions.html
http://www.ucestiu.com/ruyra/ruyra1.htm
http://www.blanesportal.com
http://www.blanes.net
http://www.grec.net/cgibin/heccl2
http://www.uoc.edu/lletra/moviments/modernisme

Video

Joaquim Ruyra, la fascinació pel mar, Generalitat de Catalunya (Departament d'Ensenyament), 2003.

Maleta pedagògica

Es pot trobar a diferents CRP (centres de recursos pedagògics). Conté fotografies de l'entorn Ruyrià, del Blanes mariner a l'època que descriu Ruyra. També inclou nusos mariners, cartes de navegació, etc. En alguns casos també s'hi ha afegit el video ressenyat més amunt i el dossier *Marines i boscatges, de Joaquim Ruyra*, editat pel Departament d'Educació de la Generalitat de Catalunya.